安徽省文化事业建设基金资助项目
安徽省社会科学院区域现代化研究院资助项目

人口老龄化背景下安徽养老服务业发展报告

方金友　殷民娥　周　艳　著

合肥工業大學出版社

图书在版编目(CIP)数据

人口老龄化背景下安徽养老服务业发展报告/方金友,殷民娥,周艳著.
—合肥:合肥工业大学出版社,2019.12

ISBN 978-7-5650-4813-5

Ⅰ.①人… Ⅱ.①方…②殷…③周… Ⅲ.①养老—社会服务—研究报告—安徽 Ⅳ.①D669.6

中国版本图书馆CIP数据核字(2019)第299905号

人口老龄化背景下安徽养老服务业发展报告

方金友 殷民娥 周 艳 著　　　　责任编辑 王钱超

出 版	合肥工业大学出版社	**版 次**	2019年12月第1版
地 址	合肥市屯溪路193号	**印 次**	2019年12月第1次印刷
邮 编	230009	**开 本**	710毫米×1010毫米 1/16
电 话	人文编辑部:0551-62903205	**印 张**	18.5
	市场营销部:0551-62903198	**字 数**	275千字
网 址	www.hfutpress.com.cn	**印 刷**	合肥现代印务有限公司
E-mail	hfutpress@163.com	**发 行**	全国新华书店

ISBN 978-7-5650-4813-5　　　　定价:49.00元

目 录

第一章　人口老龄化与社会发展 …………………………………… (001)

第一节　人口老龄化研究现状 …………………………………… (002)
第二节　人口老龄化概述 ………………………………………… (017)
第三节　中国人口老龄化现状 …………………………………… (027)
第四节　人口老龄化对社会发展的影响 ………………………… (043)

第二章　人口老龄化与养老服务业 …………………………………… (048)

第一节　养老服务业概述 ………………………………………… (048)
第二节　国内外现代养老服务业发展现状 ……………………… (072)
第三节　人口老龄化与社会化养老 ……………………………… (099)

第三章　安徽人口老龄化与养老服务制度探索 …………………… (115)

第一节　安徽人口老龄化日趋严重 ……………………………… (115)
第二节　安徽省长期护理保险制度探索 ………………………… (124)
第三节　事业单位编制外人员职业年金问题 …………………… (137)

第四章　推进安徽养老服务业发展 …………………………………… (144)

第一节　安徽社会化养老发展状况 ……………………………… (144)
第二节　安徽养老模式特征分析 ………………………………… (161)

第三节　安徽养老服务业面临的挑战 …………………………………… (170)
第四节　加快安徽养老服务业的发展 …………………………………… (176)

第五章　安徽农村养老模式中科技手段的运用 ……………………………… (189)

第一节　我国农村现有养老模式 ………………………………………… (189)
第二节　农村养老模式的变迁和现状 …………………………………… (196)
第三节　安徽农村养老模式中科技应用及存在问题 …………………… (200)
第四节　国内外农村养老模式的借鉴与启示 …………………………… (209)
第五节　科技支撑安徽农村养老模式的政策建议 ……………………… (222)

第六章　推动安徽老龄产业的发展 ……………………………………… (228)

第一节　老龄产业的兴起与特征 ………………………………………… (228)
第二节　安徽老龄产业发展状况与存在问题 …………………………… (237)
第三节　安徽老龄产业发展缓慢的原因 ………………………………… (244)
第四节　发展安徽老龄产业的建议 ……………………………………… (248)

第七章　构建新型养老社会服务体系 …………………………………… (256)

第一节　安徽推进养老社会服务体系的建设 …………………………… (256)
第二节　加快发展新时代养老服务体系 ………………………………… (264)
第三节　推进养老服务的队伍建设 ……………………………………… (281)

参考文献 ……………………………………………………………………… (288)

后　记 ………………………………………………………………………… (291)

第一章　人口老龄化与社会发展

20世纪以来，人口老龄化问题逐渐成为世界各国普遍关注的社会问题之一。全球60岁及以上人口每年以3%的速度递增，2017年约为9.62亿人，占世界总人口的13%左右[①]。根据2015年联合国人口与社会署的相关数据，已经有92个国家和地区达到老龄化社会标准。其中，日本排在老龄化程度表的首位，2015年日本总人口约1亿3千多万人，而60岁以上人口约占总人口的32.79%，65岁以上人口约占总人口的26.02%。老龄化程度比较严重的国家还有意大利、德国等欧洲发达国家，除非洲以外的大部分国家和地区也处在老龄化进程的加速阶段，老龄化成为全球共同面对的问题。21世纪初，中国也正式进入老龄化社会的行列。随着老龄化程度的加深，人口老龄化对经济社会发展的影响成为学术界关注和探讨的热点问题。人口老龄化与社会发展关系密切，对经济社会发展来说，是一个具有决定性影响的因素[②]。人口学、经济学、社会学、保险学、医学以及管理学等学科也都从不同的视角来研究人口老龄化浪潮对社会发展带来的影响。

---

① 王杰秀，安超．全球老龄化：事实、影响与政策因应［J］．社会保障评论，2018（4）：14－30.

② 中国社会科学院老年科学研究中心．构建和谐社会：关注老龄化影响［M］．北京：中国社会科学出版社，2007.

第一节　人口老龄化研究现状

人口老龄化已经成为各个学科普遍关注和探讨的议题，不同的学科有不同的研究视角，分析并推导出各自不同的结论，对我们现实的经济生活和社会发展具有一定的指导性作用，对我们的相关研究也具有重要的借鉴价值。

一、研究视角

老龄化问题涉及社会生活的各个方面，因此关注老龄化问题的学科也较为广泛，每个学科都从自身的研究视角出发来探讨同一个问题，研究角度不同，研究方法不同，关注问题的侧重点和内容也会有所差异。不同的研究给我们呈现出同一个问题的不同层面，研究的角度越丰富，研究的层次越深刻，我们对老龄化问题的认知也更加全面，对老龄化的社会影响的把握也会更加科学。目前学术界对老龄化问题的研究主要是从人口学、社会学、经济学、管理学等学科角度。

1. 人口学视角下的老龄化问题

人口学学科视角下的老龄化问题更多地关注人口年龄结构的变化以及老龄化发展趋势的探讨，人口总量、结构和变化趋势是人口学研究的主要内容。在研究方法上，其主要以量化分析为主，采用的数据多为人口普查、人口抽查、人口统计年鉴、联合国人口统计数据等，通过数据分析推导出人口发展规律，并以此为基础探讨人口老龄化与经济社会发展的关系。

《中国人口：结构与规模的博弈》一书，以人口学的研究方法分析了人口老龄化对中国人口发展战略的制约与对策。书中的主要观点是中国将面临巨大的人口老龄化经济压力，这种经济压力对人口政策产生重要的冲击，改革现行的人口政策势在必行。老龄化与人口发展之间的关系是该书的主要着眼点，而经济社会因素只是其中所运用到的一个中间变量。

《新中国70年：人口老龄化发展趋势分析》一文是一项有关人口学基础

研究的国家自然科学基金重大项目的阶段性成果，文章利用的主要数据来源为全国人口普查数据、1%人口抽样调查和国家统计局的其他相关数据。文章通过数据分析，梳理了新中国70年人口老龄化发展的历程和趋势，提出了人口老龄化发展经历的三个阶段及老龄化发展特征和模式，并认为经济社会发展是人口老龄化的根本动因①。

《新中国70年：人口年龄结构变化与老龄化发展趋势》一文也主要采用定量分析的研究方法，采用的数据是人口普查数据和1%人口抽样调查数据，分析了新中国70年来人口年龄结构的变化特点，并认为后35年，人口老龄化程度是在一个高位持续，老年人口超过总人口的30%②。

《国际比较中的中国人口老龄化：趋势、特点及建议》一文利用2015年世界人口展望数据（World Population Prospects），通过对7个国家老龄化状况的比较，分析人口老龄化与经济社会发展、生育政策等相关关系，总结中国人口老龄化的特点和趋势，认为中国劳动力年龄老化现象将逐年凸显③。

人口老龄化问题是人口学关注的重要内容，相关的研究成果也相当丰富，除了宏观探讨我国人口老龄化的现状、特点和趋势，还有很多研究侧重于分析老龄化与具体的经济社会各领域的关系，比如就业、消费等。人口学研究方法对老龄化研究的优点在于通过对相关数据的梳理和量化分析，能够较清晰地呈现出老龄化的发展历程，并总结特点和规律，推导出老龄化未来的发展趋势，对于宏观政策的制定具有较好的参考价值。同时，一些研究成果还可以为其他学科的老龄化研究提供数据基础，比如社会学和管理学，在研究养老、社会保障等方面的内容时，必须以人口数据分析方法或结论为依据。但是人口学的研究方法相对于其他学科的研究，并不能较深入地分析人口老龄化与社会发展因素之间相互作用、相互影响的机制和过程，而这种机制分

---

① 杨菊华，王苏苏，刘轶锋．新中国70年：人口老龄化发展趋势分析［J］．中国人口科学，2019（4）：30－42，126．

② 王广州．新中国70年：人口年龄结构变化与老龄化发展趋势［J］．中国人口科学，2019（3）：2－15，126．

③ 孙鹃娟，高秀文．国际比较中的中国人口老龄化：趋势、特点及建议［J］．教学与研究，2018（5）：59－66．

析对于老龄化问题的研究必不可少，所以老龄化问题的研究也要从其他学科的研究维度展开，才能更全面、更深刻。

2. 社会学视角下的老龄化问题

人口老龄化问题也一直是社会学研究领域关注的重要课题，人口老龄化问题不仅仅是人口数量和结构的变化，也不仅仅涉及人口政策的制定，人口老龄化问题是一个对社会发展有着广泛而深刻影响的社会问题，也是一个社会学问题。

社会学视角下的老龄化问题探讨的内容较为广泛，涉及社会学的很多分支学科，但是大致来说，主要包括社会治理、和谐社会、老年贫困、健康、就业、养老服务等。主要的研究思路可以分为两个方面：一方面是从老龄化对社会发展的影响方面着手，另一方面关注对老龄化问题的应对。

《构建和谐社会：关注老龄化影响》一书更关注老龄化的进程对社会发展的影响，对影响因素、影响过程及影响结果的探讨构成了全书的主要思路。研究从老年保障、代际关系、老年健康、老年学习以及老年妇女等角度较为全面地分析了人口老龄化与社会发展各因素之间的关系。该书认为老龄化对经济社会发展具有举足轻重的影响。人口老龄化对社会发展的影响“主要源自老年人口数量和比例变动引起的社会劳动年龄人口、被抚养人口比例的变动，以及老龄化过程中出现的从‘人口盈利’到‘人口亏损’的演变过程”①。

《应对中国人口老龄化的治理选择》一文则关注如何应对人口老龄化问题，从社会治理的角度进行相关的制度调整，来适应老龄化的到来。文章认为，应对老龄化挑战的主要障碍在于“现有治理模式及制度安排对这些变化仍缺乏结构化和系统性的反应及适应，相应治理研究亦存囿限”②，强调在对人口发展规律把握的基础上，要更新观念，多元共治，调整政策应对人口老

① 中国社会科学院老年科学研究中心．构建和谐社会：关注老龄化影响［M］．北京：中国社会科学出版社，2007.

② 胡湛，彭希哲．应对中国人口老龄化的治理选择［J］．高等学校文科学术文摘，2019（2）：54－55.

龄化的各种问题。

《近三十年来乡村人口迁移与老龄化问题研究》一文主要探讨城市化进程中，人口流动与乡村人口老龄化两者之间相互作用产生的各种社会问题。文章认为，在城市化的进程中，大量的青壮年劳动力迁入城市，加剧了农村人口老龄化问题的严重程度；加上城乡经济社会发展的既有差异，农民老龄化问题更加严重，也更加值得关注。该文在人口流动的视角下探讨老龄化问题进程中的城乡差异，解释了乡村人口老龄化问题更为严重的原因，对于我们研究和制定人口和社会保障相关制度有着重要的参考价值。《人口老龄化背景下吉林省社区居家养老存在的问题及对策研究》《积极老龄化视角下安徽省农村互助养老服务体系构建研究》等通过对地方养老服务体系的研究，来探讨在应对老龄化问题时如何充分发挥家庭、社区、社会组织等多方力量，形成多元共治的养老服务体系。

有关老龄化问题的研究，对于老年人群体发展的各种影响因素和存在问题的探讨必不可少，这也是老龄化进程中必须面对和解决的问题。对老龄化问题的社会学研究除了从较为宏观的角度探讨老龄化与社会发展的关系，还有很多研究关注老年人的贫困、健康、犯罪等与老龄化密切相关的较为微观的社会问题以及一些具体影响因素。随着老龄化社会的到来，有关老年人群体的各种社会学的研究也是相当丰富的。

姚玉祥认为农村老年贫困问题日益突出，这也是老龄化进程中面临的困难和挑战①。慈勤英、宁雯雯对老年贫困的社会支持进行了研究，研究认为家庭代际支持能显著改善老年人的贫困状况，在家庭支持弱化的情况下，国家制度建设应该给予老年贫困群体更多的关注②。

社会学对老龄化的关注比较全面，老龄化与社会发展以及老年群体问题是研究的主要着眼点，较为丰富的老龄化社会学研究既基于一定的人口学理

---

① 姚玉祥．农村老年贫困治理的现实困境及其破解之道［J］．现代经济探讨，2019（6）：122－127.

② 慈勤英，宁雯雯．家庭养老弱化下的贫困老年人口社会支持研究［J］．中国人口科学，2018（4）：68－80，127.

论和研究成果，也对管理学的研究具有一定的参考意义。

3. 经济学视角下的老龄化问题

人口老龄化与经济是两个相互影响的因素，人口老龄化对经济发展各个环节产生影响；同样，经济的发展也为应对老龄化提供重要保障。所以，从经济学角度来研究老龄化问题的具体内容也是丰富多彩的。

在老龄化与经济发展的关系方面，一方面是老龄化对经济发展的影响，另一方面是经济因素对老龄化进程的影响。在老龄化影响经济发展方面，春燕等人对上海人口老龄化与经济发展的关系进行了探讨，认为上海老龄化对经济社会的影响不断加深，应对老龄化必须协调政策，综合应对①。吴莹等人研究了老龄化与经济增长的关系，认为“老龄化使得经济高速增长所依靠的人口红利优势日渐式微”②。莫龙认为我国将面临巨大的人口老龄化的经济压力，“在经济发展水平和中国相近或比中国更低的发展中国家中，中国是人口老龄化经济压力最大的国家之一。”③ 王桂新等人研究了人口老龄化与区域经济增长的关系，认为中国老龄化程度尚未对区域经济产生实质性的影响，但是未来将产生不可以避免的负面影响④。蔡昉认为老龄化对经济的影响不仅是人口红利的消失，同时消费力也出现递减，老龄化对经济增长的影响是供给侧和需求侧的同时减弱⑤。

在人口老龄化对经济发展的影响方面主要基于劳动力人口减少，人口红利渐弱，以及经济负担加重等方面展开研究，大部分的研究都认为人口老龄化的到来对经济产生一定的负面冲击，但是人口老龄化也有刺激经济发展的积极面，比如养老产业的繁荣。一些养老产业也有了巨大的潜在消费市场，

① 春燕，郭海生，王灿．上海人口老龄化如何影响经济社会发展［J］．上海经济研究，2019（8）：51－63.

② 吴莹，逯进，刘璐．老龄化、对外贸易与经济增长——基于我国省域数据的实证分析［J］．西北人口，2019（5）：23－25.

③ 莫龙，韦宇红．中国人口：结构与规模的博弈［M］．北京：社会科学文献出版社，2013.

④ 王桂新，干一慧．中国的人口老龄化与区域经济增长［J］．中国人口科学，2017（3）：30－42，126－127.

⑤ 蔡昉．阻断递减曲线，应对老龄挑战［J］．中国人大，2019（10）：24－26.

林宝认为老龄产业大发展时期即将到来①。

但是，经济发展的差异同时也影响着老龄化，呈现出不同的特点，更影响相关老龄化问题的应对。陈蓉等研究认为，由于经济发展不平衡，以及人口迁移，共同造成了人口老龄化的区域差异，这种差异会因为经济发展的深化而继续扩大②。李乐乐认为，我国老龄化存在明显的地区差异，而且随着经济的发展和人均 GDP 的增长，人口老龄化的地区差异会更加明显③。王志宝等人的研究认为，从近 20 年来我国人口老龄化的演进历程来看，“中国人口老龄化与地区经济发展有明显相关性，经济发展成为中国人口老龄化的重要推动因素之一”④。经济发展推动了人口老龄化的进程，同时经济发展水平的差异也是影响老龄化地区差异的重要因素。

人口老龄化对经济发展各个领域带来冲击，既有负面的影响，也有相对积极的刺激作用，同样，经济发展也在某种程度上影响着老龄化的发展进程。经济学视角的老龄化问题研究将老龄化与经济发展视为一对相互作用的因素，在研究相互作用的过程和机制的同时来应对老龄化问题。

4. 管理学视角下的老龄化问题

从社会制度和政策的角度更加宏观地应对老龄化问题是管理学关注的重点。老龄化问题是一个涉及多方面且十分复杂的体系问题，关乎老年人的健康、经济、医疗、照顾、养老服务、社会交往等，所以涉及的政策层面也包括社会保障制度、养老服务体系、医疗制度以及相关的财税制度等公共政策。

老龄化社会的到来对于社会保障制度的改革需求更加迫切。据参考消息报道，“老龄化社会正在加速到来，而中国基本养老保险缴费不足，均与现行制度缺陷有关。”建议“社会统筹部分改为社会保障税，实行统账分离，延迟

---

① 林宝．老龄产业大发展时期即将到来［N］．中国经营报，2019－05－13.

② 陈蓉，王美凤．经济发展不平衡、人口迁移与人口老龄化区域差异——基于全国 287 个地级市的研究［J］．人口学刊，2018（3）：71－81.

③ 李乐乐．我国人口老龄化地区差异及影响因素分析［J］．华中农业大学学报（社会科学版），2017（6）：94－102.

④ 王志宝，孙铁山，李国平．近 20 年来中国人口老龄化的区域差异及其演化［J］．人口研究，2013（1）：66－77.

退休等多种方式应对老龄社会的到来”①。在人口老龄化与社会保障制度改革方面，有学者认为，面对人口老龄化，目前的社会保障制度存在很多突出问题，包括“全社会整体养老财富人均储备不足、企业年金参与率不高、个人税收递延型商业养老保险目前正在起步初期”等，所以应该采取“扩大养老保障制度的覆盖面、完善养老金管理的相关税收制度、坚持养老金的市场化运作与专业化管理、加强投资者教育”等政策方式进行改革应对②。

在养老服务体系研究方面，张瑾等认为，应对人口老龄化，加快建设多层次的养老服务体系十分必要。现行的养老服务存在着服务供给不足、供给不平衡、人才缺少、资金短缺等诸多问题，所以培养人才、增加资金投入、构建医养结合的养老模式成为破解养老服务难题之道③。黄闯、李琳认为，我国养老服务业面临着供给、需求均不足的实践困境，提升需求、增加供给是养老服务业改革的路径④。

在其他公共政策研究方面，朱江华等从健康老龄化的视角梳理研究了我国现行的相关体育政策，认为在老龄化的背景下必须细化老龄体育政策，提高老龄体育的激励机制，才能更好地实现健康老龄化的目标。张永辉等对于低龄老年就业政策进行了研究，对于目前我国低龄老年就业的特征进行了分析，建议从产业结构调整、机构健全、制度完善等方面对相关政策进行调整⑤。陈利锋等人对人口老龄化与财政政策的关系进行了探讨，研究认为人口老龄化对财政政策的有效性产生影响，“人口老龄化降低了积极财政政策的有

---

① 老龄化让中国财政不堪重负　社保改革迫在眉睫［EB/OL］．［2018－03－28］．http：//finance. ifeng. com/a/20161120/15019936_ 0. shtml.

② 杨利春．人口老龄化背景下的社会保障制度改革——“新中国70年：人口变迁与社会保障制度改革”学术研讨会述要［N］．中国人口报，2019－09－18.

③ 张瑾，綦鲁明．加快养老服务体系建设应对人口老龄化［J］．全球化，2018（8）：87－100，135.

④ 黄闯，李琳．养老服务业发展的理想前景和实践困局——以我国人口老龄化背景为视角［J］．长白学刊，2015（3）：114－120.

⑤ 张永辉，尚宇红．我国应对人口老龄化挑战的低龄老年就业政策研究［J］．扬州大学学报（人文社会科学版），2019（3）：111－118.

效性”，因此延迟退休是一个较优的政策选择①。陆杰华等人对老龄化背景下的失能老人的照护政策进行研究，认为失能老人的照护政策对于老龄化社会具有十分重要的意义，必须构建相对完整的失能老人的照护政策，在人才培养、供需平衡、相关保险制度完善等方面进一步调整政策②。

管理学视角下的老龄化问题研究更多关注较为宏观的制度和政策的改革与制定，更加强调对老龄化问题的应对措施，而这种应对具有全局性和根本性的特点，也引导了老龄化问题化解的主要方向。相关研究在应对老龄化问题上具有重要的实践意义。

二、研究内容

目前学术界对我国人口老龄化的研究内容主要分为三个方面，即我国老龄化的现状及特点、老龄化过程中存在的问题或产生的影响以及老龄化的应对。

1. 我国老龄化的现状及特点

对老龄化现状和特点的研究是目前老龄化问题研究的重要内容。孙鹃娟等人从国际比较的视角来研究中国老龄化的现状及特点，研究利用联合国2015年世界人口展望数据来分析，结论为中国正经历迅速的人口老龄化进程，其特点表现为老龄化进程中“老”与“富”的匹配度明显提高；高龄化速度将迅速攀升；劳动力年龄老化将进一步凸显；老年抚养比和少儿抚养比同时上升带来的压力等③。翟振武等人的研究认为中国老龄人问题十分严峻，呈现出老龄化程度持续加深，高龄人口快速扩大，养老负担不断加重等特点④。曾光霞通过对我国六普数据的分析，认为中国老龄化具有“增长速度快、增长

---

① 陈利锋，钟玉婷．人口老龄化对积极财政政策有效性的影响——兼析延迟退休的宏观经济效应［J］．西部论坛，2019（3）：34－36.

② 陆杰华，沙迪．老龄化背景下失能老人照护政策的探索实践与改革方略［J］．中国特色社会主义研究，2018（2）：52－58.

③ 孙鹃娟，高秀文．国际比较中的中国人口老龄化：趋势、特点及建议［J］．教学与研究，2018（5）：59－66.

④ 翟振武，陈佳鞠，李龙．中国人口老龄化的大趋势、新特点及相应养老政策［J］．山东大学学报（哲学社会科学版），2016（3）：52－58.

规模大、高龄老人多、老龄化分布不均衡等特点”[①]。

从以上的研究中我们可以看出，目前学者们普遍认为我国人口老龄化问题相当严峻。从宏观层面来看，主要呈现出的特点有以下几个方面。

一是老龄化规模大，速度快。在与其他国家老年人口绝对数量的比较，以及老年人口占我国总人口的比例中，可以看出我国老龄化规模之大，老年人口数量之多。“21 世纪上半叶中国将同时面临‘人口太多’和‘人口太老’两大突出人口问题。”[②] 因此，老龄化对我国经济社会各方面的影响和冲击是相当巨大的。同时，我国老龄化的速度也相对较快，在经历了 20 世纪人口快速扩张以后，21 世纪我国进入了快速老龄化的发展阶段。

二是高龄老人数量快速增多。由于经济发展和医疗条件的改善，人的预期寿命大幅提升，高龄老人数量快速增多。“随着寿命的增长，老年群体内的老化态势日渐明显。”[③] 高龄老人的增多对于政策层面提出新的需求，对财政支出产生新的压力，所以需要不断完善一系列的养老服务体系，比如医养结合的发展，失能老人的照护、长期护理保险的完善和推广等。

三是人口老龄化与经济发展不平衡。人口老龄化与经济发展是关系密切、相互影响的两个因素，人口老龄化是经济发展到一定阶段的产物，经济发展是人口老龄化的重要推动因素之一。由于经济发展水平的差异，人口老龄化在我国也呈现出差异性。其一，人口老龄化的发展速度过快，与西方发达国家相比，我国人口老龄化相对于经济发展水平速度较快。我国目前面临的主要老龄化问题是“未富先老”现象。“未富先老”型的老龄化“对 21 世纪中国人口、经济、社会发展的制约和影响，将更加明显地显现出来”。[④] 其二，人口老龄化表现为城乡差异。经济发展水平的差异对人口流动和迁移产生了

---

① 曾光霞．中国人口老龄化新特点及影响［J］．重庆大学学报（社会科学版），2014（2）：136－139.

② 莫龙，韦宇红．中国人口：结构与规模的博弈［M］．北京：社会科学文献出版社，2013.

③ 杨菊华，王苏苏，刘轶锋．新中国 70 年：人口老龄化发展趋势分析［J］．中国人口科学，2019（4）：30－42，126.

④ 中国社会科学院老年研究中心．构建和谐社会：关注老龄化影响［M］．北京：中国社会科学出版社，2007.

不同的推拉力，农村青壮年人口大量快速地涌入城市，农村空心化、老人空巢化现象凸显，农村老年人口比例迅速上升，老龄化问题比城市更加严重。其三，人口老龄化表现为地区差异。随着中国经济地区发展不平衡，以及城市化进程的发展，我国人口老龄化也表现出地区性发展不平衡问题。李乐乐对我国2003—2014年人口老龄化数据进行分析，研究发现“我国人口老龄化具有严重的地区差异的特点，东部、西部和中部的老龄化发展具有非均衡的特点”①。人口老龄化地区性发展不平衡，经济因素是最主要的动因。

2. 我国老龄化过程中存在的问题及影响

老龄化是21世纪我国发展必须面对的挑战，快速且大规模的老龄化进程对我国的经济社会发展带来了一定的冲击和影响。从相关文献资料来看，目前对老龄化存在问题及影响的研究主要分为对经济发展和对社会发展两大方面的影响展开。

一是老龄化对经济发展的影响。老龄化对经济发展的影响研究主要集中在不利因素方面的探讨，但也有积极作用方面的分析。不利方面的影响有几个方面：其一，老龄化造成了全社会人口年龄结构的变化，直接影响就是劳动力年龄结构的老化和劳动力供给不足的问题。刘玉飞认为，我国人口老龄化的加深给劳动力供给带来了负面的影响②。其二，人口老龄化带来较大的养老经济负担，公共财政支出的压力显著增强。随着老年人口的迅速扩张，养老资金将出现较大缺口，养老保障支出的巨大需求对我国经济发展形成一定的制约作用。“巨大的人口老龄化经济压力将可能显著削弱中国崛起的后劲，尤以21世纪20年代中期到40年代前期为甚。”③ 人口老龄化对经济发展积极方面的影响主要是刺激新兴的老龄产业的发展。老年人口的增加，必然增加了对老年产品的需求，形成一个极具潜力的新市场，并刺激产生新的老龄产

---

① 李乐乐．我国人口老龄化地区差异及影响因素分析［J］．华中农业大学学报（社会科学版），2017（6）：94－102，151.

② 刘玉飞．人口老龄化背景下城市化对劳动力供给的影响效应分析［J］．统计与决策，2019（18）：103－106.

③ 莫龙，韦宇红．中国人口：结构与规模的博弈［M］．北京：社会科学文献出版社，2013.

业。新的产业的形成和发展不仅给老年人带来福利，同时也可以相对缓解老龄化给经济社会发展带来的压力。我国目前老龄产业发展不充分，还存在许多空白，这将会在老龄化持续发展的过程中形成新的增长点。陈俊华等人的研究预测，全国老龄产业市场规模将持续扩大，将从2012年标准基期的1万亿元升至2020年的3.1万亿元，平均增速超过15%①。

二是老龄化对社会发展的影响。老龄化对社会发展产生十分深远的影响，不仅直接改变了社会人口的年龄结构，同时对于社会政策需求、社会稳定、家庭关系、社会服务体系等都提出了新的要求。其一，老年人口的增加对公共政策需求发生改变。随着老年人口的迅速增加，现行的相关政策已经不能完全满足老年人的需求，政策的改革势在必行。人口年龄结构的改变直接影响人口政策的改革，张春龙认为，应对人口老龄化必须采取更加积极的人口政策②。同时，养老制度、社会保险制度、退休制度的改革和完善也都在进行中。其二，老龄化也要求社会养老服务体系进一步完善。养老服务需求的快速增加对现行的社会养老服务体系是一个严峻的考验，老年产品的供给、人才的培养、服务体系的完善既是一个挑战，也是一个发展机遇。目前的医养结合、康养小镇等养老模式都在探索中。医养结合“打破传统养老资源和医疗资源相分离的状态”，“实现各服务功能的有效衔接”③。其三，巨大的养老服务需求与日益小型化的家庭结构产生冲突。曹立前等人认为传统的家庭养老和机构养老已经很难满足目前巨大的养老服务需求，其缺陷和不足将逐渐显现④。人口老龄化对社会发展的影响是广泛且深远的，人口年龄结构的改变是社会结构变革的重要内容，也是制定和完善相关政策的重要依据。

---

① 陈俊华，黄叶青，许睿谦．中国老龄产业市场规模预测研究［J］．中国人口科学，2015（5）：67－80，127.

② 张春龙．应对人口老龄化，实施更积极的人口政策——以江苏为例［J］．江南论坛，2019（8）：4－6.

③ 杨素雯，崔树义．健康老龄化视角下的医养结合服务供给［N］．中国人口报，2019－07－15.

④ 曹立前，王君岚．人口老龄化背景下政府购买居家养老服务的模式及完善路径［J］．山东财经大学学报，2019（2）：94－102.

3. 老龄化的应对

老龄化应对是老龄化研究的重要落脚点，目前的研究通过对人口老龄化的现状、问题的讨论给出相应的应对思路或建议。因为老龄化对经济社会发展产生了全面、深刻的影响，所以面对老龄化的到来，也应该采取全方位、系统化的措施。目前的研究认为要从以下几个方面来全面应对人口老龄化。

一是加强相关研究。分析和梳理人口老龄化的现状和特点，掌握老龄化发展的趋势和规律，为其他应对措施提供理论依据。目前有关人口老龄化的研究相对较丰富，从人口学、社会学、经济学和管理学的视角全面剖析我国人口老龄化的现状和特点，这是科学积极应对老龄化的基础工作。同时加强对国外老龄化问题的研究，比较分析我国与其他国家在老龄化发展进程中的差异，借鉴其他发达国家比较成熟的政策措施，也是目前研究的重点内容。王阳对中韩两国应对老龄化进行了比较研究，韩国的人口政策、养老金制度等措施都对我们有借鉴意义①。柳清瑞等人对欧盟国家的养老政策进行了研究，认为欧盟国家提高劳动力参与率是对老龄化的有效应对②。

二是制定和完善相关政策。制定和完善相关政策是应对人口老龄化最为核心的措施，也是目前研究关注最多的应对措施。彭希哲等人认为，人口老龄化是人类社会的常态，应对人口老龄化“应当以社会整合和长期发展的视角来重构当前的公共政策体系”③。陆杰华等人认为，人口老龄化是我国的基本国情，应对人口老龄化必须从基本国策的层面进行顶层设计和思考④。应对人口老龄化应该要构建一个全面系统的公共政策体系，已成为学术界的普遍观点。同时，还有很多研究从人口政策、社会保障政策、社会治理和人才队伍建设等角度进行分析。

---

① 王阳．中韩积极应对人口老龄化的比较研究［J］．上海城市管理，2019（4）：79－85.

② 柳清瑞，孙宇．人口老龄化、老年就业与年龄管理——欧盟国家的经验与启示［J］．经济体制改革，2018（1）：157－162.

③ 彭希哲，胡湛．公共政策视角下的中国人口老龄化［J］．中国社会科学，2011（3）：121－138，222－223.

④ 陆杰华，郭冉．从新国情到新国策：积极应对人口老龄化的战略思考［J］．国家行政学院学报，2016（5）：27－34，141－142.

三是营造养老敬老的文化。老龄化社会的到来也对传统的敬老孝老提出了新的要求。对老年人的关爱不仅是关注他们经济和物质方面的需求，也要关注他们心理方面的需求，老有所乐也是和谐社会的重要要求。相关研究除了探讨政策层面的应对，同时也认为弘扬和改革传统文化是应对人口老龄化的重要举措。王胜今等人认为应对人口老龄化，敬老和孝老必须作为一个整体，进行统筹规划①。在照顾和关爱老年人方面，尊老、敬老不仅是家庭美德，也是社会公德和养老服务业的职业道德，对于居家养老、社区养老和机构养老同样必不可少。只有在全社会提倡尊老、敬老，营造关爱老年人的社会氛围，才能更好地维护老年人的权益，给老年人提供更好的生存环境。

四是积极发展老龄产业。老龄化的到来除了给经济社会发展带来一定的压力，同时也刺激一些新型产业的出现，老龄产业就是极具消费潜力的新产业。老年人口的迅速增加，一些关于老年人生活、娱乐、旅游、医疗、养老服务等的需求也会大量增长，除了政府的养老资源的投入，养老产业的市场主体相对更为重要，能为老年人提供更全面、更丰富、更多元的选择。虽然老龄化催生了老龄产业，但是老龄产业的发展更需要积极主动地推进。李晓梅等人认为"大力发展老龄产业对于补充我国传统的政府养老事业空间和充分发挥市场的资源配置功能有重要作用"②。老龄产业的蓬勃发展既是老龄化发展的必然产物，同时积极发展老龄产业也是有效应对老龄化的重要举措，两者相互促进，共同推进老龄化向更加积极的方向发展。

三、研究中存在的不足之处

目前学术界对老龄化的研究从不同的学科视角介入，运用不同的学科方法，从不同的侧面，关注老龄化的现状、可能的影响以及如何有效应对，研

---

① 王胜今，舒莉．积极应对我国人口老龄化的战略思考［J］．吉林大学社会科学学报，2018（6）：5－14，203.

② 李晓梅，郭正模，刘金华．老龄产业的跨行业特征与统计规范探讨［J］．人口与经济，2016（1）：29－38.

究成果既有理论价值，又对我国老龄化的实践具有重要的指导意义。研究视角多方位，研究内容相对丰富，研究成果具有较高的借鉴价值，对于我们的进一步探讨提供了较坚实的研究基础。但是目前的研究还存在一些薄弱环节、忽视的领域或角度，主要表现在以下几个方面。

1. 交叉学科视角的缺乏

从以上研究现状的梳理来看，老龄化研究主要从人口学、社会学、经济学和管理学等学科视角展开，其中人口学是老龄化研究的基础学科，它的研究结论将为其他学科的研究提供研究基础。目前，人口学相关研究对于我国人口老龄化的现状和存在的问题都进行了相对比较完整的分析，给出了一些相对科学的数据和结论。其他学科也在人口学研究的基础上，从各自的学科角度对感兴趣的内容进行了探讨。但是将多学科融合对老龄化进行分析的研究相对较少，即便有些研究对此方面有所涉及，但是学科融合的深度和广度也有待进一步提升。老龄化问题是一个综合性的社会问题，它不仅仅是人口学研究者要关注的议题，也是涉及社会经济生活方方面面的综合问题。综合运用人口学、社会学、管理学和经济学等多学科研究方法，才有利于对中国目前的老龄化问题进行较为全面和深刻的讨论，提出的应对策略也会更加系统、更加科学和具有更强的可操作性，避免单学科研究的零碎性、重复性。当然，目前单一学科的研究也给我们进行进一步的交叉学科视角研究提供了良好的研究基础。

2. 发展趋势研究相对薄弱

目前的研究对于老龄化的现状、特征、经济社会影响、老年福利和存在的问题等研究较多，但对于我国人口老龄化的发展历程和发展趋势研究相对较少、相对薄弱。老龄化的现状和特征研究更多的是一种共时性研究，研究者对于目前我国人口老龄化所呈现出的现象特征进行了较为系统且深刻的描述，让我们对于我国人口老龄化有一个较为全面的认知，符合我们对一个新生事物的认知逻辑，即“是什么，为什么，怎么样”的回答。但是人口老龄化是一个发展中的动态事物，对于它的研究不能脱离对“从哪里来，到哪里去”的问题的探讨。只有把老龄化放在发展的历史过程中去研究，用历时性的方法去看待，才能把老龄化问题研究得更加清楚和透彻。因此，我们目前的研究应该注重去探讨以下几个方面的内容。一是我国人口老龄化是在怎样的历史背景下逐渐形成的，历史背景和历史原因需要去挖掘。这对于我们以后的人口政策以及其他相关政策的制定都有重要价值。二是我国人口老龄化进程现在正处在什么样的发展阶段？相对于历史和未来的预期，目前的人口老龄化是处于上升期、最高峰，还是下降期？不同的发展阶段，相对的应对措施也会有不同的侧重导向，正确定位我国人口老龄化的发展阶段具有十分重要的意义。三是我国人口老龄化未来发展趋势的研究。通过对我国人口老龄化形成的历史和目前所处的阶段进行较为系统的研究，对其未来的发展趋势进行科学的定位和正确的研判才是研究的重点和落脚点。任何一种有效且积极的应对措施都具有政策的预期性，是建立在对发展趋势的科学判断的基础之上，一切的应对都不仅仅是为了解决目前所面临的问题和困难，更为重要的是对未来的一种应对，在问题发展之前或者变得更为严重之前，想好应对之策，未雨绸缪，才是积极制定政策最重要的目的。对于人口老龄化的历时性研究将是一个相对比较艰巨的任务，对研究者的素质也有较高的要求，既要梳理人口发展的轨迹，同时也要注重研究当时的相关政策，对于历史环境的掌握等都不是件容易的事情。只有综合运用人口学、历史学、社会学、经济学等多个学科的方法，才能从纷繁复杂的历史长河中找出人口老龄化的发展规律，并对其发展趋势作出科学展望。新中国成立70年之际，一些研究者对于我国70年来的人口发展进行了研究，这是一种非常有意义和有价值的尝试。杨菊华等人对我国人口老龄化70年的发展趋势进行了分析，提出了我国人口老龄化经历了“孕育”“稳升”和“速升”三个发展阶段①。王广州也对新中国70年老龄化发展趋势进行了研究，认为在新中国成立70年里，可以分为两个发展阶段，其中前35年老龄人口快速减少，而后35年老龄化持

① 杨菊华，王苏苏，刘轶锋．新中国70年：人口老龄化发展趋势分析［J］．中国人口科学，2019（4）：30－42，126.

续高位运行[①]。他们对我国人口老龄化的进程进行了历时性研究，对老龄化的发展历程和阶段进行了探讨，但是对未来发展趋势的展望分析仍然是研究的难点。

第二节　人口老龄化概述

一、人口老龄化统计指标

人口老龄化的指标是研究人口老龄化的基础，但是目前的很多研究都有涉及老龄化程度的探讨，系统科学的指标体系研究较少。

1. *老龄化的概念*

讨论人口老龄化的指标，首先要弄清楚人口老龄化的概念。对于人口老龄化的概念，其实目前学术界还不是很明确统一，还存在一定的争议。根据百度百科的定义，老龄化既是一个动态的概念，又是一个静态的概念；既是一个社会老年人口比重增加的动态过程，同时也是一个社会进入老年社会的年龄结构变化的结果。联合国国际人口学会编辑的《人口科学词典》将老龄化界定为一个动态的概念，强调老龄人口比重不断上升的过程。《社会科学新辞典》定义老龄化为老年人口占总人口的比重日益增加的现象。而通常人口学对人口老龄化的概念则是老年人口占总人口的比重提高的过程，是一个年龄结构的变化过程。这个定义更多地强调动态的过程，是一个社会老年人口比重增加的过程，并不是单纯的老年人口数量的绝对值的增加，而是一个相对值的增加。所以，我们并不能简单地从老年人口的规模来判断一个国家或地区的老龄化的水平。因此，根据以上定义，我们认为老龄化有两个方面的特征：一是老龄化更强调对相对值的考量，即老年人口占一个社会总人口的

① 王广州．新中国 70 年：人口年龄结构变化与老龄化发展趋势［J］．中国人口科学，2019（3）：2－15，126.

比重是衡量老龄化的核心指标；二是老龄化更强调动态的过程，是老年人口比重不断增加的过程，而不是年龄结构的静态呈现，年龄结构的变化才是老龄化需要的描述。

2. 老年人口的界定

老年人口划分的标准是研究老龄化的基础，不同的划分标准，老龄化的程度和水平也会差别很大。对于年龄达到多少被称为老年人口，目前国际上和学术界对老年人口的界定有两个主要的标准，即 60 岁以上和 65 岁以上。1956 年联合国《人口老龄化及其社会经济后果》指出，当一个国家或地区 65 岁以上老年人口占总人口的比重超过 7% 时，即进入老年社会。1982 年联合国维也纳大会则确定 60 岁以上人口比重超过 10%，则为老年社会。

通常我们国家 60 岁和 65 岁的标准都有采用。2000 年第五次人口普查之前，官方和学术界多以 60 岁为主要标准，但是 2000 年以后则更多地采用 65 岁的年龄标准。就目前我国的退休年龄标准来看，通常把 60 岁作为法定的退休年龄。所以很多学者都建议，作为发展中国家，我们采取 60 岁标准更为合适①。但是多数的研究在分析年龄结构时，60 岁和 65 岁的人口比重都有分析。

3. 老龄化的指标

整合目前老龄化研究所涉及的指标，我们认为老龄化的指标体系应该由以下几个方面构成。

（1）老年人口比例

老年人口数量占总人口数量的比重是老龄化最直观的指标，这个指标被称为人口老龄化系数。老年人口比例作为老龄化的程度性指标，对一个国家或地区老龄化程度的衡量具有重要意义。根据第六次人口普查数据，我国大陆 31 个省、自治区、直辖市和现役军人总人口为 13 亿 3 千多万人，而 60 岁以上人口为 1 亿 7 千多万人，比重为 13.26%；65 岁以上人口为 1 亿 1 千 8 百

① 姜向群，丁志宏．对我国当前人口老龄化问题研究的概念和理论探析［J］．人口学刊，2004（5）：10－13.

多万人，比重为8.87%；第六次与第五次人口普查数据相比，分别上升2.93和1.91个百分点。这说明我国已经步入老年社会，老龄化问题已经迎面而来。

根据老年人口的比例，还可以将不同国家和地区划分成不同年龄类型社会。根据联合国的相关标准，结合其他的年龄指标，如果65岁以上老年人口比例低于4%，这将是一个年轻型社会；如果65岁以上人口比例在4%~7%之间，这将是一个成年型社会；而老年人口超过7%，这将是一个老年型社会。对于老年型社会而言，老龄化的问题已经迫在眉睫。不同的国家和地区，年龄构成不同，可以在同一时间处在不同年龄的社会；同一个国家和地区也会在不同的历史发展阶段处在不同年龄的社会。我国人口发展就经历了从年轻型社会到成年型社会再到老年型社会的发展历程，这也是经济社会发展到一定历史阶段的必然产物。

人口金字塔图能直观地反映老年人口占总人口的比例情况。金字塔图的不同形状将直接反映出这个社会是年轻型社会、成年型社会，还是老年型社会。年轻型社会金字塔图是顶窄底宽，成年型社会相对比较匀称，而老年型社会则是顶宽底窄。金字塔图是分析人口老龄化最常用的塔状条形图。

（2）人口年龄中位数

人口年龄中位数也是一个衡量老龄化程度的重要指标。人口年龄中位数是将年龄从低到高依次排列，处在中间位置上的年龄即为年龄中位数。这样划分的结果就是总人口被划分为数量相等的两部分，一部分人口年龄低于中位数，而另一部分人口年龄高于中位数。这个指标也能较为清楚地反映一个社会的老龄化程度，因为年龄中位数可以反映年龄的集中趋势。年龄中位数越高，说明这个社会的老年人口占的比重越大，通过对不同时期的年龄中位数的比较，更能显示出这个社会老龄化的发展程度。通常认为一个社会人口年龄中位数超过30岁就进入了老年型社会。

根据联合国关于中国人口老龄化的主要指标，到2020年我国人口年龄中位数将达到38.1岁，远远超过30岁的标准。同样，“六普”数据显示，2010年我国人口年龄中位数为35.1岁。2000年“五普”数据显示，当时我国人口年龄中位数为30.8岁，首次超过30岁的标准。这一数据与老年人口比例比较吻合，都显示出我国在2000年左右步入老龄化社会。

（3）少儿人口比例

少儿人口比例虽然不是老龄化的基础性指标，却是衡量老龄化程度的重要参照性指标。少儿人口指的是0～14岁年龄段人口。人口结构的变化通常会表现为老年人口比例与少儿人口比例的相互增减，在金字塔图上则表现为顶部和底部的不同变化。所以从这个角度来分析，少儿人口比例也是老龄化研究必须关注的指标。同时少儿代表着一个社会年龄结构未来的发展趋势，如果少儿比例较高，在金字塔图中，则表现为底部逐渐增大，随着时间的推移，中间部分将逐渐变宽，最终推导出顶部增大的时间和趋势。

一般认为少儿人口比例低于30%，这个社会将进入老年型社会。根据2018年《中国统计年鉴》，截止到2017年底，我国少儿人口为2亿3千多万人，比例为16.8%，远低于30%的比例标准。根据相关数据统计，截止到1987年底，我国少儿人口比例为28.7%，低于30%的标准；而1982年为33.6%。这一数据与老年人口比例以及人口年龄中位数在衡量老龄化程度时，差距较大。所以在研究老龄化问题时，少儿人口比例只能作为参照指标，辅助老年人口比例和年龄中位数进行分析。

（4）老少比

老少比就是一个社会老年人口数量与少儿人口数量的比例，即60岁以上老年人口数量与14岁以下少儿人口数量的比例。老少比并不是老龄化研究必须用到的指标，但是也可以作为一个参照性的指标进行分析。老年人口数量的增多以及少儿人口数量的减少直接影响老年人口数量占总人口数量中的比例，因而都会影响社会老龄化程度的衡量。

因此，在研究人口老龄化问题时，考察老少比的变化规律可以推导出未来人口老龄化的发展趋势，同时对人口老龄化的成因进行分类分析。比如，因为老年人口寿命的增加而导致老少比的变化，因为计划生育政策引起的少儿人口减少而导致老少比的变化。这两个因素同样引起了老少比的变化，导致老年人口比例的上升，而这却是两种不同类型的老龄化历程，有着不同的形成原因。其所表现出的特点和问题也有所不同，在应对策略上更要有所侧重。老龄化发展的预期和未来趋势也会有所差异。所以运用老少比的指标对老龄化进行分析，也可以挖掘出老龄化的一些其他特点，使老龄化的研究更加丰富和全面。

（5）抚养比

抚养比即抚养系数，包括老年抚养比和少儿抚养比，这是和老年人口数量、少儿人口数量密切相关的两个指标。抚养比是劳动年龄人口数与非劳动年龄人口数的百分比。老年抚养比，我们通常计算60岁以上人口数量与15～59岁人口数量比值的百分比。同样，对于少儿抚养比，我们通常计算14岁以下人口数量与14～59岁人口数量比值的百分比。总抚养比则是老年抚养比和少儿抚养比的总和。对于劳动人口年龄和非劳动人口年龄的界定只是为了统计上的使用，可能还存在一些科学性和严谨性问题。

抚养比指标反映的是老龄化的经济社会的压力性指标，抚养比越高，说明这个社会要承担的被抚养人口比例越高，因而经济社会发展的压力较大；反之，则说明劳动年龄人口较多，经济社会发展的压力较小。所以抚养比指标是研究老龄化影响必须用到的衡量标准。根据2018年的《中国统计年鉴》，截至2017年底，我国总抚养比为39.2%，其中少儿抚养比为23.4%、老年抚养比为15.9%。近年来，总抚养比较为平衡，但是老年抚养比持续上升，老龄化的特征明显。而历次人口普查数据显示，总抚养比持续下降，但是老年抚养比却显著提升。总抚养比的下降源于少儿抚养比的下降，老年抚养比的显著提升说明我国人口老龄化程度持续加深。

（6）老年人口的年增长率

老年人口的年增长率是测量人口老龄化速度的指标，显示老年人口每年的变化速度。老年人口年增长率较高，说明老龄化的速度较快；反之则说明老龄化的速度较慢。老龄化是一个动态的概念，既要关注老年人口的规模，更要关注老年人口每年的数量变化，这是老龄化程度的重要指标。

根据历次人口普查的数据，我国老年人口年增长率稳中有升，“五普”数据显示至2000年年增长率为3.0%，而“六普”数据显示至2010年年增长率达到3.2%。老年人口年增长率的提升，说明我国面临的老龄化问题日益严重，应对老龄化问题更加迫切。

研究老龄化问题时，我们需要综合运用以上几个指标，运用横向、纵向的对比，来正确认识我国人口老龄化的现状、特点、影响以及发展趋势等。只有综合运用以上几个指标对老龄化进行全面的测量，才能获得更准确的认知。如果单独使用其中一两个指标，则可能导致判断的片面性。

二、人口老龄化的成因

人口老龄化是经济社会发展的结果，经济社会发展是人口老龄化的根本原因，而人口再生产过程中死亡率和出生率的下降，导致老年人口比重的增加则是人口老龄化的直接原因。但是具体的国情、历史发展阶段、经济发展水平等不同，人口老龄化的具体成因也有所差异。

1. 人口政策的影响

人口政策直接影响人口再生产的过程，对人口转变的自然过程进行政策干预，从而对人口老龄化的进程产生较为明显的影响。大多数国家和地区的人口再生产都会经历一个高死亡率和高出生率的人口低速增长阶段，然后经历低死亡率和高出生率的人口快速扩张阶段，再到低死亡率和低出生率的人口低速均衡增长阶段。人口再生产经历过以上三个阶段，就基本完成了人口转变，低出生率和低死亡率的出现也标志着社会即将进入老年化。

同时，人口政策对出生率也产生了一定的影响，不仅改变短期内的老年人口比例，对老龄化的发展趋势产生影响，也对老龄化进程的速度产生影响，改变老龄化加速、高峰、降速到低谷的时间预期。目前的研究者都认为我国将快速完成老龄化的过程，其特点呈现出快速、大规模的趋势，主要原因就是计划生育之前大规模的人口扩张，以及计划生育政策实施之后，出生率快速下降，人口年龄结构迅速变化，这两个原因共同导致在一段时间内积压了大量的人口，并在特定的历史时期内走向老年化。

2. 经济发展水平

人口老龄化从根本上讲是社会经济发展到一定历史阶段的特殊产物，经济社会发展状况和水平是推动人口年龄结构改变的根本原因。人口出生率与经济发展之间存在着长期较为稳定的关系①。

一是经济发展水平影响出生率。一个国家或地区的出生率与生育观念和生育意愿有着较为紧密的联系，而经济发展水平对人们的生育意愿产生着重要影响，从而影响实际的出生率。虽然从理论上说经济发展水平较高，人均收入增加就有利于提升生育意愿，但是在现实生活中，在一定的经济发展阶段，经济越发达，人们的生育意愿越低。这一点可以解释我国目前城市人口的出生率低于农村这一现象。作为一线城市的北京、上海，其2017年人口出生率均低于10‰，分别为9.06‰、8.10‰，而河北、安徽、福建、广西等不发达省份，同年人口出生率均高于10‰，山东省更是达到了17.54‰。所以经济发展水平在实践中更多与生育率的关系是反向相关关系。这是因为虽然人们人均收入有所提升，但是生育成本也相对更快地上升，人们觉得生育可能会造成生活水平下降，从而降低了生育意愿。同时，在怀孕和生产过程中，人们因为可能中断工作，以及错过工作晋升机会的可能性预期，从而抑制了生育意愿，限制了生育行为，降低了生育率。收入能突破时间和政策因素带来的约束，对生育率产生更为根本的作用②。

二是经济发展提高平均预期寿命。随着经济发展水平的提升，人们生活质量的提高，医疗保健等水平也会变得越来越好，人们的预期寿命持续增加。在不同发展水平的国家和地区，经济发展水平与平均预期寿命的关系也十分密切，即“富国寿长，穷国命短”③。在我国，经济发展与预期寿命的关系也在整体上呈正相关的关系。根据2018年《中国统计年鉴》，从1981年到2015年人们的平均预期寿命持续增加。1981年平均预期寿命为67.77岁，而2015年平均预期寿命增至76.34岁，预期寿命的增加就降低了老年人口减少的速度，从而相对增加老年人口比例。有很多研究表明，预期寿命会随着经济发展水平的提高而不

① 彭浩然，孟醒．中国人口出生率下降与经济发展［J］．统计研究，2014（9）：44－50.

② 李子联．收入与生育：中国生育率变动的解释［J］．经济学动态，2016（5）：37－48.

③ 苟晓霞．世界各国预期寿命差异及影响因素定量分析［J］．南京管理干部学院学报，2013（3）：31－36.

断增加①。根据第六次人口普查资料可知，预期寿命排在前三位的省市是上海、北京和天津，这与它们的经济发展水平（GDP）高度吻合。而预期寿命排在后三位的省份是甘肃、云南和贵州，这也与当地的经济发展水平保持一致。经济发展一方面改善了人们的生活条件和生存环境，对身体健康产生了正面影响；另一方面，经济发展所带动的体育事业的发展也增强了人们的体质，从而有利于延长寿命。另外两个影响寿命的因素是疾病和医疗。随着经济的发展和科技医疗水平的提升，人们对抗疾病的手段越来越丰富，也越来越先进，减少了因疾病导致的死亡。医疗卫生事业的发展、医疗人员素质的提升、医疗手段的革新等都提高了人们抵御疾病的能力。广大农村地区的预期寿命要低于城市地区，医疗资源的分布不均衡是其中重要的原因之一。

三是经济发展推动人口流动。人口迁移流动直接导致老龄化地区差异，我国老龄化城乡和地区差异是人口空间移动的重要结果，而人口流动的主要原因是经济发展不平衡。随着经济的发展，地区间、城乡间的经济发展水平产生差异，发达地区对于劳动力的需求增大，而农业生产的相对低效率，也使大量的农村劳动力溢出。大量的劳动力从欠发达地区迁移到经济较发达地区，大量的农村劳动力从农村进入城市。对于人口流出地来说，大量的劳动人口的减少，增加了老龄化的程度；而对于流入地而言，大量的劳动人口的进入，也减轻了当地老龄化的压力。根据2018年《中国统计年鉴》，2017年底，我国流动人口达2.44亿人；近十年来，流动人口数量持续增长。人口老龄化城乡倒置现象长期存在的一个重要原因就是人口流动。

3. 其他原因

经济因素和人口政策是人口老龄化的主要动因，但是还存在着其他一些影响因素，各国和地区的文化传统、生存环境等方面的差异对老龄化也产生了不同的影响。

一是制度的影响。除了人口和生育政策，社会保障制度与老龄化之间也

① 王森．我国人口预期寿命的结构及影响因素研究——基于省级面板数据的分析［J］．西北人口，2014（3）：37－42.

存在一定的关系，但是这种相互关系并不是一种绝对关系，而是相对关系。社会保障制度与老龄化之间的关系是社会保障制度影响生育观念，从而对生育率产生一定的影响，并最终影响老龄化程度。在一些西欧国家，如德国，它的人口出生率一直低位持续，甚至出现人口负增长，老龄人口比重较大。一方面是因为完善的社会保障制度，包括医疗有良好的保障，人口预期寿命延长；另一方面则是因为完善的养老保障让人们老年生活没有后顾之忧，降低了人们的生育意愿。但是也有研究表明，带有补贴性质的社会保障，对于提升生育意愿有正向促进作用①。当然，这项研究是基于流动人口二孩生育意愿的调查，是否具有推广意义还有待研究。完善的养老服务和社会保障制度，有利于减少人们的养老担忧，对纠正生育偏好具有一定的正向功能，在一定程度上对出生率产生抑制作用，从而相对增加老年人口的比例。但是人口老龄化又需要更为完善的养老服务体系和社会保障体系，所以两者的关系相对复杂，需要对具体的制度进行分析和讨论。

二是战争和自然灾害的影响。战争和自然灾害都能在短时间内减少大量人口总数，灾后的补偿性生育也改变了人口年龄构成，这两点都对老龄化发展产生影响。何廷明等人对民国时期云南自然灾害对人口影响的研究，认为自然灾害导致了当地大量的人口和劳动力的流失②。自然灾害过后，社会进入平稳建设时期，补偿性生育也会在短期内增加人口总量，从而相对减少老年人口的比例。战争对于老龄化的影响和自然灾害的逻辑基本一致。

三是传统文化和观念的影响。传统的生育观念和性别意识都影响生育行为，对生育率产生影响，从而影响老龄化进程。我国传统的“多子多福”的生育观念，让生育意愿保持着较高水平，而“养儿防老”的观念则造成了生育偏好。这两种生育观念都会提高生育意愿，对生育率产生积极影响。社会性别意识也对生育观念和行为产生影响。对于目前很多国家面临的低生育率问题，一些研究也开始从社会性别的角度进行关注。女性既参与社会化分工，从事经济生产，

---

① 黄秀女，徐鹏．社会保障与流动人口二孩生育意愿——来自基本医疗保险的经验证据［J］．中央财经大学学报，2019（4）：104－117.

② 何廷明，崔广义．民国时期云南自然灾害与人口变动［J］．文山学院学报，2016（1）：10－13.

同时也是人口再生产的主体，这种双重身份的处理直接影响生育结果，而如何处理和看待这种双重身份则与社会性别态度密切相关。我国生育率下降的一个重要原因是晚婚晚育，而与此密切相关的是女性的劳动市场参与率呈缓慢下降趋势[①]。显然，女性因生育抚养孩子退出或者暂时退出劳动市场是造成女性就业减少的重要原因之一。生育对女性而言可能意味着职业的中断、晋升机会的错失、生育成本的上升，所以生育意愿得不到提升。同时，因为女性生育所花费的时间较长，意味着用人单位用人成本的上升，所以职场的女性被歧视现象普遍存在，这也让女性对生育行为有了更多的顾虑。

老龄化的成因是多方面的，只有放在具体的经济社会环境中，全面分析各个影响因素，才能很好地解释老龄化进程中呈现出的不同特点和问题。经济社会发展是老龄化的根本动因，但是每个国家和地区的具体国情不同、政策不同、观念不同，其老龄化的发展也不尽相同，即老龄化具有发展的一般规律，也有多样的表现。

三、人口年龄结构划分

人口年龄结构是研究老龄化的基础，是指一定时间点和特定地区各个年龄组在社会总人口中所占的比重，也称为人口年龄构成。如少儿人口占总人口的比重，即少儿人口比例；老年人口占总人口的比重，即老年人口比例等。人口年龄结构除了不同特征年龄组在总人口中的比例，还可以研究不同类型年龄组彼此之间的比例情况。如现有人口中育龄人口与非育龄人口的比例、劳动年龄人口与非劳动年龄人口的比例、少年儿童人口与老年人口的比例等。这些结构划分都以不同年龄组为划分依据。这也涉及研究老龄化问题时用到的一些指标，如老年系数、少儿系数、抚养比、老少比等，所以人口年龄结构划分是研究老龄化的重要基础，研究一个社会的老龄化问题，必须弄清楚其人口年龄构成。

---

① 吴要武．剥离收入效应和替代效应——对城镇女性市场参与变化的解释［J］．劳动经济研究，2015（4）：3－30.

根据人口年龄结构的不同，可以把不同的国家和地区划分为不同的社会年龄类型，即分为年轻型社会、成年型社会和老年型社会。根据现行的国际相关标准，老年人口比例在4%以下，少儿人口比例在40%以上，老少比为15%以下，年龄中位数20岁以下为年轻型社会；老年人口比例为4%～7%，少儿人口比例为30%～40%，老少比为15%～30%，年龄中位数20～30岁为成年型社会；老年人口比例在7%以上，少儿人口比例在30%以下，老少比为30%以上，年龄中位数30岁以上为老年型社会。我国早已进入老年型社会，如表1－1为2010年我国人口年龄结构。不同人口年龄类型通过金字塔图可以较为清楚地显示出来。通过不同年龄类型结构，我们不仅可以看出一个国家或地区目前的人口年龄结构状况，同时还可以对人口老龄化的发展趋势作出判断。如果一个国家正处于年轻型社会，那么它正处在人口年龄变化的初期。这个国家少儿抚养比相对较高，社会对少儿抚养的负担相对较重；老年抚养比相对较低，社会老年抚养负担较轻。而老年型社会面对的人口问题则刚好相反，社会老年抚养负担问题比较严重，也是社会人口结构变化的末期，标志着一个社会人口结构转型的完成。正确判断目前所处的人口年龄类型，是制定人口政策和经济社会发展规划的重要基础。

表1－1　2010年我国人口年龄结构表　　（单位：万人）

年龄分组	总人口	0～14岁	15～59岁	60岁及以上	65岁及以上
人口数量	133972.5	22246.0	93961.6	17764.9	11883.2
比例	—	16.60%	70.14%	13.26%	8.87%

资料来源：第五次人口普查数据

第三节　中国人口老龄化现状

21世纪初，我国正式进入老龄化社会，老龄化成为学者们关注的热点问题。根据“五普”数据显示，2000年我国60岁及以上人口占总人口数的

10.5%，65 岁及以上人口占总人口数的 7.1%，标志我国开始迈入老龄化社会。

一、人口老龄化现状

我国人口老龄化呈现出规模大、速度快的发展态势，老龄化问题形势严峻。我们从上述老龄化的几个指标来分析我国人口老龄化的现状。

1. 老年人口比例：老年人口规模大

“六普”数据显示，2010 年我国 60 岁以上人口占总人口的比例为 13.26%，65 岁以上人口比例为 8.87%。根据 2018 年《中国统计年鉴》，截至 2017 年底，60 岁以上人口比例为 17.33%，65 岁以上人口比例为 11.39%。老年系数已经远远超过联合国的标准。根据“五普”“六普”和 2018 年《中国统计年鉴》数据，绘制表 1－2。我们通过表 1－2 可以看出，我国老年人口比例呈持续上升的趋势，老龄化问题持续深化。

表 1－2　老年人口比例表

年　份	60 岁及以上	65 岁及以上
2000	10.5%	7.1%
	12997.8 万人	8827.4 万人
2010	13.3%	8.9%
	17759.6 万人	11189.2 万人
2017	17.3%	11.4%

资料来源：我国第五次、第六次人口普查数据以及 2018 年《中国统计年鉴》

2. 人口中位数：老龄化程度深

人口中位数是描述老龄化程度的集中趋势指标，人口中位数值的变化可以判定人口年龄结构年轻化的程度。根据《联合国关于中国人口总量和老龄化统计与预测指标》，我国最近十年人口中位数的变化如表 1－3 所列。我们从表 1－3 可以看出，2019 年我国人口中位数已经达到 37.7 岁，并且近十年内人口中位数均超过 30 岁的老年社会的临界值，老龄化速度之快、程度之深，使我国成为老龄化最严重的国家之一。

表 1-3 人口中位数表 （单位：岁）

年 份	2010	2011	2012	2013	2014	2015	2016	2017	2018	2019
年龄中位数	34.5	34.9	35.2	35.5	35.9	36.2	36.6	37.0	37.3	37.7

资料来源：《联合国关于中国人口总量和老龄化统计与预测指标》

3. 少儿人口比例：老龄化程度将进一步深化

死亡率、出生率和人口流动都是影响老龄化的重要指标，从少儿人口比例可以分析老龄化的发展趋势。与老年人口比例相对应，我们也用“五普”“六普”和2018年统计数据比较分析我国少儿人口比例的变化。我们从表1-4可以看出，少儿人口比例变化与老年人口比例不同，总体呈下降趋势。2017年比例稍有回升，得益于二孩政策的实施。除去政策因素的影响，少儿人口比例整体上呈现出下滑趋势。与老年人口比例结合起来，我国人口年龄结构呈现的变化是老年人口快速增加，而少儿人口出现下滑，这两方面的变化也直接导致我国人口年龄中位数持续上升的结果。

表 1-4 少儿人口比例表

年 份	2000	2010	2017
0~14 岁人口比例（%）	22.9	16.6	16.79

资料来源：同表1-2

4. 抚养比：老龄化对经济社会发展的压力增大

抚养比是衡量老龄化对经济社会发展压力的重要指标，抚养比增加，经济社会发展的负担就会变重，发展压力就会增加；抚养比减少，经济社会将进入快速平稳的增长期。特别是老年抚养比减少，经济社会发展的负担减轻，劳动人口比例增加，人口年龄结构更有助于经济社会发展。抚养比包括少儿抚养比和老年抚养比，两者之和为社会的总抚养比。我们来分析一下最近三次人口普查数据中抚养比的变化。从表1-5中我们可以发现，近30年来，我国人口总抚养比和少儿抚养比呈下降趋势，但是老年抚养比呈上升趋势。值得注意的是，与少儿人口比例变化相似，总抚养比和少儿抚养比在2017年呈整体下降趋势的情况下，比例略有回升。总抚养比2017年为51.8%，比2010年上升9.2个百分点，其中少儿抚养比上升了1.9个百分点，而老年抚养比上升了7.3个百分点。少儿抚养比对总抚养比的贡献率为21%，老年抚养比的贡献率为79%。所以，总抚养比的上升主要是老年抚养比快速提升的结果。少儿抚养比总体呈下降趋势，2017年略有回升是人口政策放松的短期效应，但是老年抚养比的持续快速上升则是线性的发展趋势，具有不可逆的发展态势。老年抚养比的快速增长给经济社会发展带来较大的负担和压力，使得我国既面临着劳动人口的减少，又面临着养老保障支出的压力。

表1-5　抚养比表　（单位:%）

年　份	总抚养比（与15~59岁人口比）	少儿抚养比	老年抚养比
1999	56.9	43.4	13.5
2000	50.1	34.4	15.7
2010	42.6	23.6	19.0
2017	51.8	25.5	26.3

资料来源：第四次、第五次、第六次人口普查数据和2018年《中国统计年鉴》

5. 老年人口的年增长率：老龄化加速发展

老年人口的年增长率是衡量老龄化的速度指标，我国老年人口不仅规模大，增加的速度也相当快。从表1-6我们可以看出，我国老年人口的年增长率维持在3%的左右，即老年人口每年以3%的速度迅速持续增加，这说明我国老年人口正以稳定的速度快速增长，老年人口越来越多，老龄化问题越来越严峻。

表1-6　老年人口年增长率

年　份	1990	2000	2010
60岁及以上人口年增长率（%）	3.0	3.0	3.2

资料来源；第四次、第五次和第六次人口普查数据

从以上几个老龄化指标，我们可以看出我国人口年龄结构中，老年人口比重大，增加速度快，我国社会正面临着日趋严峻的老龄化问题。老龄化的快速发展将给我国的经济社会发展带来较大压力。

二、中国人口老龄化特点

我国人口老龄化具有基数大、速度快、地域发展不平衡、性别发展不平衡、高龄化趋势明显、失能老人比重较大、与经济发展协调性增强等多个特点。

1. 我国人口老龄化规模大、速度快，老龄化形势严峻

根据联合国最新发布的数据，世界上已经有92个国家进入老年社会，在世界各国老龄化排名中，中国处在50~60位次。从排名上看，我国的老龄化程度不是很严重，但是我国在2000年左右进入老年社会，在历经十几年的时间，老龄化速度很快，累积了规模较大的老年人口。很多西方发达国家老年人口比例高于我国，那是因为它们进入老年社会的时间早，老龄化经历了更长的时间段，在同样的期限内，中国老龄化达到相对更高的水平。

图1-1是我国历年人口普查数据中，老年人口比例增加情况。从图中我们可以看出，从1953年开始，老年人口的比例几乎呈线性增长，增长的速度之快可见一斑。

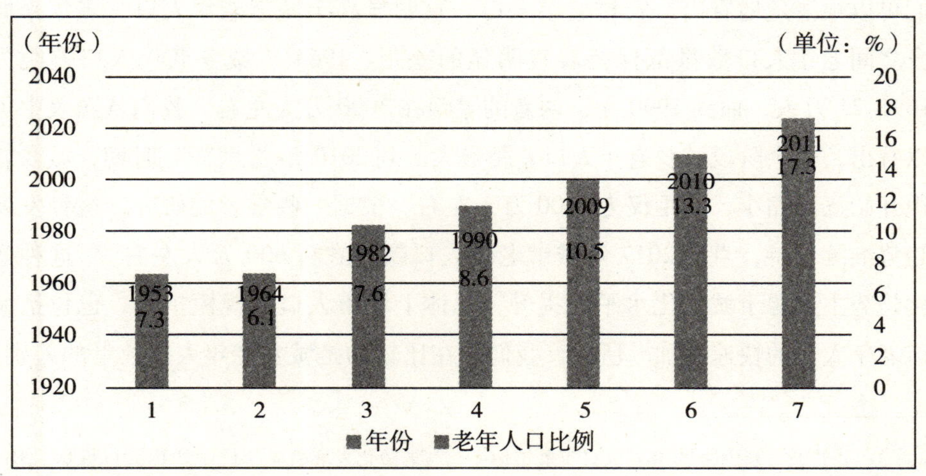

图1-1 老年人口比例增加图

资料来源：历年人口普查数据

由于我国老年人口快速增长，人口年龄结构已经从金字塔结构转变为非金字塔结构[①]。金字塔结构是顶部和底部较窄，而中间部分比较宽。我国进入老年社会之前，人口年龄结构较长期呈现为金字塔结构。从21世纪以来，人口年龄结构发生了快速改变，作为金字塔底部的老年人口迅速增加，使底部形状变得越来越宽，中间部分相对变窄，典型的金字塔形状发生改变。

2. 我国人口老龄化地域发展不平衡，地区之间发展不均衡

老龄化地区间发展不平衡受多种因素的影响，包括经济发展水平地区差异、医疗水平的地区差异、人口迁移、生存的地理环境气候等。但是经济发展水平是造成老龄化地区发展不均衡的根本原因。我国人口老龄化地区发展不平衡表现在两个方面：一是城乡倒置现象普遍存在；二是东部、中部、西部地区之间的不平衡。

一是城乡老龄化发展水平的差异。老龄化城乡差异是我国老龄化进程中普遍存在的现象，“老龄化城乡倒置贯穿全程”[②]。图1-2是1964年、1990年、2000年和2010年四次人口普查数据中城乡老年人口对比情况。从图中我们可以很清楚地看出，农村老年人口一直明显高于城市老年人口，多年来城乡之间老年人口数量都保持着较明显的差距。1964年城乡老年人口差距为1696.21万人，而到1990年，两者的差距在3000万人左右，我们从图表中可以看出，这个阶段城乡老年人口差距最大。到2010年“六普”时期，城乡差距开始逐渐缩小，差距仅为1400万人左右。根据一些学者的研究，这种发展趋势继续保持，直至2017年城市老年人口超过农村600万人左右。[③] 这种变化趋势主要源于城镇化水平的提升，总体上城市人口大规模扩张，也包括城市老年人口的快速增加。所以，我们现在比较的是城乡老年人口数量的差别，

① 王广州．新中国70年：人口年龄结构变化与老龄化发展趋势［J］．中国人口科学，2019（6）：2-15，126.

② 杨菊华，王苏苏，刘铁锋．新中国70年：人口老龄化发展趋势分析［J］．中国人口科学，2019（4）：30-42，126.

③ 杨菊华，王苏苏，刘铁锋．新中国70年：人口老龄化发展趋势分析［J］．中国人口科学，2019（4）：30-42，126.

如果比较城乡老年人口比例的差别，可能结果会不太一样。随着大量劳动力人口进入城市，农村空心化、老人空巢化现象比较普遍，使得城乡老龄化的水平差距更为严峻。而且这种差距并不会像城乡老年人口数量差距那样在近年来出现反超现象，随着城市化的推进，虽然较多数量的农村老年人口转变为城市老年人口，但是在人口流动中，还是有大量的人被留在农村，造成农村老年人口比例逐年上升，老龄化程度高于城市。

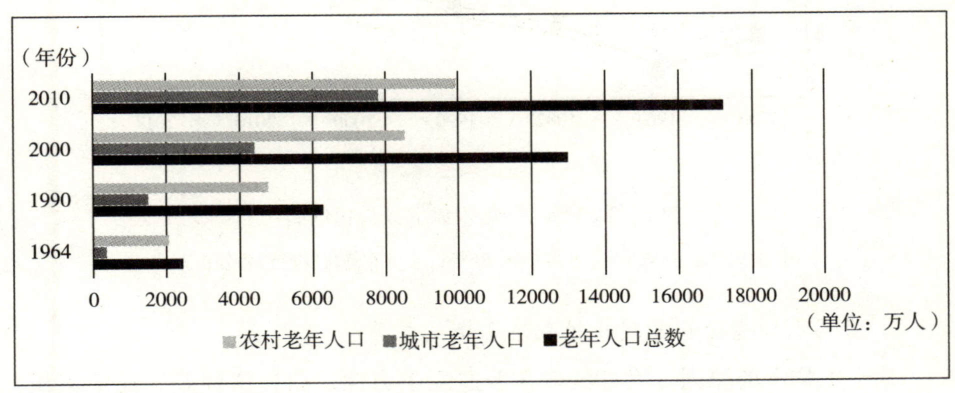

图1-2 分城乡老年人口数量对比图

资料来源：历年人口普查数据

二是我国东部地区、西部地区和中部地区老龄化水平的差异。老龄化在不同地区的发展呈现出的差异，从根本上说经济是主要动因。我国经济较为发达的省份都集中在东部地区，东部地区的老龄化进程也快于西部和中部。这与国家之间老龄化差距形成的原因比较一致。老龄化的进程与经济发展的进程相对保持一致，当经济水平发展到一定阶段，社会人口年龄结构也会随之进入老年社会。我国的东部地区经济先发展起来，人口老龄化的进程也相伴而来。前文分析了经济发展水平与老龄化水平的关联度，发现两者之间的正向相关度较高。图1-3是杨菊华等人在研究我国70年来人口老龄化的变化趋势，对我国老龄化地区间差异分析时绘制的。从图1-3中我们可以看出东部地区人口老龄化一直领跑其他地区，西部和东北地区的老龄化一直保持相对较低水平。

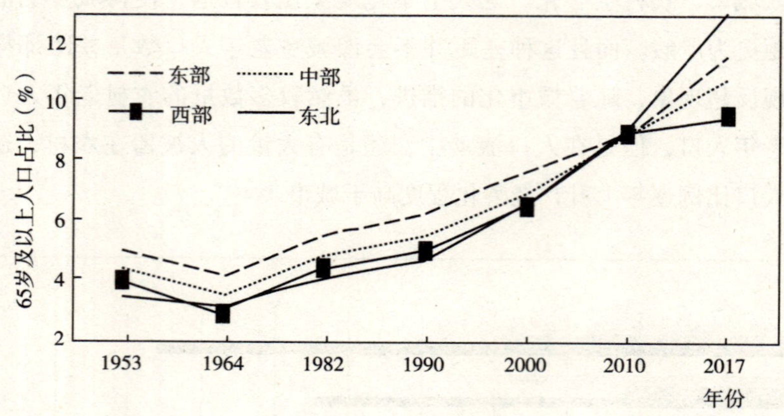

图 1-3　分地区 65 岁以上人口比例图

图片来源：杨菊华等，《新中国 70 年：人口老龄化发展趋势分析》

3. 我国人口老龄化呈现出性别不平衡的差异

基于生物学的原因，女性的寿命普遍高于男性，而且这种差异长年累积，就造成了老年人口中女性多于男性的普遍现象。独居的女性老年人口也会相对较多。在人口政策和养老服务体系建设中都应该充分体现对独居老人的关爱和照料。

根据“六普”数据可知，我国 60 岁以上老年人口中，男性为 8703 万人，而女性为 9055 万人，两者相差超过 350 万人。图 1-4 为截至 2017 年底 60 岁及以上老人中男女两性分年龄组占总人口数比例的差别图。从图中我们可以看出，在 60～64 岁年龄组中，两性没有差别，男女占总人口的比例均为 2.79%，但是从 65 岁以上年龄组开始，女性比例始终高于男性。两者之间的差距从 65～69 岁组开始逐渐上升，至 80～84 岁组两者相差 0.12 个百分点，随后差距开始缩小，85～89 岁组下降为 0.1 个百分点，95 岁以上差距为 0.02 个百分点。即两者的差距呈现出先上升后下降的趋势，95 岁以上老年人口中，两者的差距已经很小。同时根据“五普”和“六普”的数据，男女预期寿命差距由 2000 年的 3.70 岁增到 2010 年的 4.99 岁。两性之间的预期寿命差距进一步拉大，老年人口中女性比例可能会进一步提升。

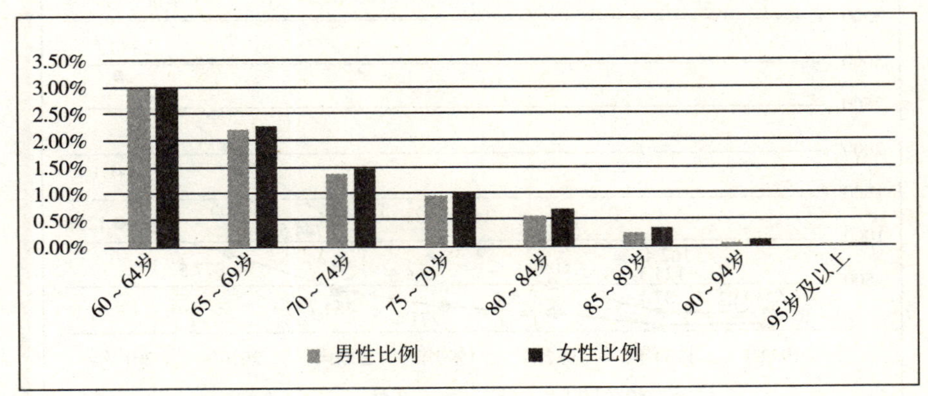

图1－4　60岁及以上人口男女分年龄组占总人口数的比例差图

资料来源：2018年《中国统计年鉴》

4. 高龄化趋势愈加明显，高龄老人问题值得关注

随着生活水平、医疗水平和健康观念的提升，人口预期寿命有逐年提高的趋势。根据“六普”数据，我国人口平均预期寿命达到74.8岁，比2000年提高了3.43岁。在老年人口里，年龄结构也呈现出逐渐高龄化的发展态势。2010年“六普”数据显示，80岁以上老年人口为208万人，占总人口数的比例为1.57%，而2017年的数据为2.07%，7年时间提高了0.5个百分点，高龄人口的增长速度非常快。

图1－5是根据我国历年人口普查和2018年《中国统计年鉴》绘制的我国高龄人口增长情况。从图中我们可以看出，高龄人口数量一直呈上升趋势，特别是2000年以后，高龄人口增加的速度明显提升。2000年左右是我国人口年龄结构步入老年社会的重要节点，而人口高龄化的增速发展也是发生在这个历史节点上。也就是说在老年人口快速增加的同时，高龄化趋势也同期发生。在高龄人口中，女性人口数量一直高于男性，但是两者的增加速度却保持相对均衡，几乎呈现出同步增加的变化趋势。所以虽然高龄女性人口数一直多于高龄男性，但是两者之间的规模差距却保持相对平稳。

因此，从图1－5中，我们可以得出以下几个结论：一是老龄化过程中高

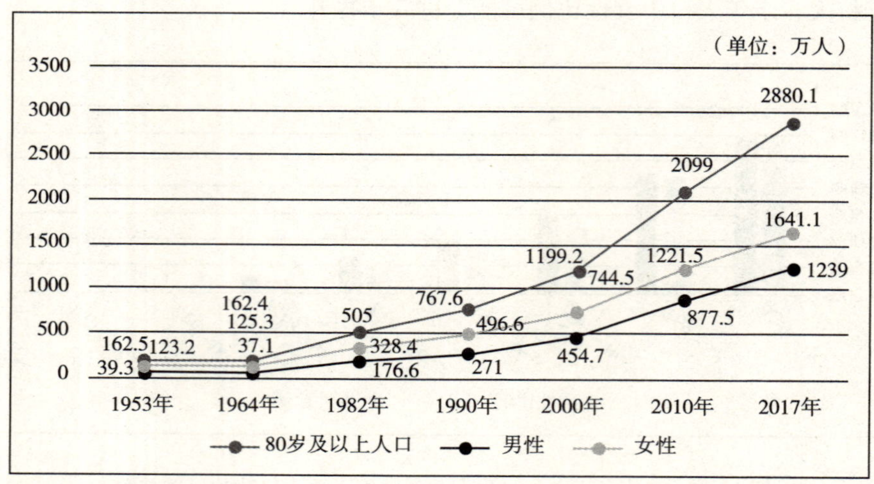

图1-5　分性别高龄人口数量图

资料来源：六次人口普查数据和2018年《中国统计年鉴》

龄人口一直保持逐年增加的发展趋势；二是高龄化加速发展的时间节点与我国进入老龄化社会的时间节点保持一致；三是高龄人口中，女性人口数量一直多于男性，但是两者的发展速度和差距相对平衡。

5. 失能老人比重较大，但总体呈下降趋势

失能老人对于生活照料的需求更为明显，随着人口老龄化进程的持续推进，年龄中位数的提高以及高龄趋势的发展，失能老人群体受到越来越多的关注。我国老年人口中，失能老人比重较大，这也对我国现行的养老服务体系提出新的要求，失能老人的照顾以及长期护理保险政策的制定、实施和完善都提上了议事日程。

“中国城乡老年人口状况追踪调查”已经在2000年、2006年、2010年和2015年进行了四次。这个调查为我们研究失能老人的数量和规模提供了一些关于老年健康状况的数据。表1-7是根据这项调查获取的60岁及以上老人ADL（基本生活能力）失能状况表。从表中我们可以看出，我国60岁及以上失能老人的比例较高，保持在8%以上的人口比例。但是比例又有逐年下降的趋势，从2000年到2010年，10年期间下降了0.79个百分点。同时，女性老

年人的失能比例始终高于男性，农村老人的失能比例始终高于城市。城乡之间的生活和医疗条件都有较大的差距，所以在失能老人总体比例下降的同时，农村则保持了增长的趋势，主要是农村的生活和医疗水平较低的原因造成。

表1-7　60岁及以上老年人ADL失能状况表　　（单位:%）

年　份	总体	男性	女性	农村	城市
2000	8.92	7.00	10.76	9.37	7.46
2006	8.18	6.15	10.10	8.92	6.08
2010	8.13	6.70	9.52	9.44	6.48

资料来源：杨明旭等，《中国老年人失能率变化趋势及其影响因素研究——基于2000，2006和2010 SSAPUR数据的实证分析》

虽然老年人口的失能率有下降的趋势，但是如果分不同年龄组来看，随着年龄的增加，失能率则保持快速上升的特点，如图1-6所示。

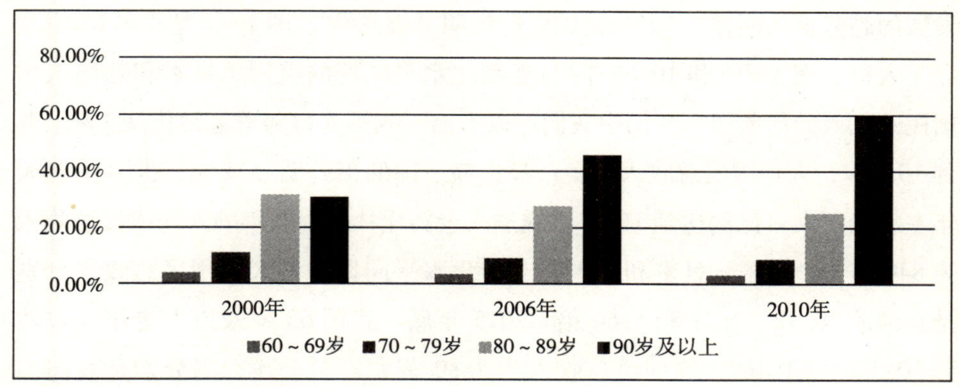

图1-6　分年龄组失能率图

资料来源：同表7

从图1-6我们可以看出，随着年龄的增加，失能率显著提升，90岁及以上老年人失能率远远超过其他年龄组。2010年，60~69岁年龄组老年人失能率为3.33%，70~79岁失能率为8.90%，80~89岁失能率为25.11%，90岁及以上老年人失能率高达60.15%。同时我们可以看出，90岁及以上年龄组的老年人失能率呈逐年上升趋势，而其他年龄组则呈下降趋势。90 岁及以上的高龄人口中超过一半以上老年人为失能人群。

6. 我国人口老龄化与经济发展协调性逐渐增强，“未富先老”状况相对得到缓解

“未富先老”曾是我国人口老龄化最重要的特征之一，也是影响经济社会发展最重要的因素。与世界其他进入老龄化社会的国家和地区相比，我国整体的老龄化水平并不靠前，根据联合国发布的相关数据，世界目前已经有 90 多个国家步入了老龄化社会的行列，而我国的排名处于 60 多名的位次。日本老龄化位居世界第一，65 岁以上老人比例已经达到 27%；而意大利和德国紧随其后，老年人口比例也都超过 20%。从排名来看，我国并不是老龄化最为严重的国家，但是我国老龄化与其他发达国家相比，属于人口老龄化超前于经济发展水平，与经济发展水平长期不相适应，出现了“未富先老”的特点。

但是在近年来的经济发展和人口政策的作用下，人口老龄化与经济协调发展的趋势更加明显，“老与富的匹配度明显提高”[①]。图 1－7 是我国 65 岁及以上人口比例为 7% 和 10. 5% 时与老龄化水平同期的美国、日本和韩国人均国民总收入的倍差图。从图中我们可以看出，我国人口随着老龄化从 7% 上升到 10. 5%，人均国民总收入与美、日、韩三国的倍差明显减少。我国在 2000 年左右老年人口比例达到 7%，正式进入老龄化社会，当年的人均国民总收入为 840 美元，美国、日本和韩国在老龄化水平同期时的人均国民总收入分别是我国的 10. 12、2. 31 和 1. 66 倍。2015 年底，我国 65 岁及以上老年人口达到 10. 5%，同期的人均国民总收入为 7880 美元，而上述三国分别是我国的 2. 73、1. 39 和 1. 02 倍。这种倍差的缩减，说明我国经济正在加速赶超，逐渐与老龄化水平相协调。

① 孙鹃娟，高秀文．国际比较中的中国人口老龄化：趋势、特点及建议［J］．教学与研究，2018（5）：59－66.

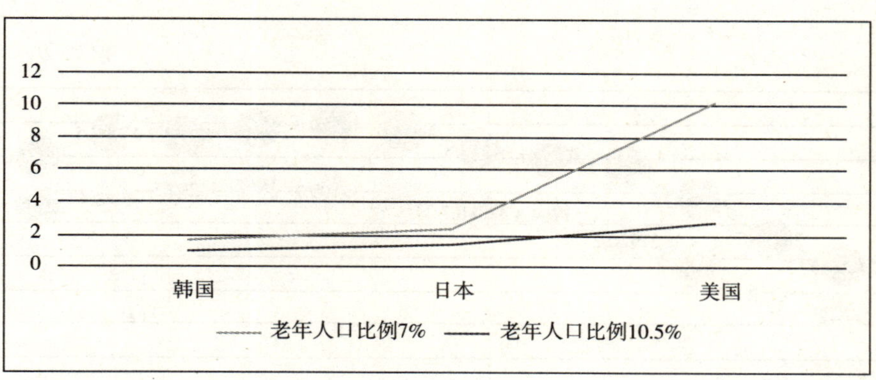

图1－7　老龄化不同时期他国与中国人均国民收入倍差图

资料来源：孙鹃娟等，《国际比较中的中国人口老龄化：趋势、特点及建议》

数据来源：《联合国世界人口展望数据》和2016年国家统计局数据

三、中国人口老龄化的未来发展趋势

1. 老龄化持续加深，老年人口规模和比例将在高位维持

老龄化进程是社会人口年龄结构发展的必然过程，是经济社会发展到一定历史阶段的必然产物。中国人口老龄化在未来将持续加深，而老年人口规模和比例也将持续攀升。

根据联合国数据，我国65岁以上老年人口规模将在2055—2066年10年左右的时间内达到最高峰，老年人口数量超过35000万人。图1－8是根据联合国的预测数据绘制的老年人口数量增加的趋势图，从图中我们可以看出，从2020年开始老年人口开始快速增加，从2050—2065年左右保持相对平稳的增长速度，2070年以后，开始出现下降趋势。

同时，未来老年人口比例也将逐年增加，直到2062年左右，60岁及以上人口比例增至36.7%，2066年65岁及以上老年人口比例增至30.3%，两个人口比例进入高位平稳发展期。即在未来40年，我国老年人口比例将保持持续增长发展态势，老年人口超过总人口的三分之一。从图1－9我们可以看出，从2020年开始到2060年，我国老年人口比例将逐年增加，2060年以后

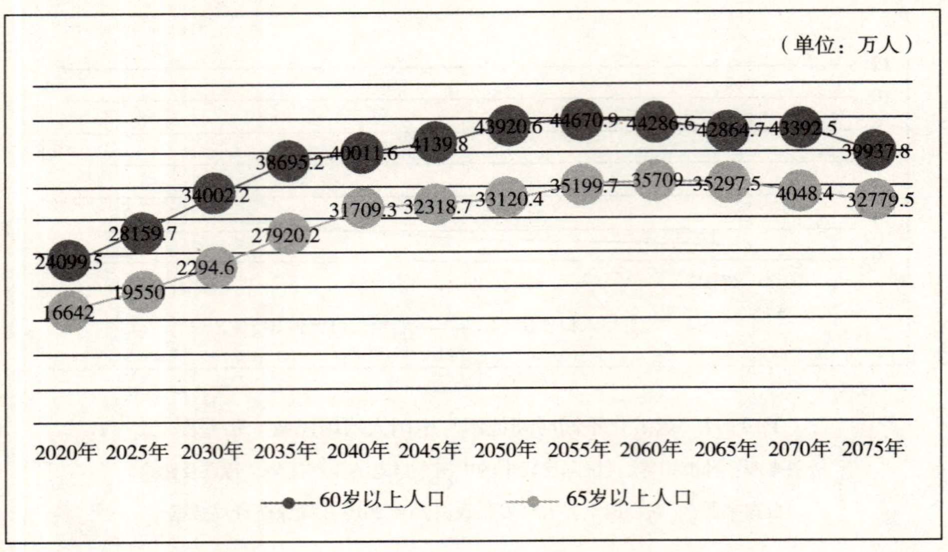

图 1－8　老年人口增加趋势图

资料来源：《联合国关于中国人口问题和老龄化的统计与预测（1950—2100）》

老年人口比例进入平稳增加期，虽然增加速度保持均衡态势，但是比例依然在较高位置维持。

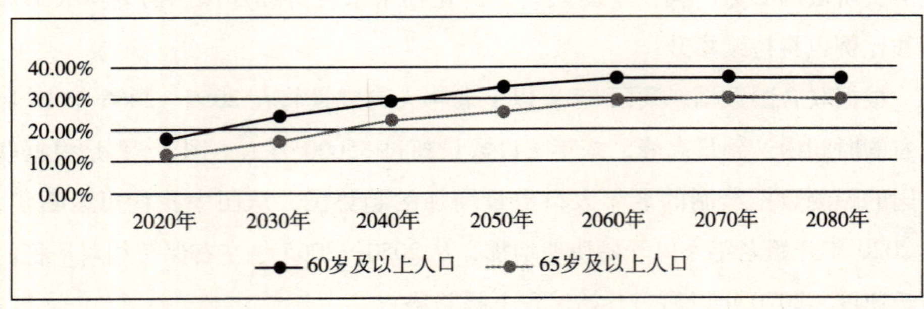

图 1－9　老年人口比例变化趋势图

资料来源：同图 1－8

在老年人口规模扩大的同时，高龄老人的数量也将快速增加。根据联合国数据推测，从 2020 年开始我国 80 岁以上老年人口逐年增加，2020 年约有 2629. 1 万高龄人口，此后还将继续增加，估计将在 2083 年左右出现小幅回落。从图 1－10 我们可以看出，高龄人口数量在未来 60 年内都将逐年增加，在 2080 年达到 12263.9 万人，其中在 2030—2050 年的 20 年时间内增加速度较快，折线上扬的角度较大，而此后增加速度放缓，但是高龄人口总量规模依然保持增长，并在 12000 多万的高位长期维持。

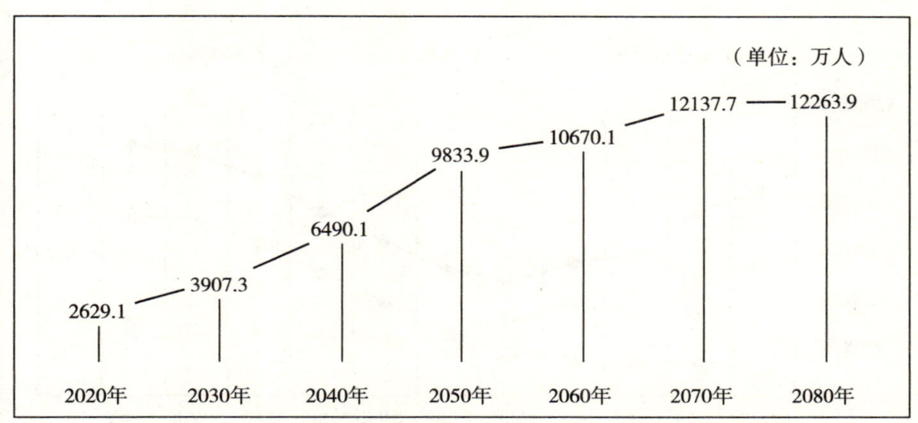

图 1－10　80 岁以上人口数量趋势图

资料来源：同图 1－8

2. 人口出生率将成为影响人口老龄化的重要因素，总和抚养比将会持续提高

人口老龄化的发展趋势主要受到人口出生率、人口死亡率和人口迁移等因素的影响，随着经济发展水平的提升和人口平均预期寿命的增加，人口老龄化和高龄化趋势明显。但是在未来人口发展过程中，平均预期寿命的影响将会表现为相对平稳，而人口出生率成为最重要的人口年龄结构的调节手段。

在我国人口发展历史上，人口生育政策的调节使我国人口总和抚养比呈现出先下降再上升的发展趋势。根据联合国数据，在计划生育政策实施之前，我国总和抚养比呈持续上升的特点，并且在 80% 左右的水平维持。在控制人口政策实施之后，从 20 世纪 70 年代后期开始总和抚养比出现下降趋势，从 1973 年的 86.5% 持续下降到 2011 年的 46.9%，随后出现反转的态势，并将一直持续，到 2059 年将超过 100%，然后继续上升，并在高位长期维持。从

图 1－11 我们可以看出，从 70 年代开始总和抚养比持续下降至 21 世纪初，2010 年以后又出现上升快速的转折。所以在一个世纪里，总和抚养比的变化整体上分为两个阶段：前一阶段从 70 年代开始到 2010 年左右，呈下降趋势；后一阶段从 2010 年开始出现拐点，一直攀升，到 2070 年以后进入平稳期。

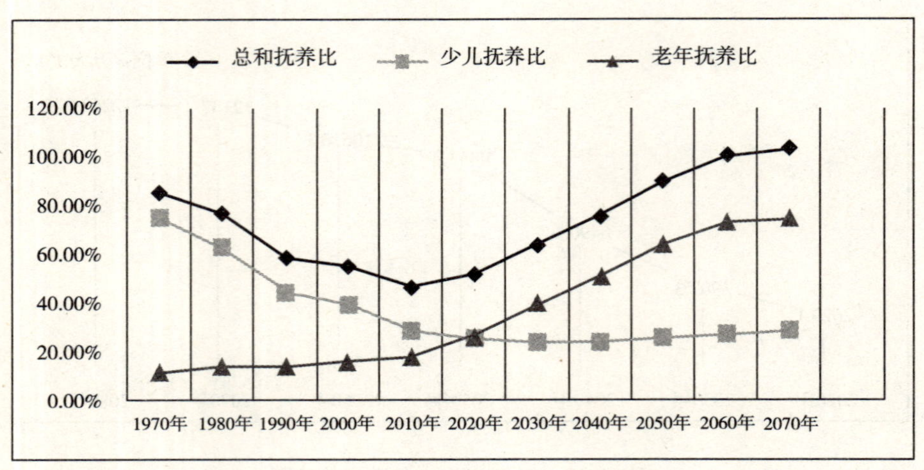

图 1－11　人口抚养比变化趋势图

资料来源：同图 1－8

从图 1－11 我们可以看出，少儿抚养比在整个阶段呈现下降趋势，而老年抚养比则呈现上升趋势。两者在 2019 年左右非常接近，几乎相等，分别为 25.6% 和 25.5%；2020 年以后，老年抚养比实现反超，第一次超过少儿抚养比，分别为 26.4% 和 25.4%；之后，老年抚养比持续提升，而少儿抚养比持续下降。

值得注意的是，对于不同时期总和抚养比的变化，少儿抚养比和老年抚养比有不同的贡献和影响，同时少儿抚养比的变化又影响老年抚养比的变化。从图 1－11 我们可以看出，在抚养比变化的前一阶段，少儿抚养比和总和抚养比相对同步，而老年抚养比呈反向变化，说明少儿抚养比对总和抚养比的贡献较大。在后一阶段老年抚养比与总和抚养比保持同一趋势，有较快的上升，说明老年抚养比的贡献较大。在老年人口规模不能控制的情况下，适当调整人口生育政策，调节出生率和少儿人口抚养比则成为应对老龄化的重要能动性举措。从我国人口发展历史我们也可以看出，人口抚养比变化的重要节点与或松或紧的生育政策密切相关。在严格人口政策条件下，出生率得到了严格的控制，少儿抚养比和总和抚养比呈明显下降趋势。但是在计划生育政策实施之前，出生率居高不下，少儿抚养比和总和抚养比都保持较快增长。总和抚养比的下降减轻了经济社会发展的压力，也影响总和抚养比的增速，在老年人口不可控制的前提下，只有进行人口生育政策的调整。在未来50年内，老年人口将持续上升，而与此同时少儿人口比例持续减少，老年抚养比居高不下，造成总和抚养比也持续处于高位，经济社会发展的人口压力进一步加大。

第四节　人口老龄化对社会发展的影响

人口老龄化是经济社会发展到特定历史时期的必然产物，同时人口老龄化对经济社会发展也将产生十分深远的影响。我国在21世纪初进入老龄化社会，人口年龄结构的改变将对社会保障、公共安全、传统文化、社会结构等方面产生影响。社会保障、劳动力供给、家庭结构以及社会结构的现状都会随着老龄化进程的深化而发生改变。

一、人口老龄化对劳动力供给的影响：年龄结构老化与供给减少

人口老龄化的进程也是劳动力结构逐渐老化并进入老年阶段的发展过程。我们从我国老年人口的年增长率可以看出，每年进入老年社会的劳动力人口呈逐年递增趋势。老龄化对劳动力供给产生相当深远的影响，对经济发展的影响不可低估。

1. 人口老龄化造成劳动力年龄结构老化趋势不可避免

劳动力年龄结构老化伴随着老龄化的进程发生，并且不可避免。劳动力年龄结构老化指的是在劳动力人口中，年龄较大的人口数量比例呈逐渐上升

的趋势。根据联合国国际劳动组织的相关标准，年长劳动力指的是在劳动力人口中45岁及以上年龄人口，即45~64岁人口。“六普”数据显示，2010年我国45~64岁人口占15~64岁人口的比例为15.0%，2015年这一比例增加至37.7%①。2018年《中国统计年鉴》数据显示，截至2017年底，该比例将增至40.1%。随着人口老化趋势的推进，劳动力年龄老化趋势将进一步加剧，到2040年左右，年长劳动力人口占劳动力总人口的比例达到最高峰，超过47%，在劳动力人口中，将有接近一半的人口年龄超过45岁，进入年长劳动力群体。

人口劳动年龄老化对经济发展的冲击较大：一方面，45岁以上年长劳动者的技术创新能力、知识更新能力都相对较弱，为经济结构升级转型和产业升级等都带来较为不利的影响；另一方面，随着年龄的增加，劳动参与率也自然呈下降趋势。15~45岁是人生的黄金时期，体力和脑力都处在最佳状态，无论是身体状况还是智力状况都处于最高峰时期，创造力和生产力都是具有活力的时期。45岁以后成为年长劳动者，虽然经验和技能有所提升，但是对于知识经济的来临，他们的适应能力显然相对较弱，也导致劳动参与率的下降。所以，整体上劳动力年龄结构的老化对经济发展将会产生一定的负面影响。

2. 老龄化带来的劳动力人口减少趋势不可避免

在老龄化的过程中，劳动力年龄结构老化的同时，劳动力人口数量不断减少也是一个必然的趋势。劳动力供给规模趋势与出生率紧密相关，出生人口多，未来的劳动力供给就相对充足；反之，劳动力供给就会减少。因为在人口年龄结构划分中，将15岁划分为劳动力年龄的开始，那么从出生到参与劳动需要一个为期15年的周期。我国第三次人口生育高峰在1986—1990年间，按照推算，劳动力供给将在2001年后开始增加，但是短暂的增长和平稳发展期后，将为较为漫长的下降期。

① 孙鹃娟，高秀文．国际比较中的中国人口老龄化：趋势、特点及建议［J］．教学与研究，2018（5）：59-66.

从图 1－12 我们可以看出，根据联合国的预测数据，我国劳动力数量从 2000 年至 2010 年的 10 年时间里有增长趋势，在 2010 年呈现出一个劳动力数量的小高峰，达到 68.2%。但是 2010 年后劳动力数量呈明显下降趋势，至 2050 年劳动力人口比例降至 52.6%，并且这种下降趋势将长期保持，劳动力供给持续减少。

劳动力供给规模的缩小降低了我国人口红利对经济的促进作用，但是随着劳动生产率的提升，经济发展对劳动力供给的需求将有所下降。劳动力数量减少对于未来经济发展产生威胁的临界值也是一个值得深入研究的课题。

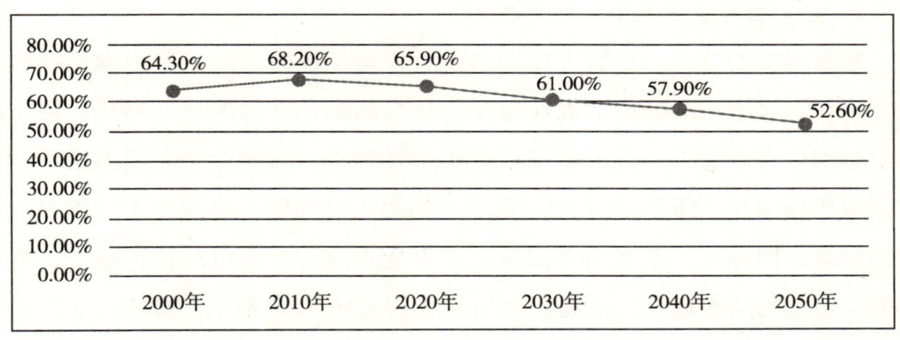

图 1－12　15～64 岁劳动人口比例变化趋势图

资料来源：《联合国关于中国人口总量和老龄化的统计与预测（1950—2100）》

二、人口老龄化对家庭结构的影响：家庭年龄结构老化，养老负担加重

在我国人口老龄化的进程中，少子化与高龄化并存，少儿抚养比持续下降，而老年抚养比持续上升的变化趋势给家庭结构带来较大影响，家庭养老负担变重，代际矛盾冲突增多等。

1. 家庭养老负担加重

家庭养老的方式是我国历史上一直占主导地位的养老模式。随着老年人口的增多，养老模式正向家庭养老和社会养老并存的方向转变，社会养老服务机构数量越来越多，规模越来越大，承载着越来越多的养老服务功能。但是不可否认，到目前为止，家庭依然承担着主要的养老责任。随着老龄化的推进和社会年龄中位数的提升，家庭人口年龄结构的老化也是必然的发展趋势，家庭人口的平均年龄也逐渐上升，家庭需要承担的养老负担更加沉重。同时，随着家庭的日益小型化，家庭人口数量减少，2010 年我国家庭户规模为 3. 10 人，平均一个家庭户只有三个人。家庭规模的小型化，其经济和社会功能也逐渐萎缩，但又面临着更多的养老负担，这种人口年龄结构的变化对于传统的家庭结构和规模产生冲击。老年抚养比的逐年上升，不仅给经济社会发展带来日益沉重的负担，对于功能逐渐单一化、规模逐渐小型化的家庭无疑也是巨大的压力。

2. 生育推迟和少子化现象明显

根据前文的分析，我们可以看出，随着老年抚养比的上升和少儿抚养比的下降，在家庭年龄结构上表现为少子化与高龄化并存的严峻形势。由于生育推迟和生育意愿下降，出生率呈逐年下降趋势，因而近年来我国家庭少子化现象比较明显。随着时间的推移，15 年的人口周期，劳动力人口将出现相应的短缺，同时对于家庭内部而言，老年抚养比的程度也将快速提升，整体家庭年龄结构向前提升。家庭在承担现在的经济和养老等方面的功能日显不足。劳动力人口减少，经济收入减少，养老负担加重，家庭中承担养老服务的成员不能争取更多的劳动收入，而自己也逐渐走进老年。面临越多的负担和压力，家庭生育意愿就会相应地更降低，又会影响家庭人口的再生产，导致家庭内部老年人越来越多，年轻人越来越少。家庭难以承担的养老责任，将逐步推向政府和社会，政府的养老负担也随之加重。

3. 家庭结构稳定性受到影响

随着家庭养老负担的加重，家庭成员间的劳动分工情况发生改变，矛盾和冲突也随之产生。一方面，在夫妻两性之间，随着越来越多的女性参与社会化大生产，女性在家庭中抚养儿童和老年人的功能减弱，随着老年人口的增多，家庭养老负担的日益沉重，既增加了经济负担，也增加了日常照料的负担，谁负责家庭收入来源、谁负责家庭养老成了新的争议；另一方面，随着子女越来越少的趋势，一对夫妻需要负担四个老人甚至更多老人的养老责任，对于如何赡养这么多老人的问题，也是容易产生矛盾的地方。同时，随

着家庭矛盾和冲突的增多，家庭结构的稳定性逐渐降低。

三、人口老龄化对传统文化的冲击

我国传统文化一直对家庭养老都有促进作用，但随着老年人口的快速增多以及家庭重心的下移，尊老孝老的传统观念和文化受到了较大的冲击。

一方面随着老年人口比例的增加，家庭养老功能的减弱，社会养老服务体系的日益完善，国家承担更多的养老负担，传统的“养儿防老”的生育观念逐步改变。男孩生育偏好得到一定程度的纠正，两性平等的观念更加深入人心。

另一方面，随着家庭养老负担的加重，家庭长者权威受到一定的挑战，尊老孝老的文化观念受到冲击，在对约束家庭成员的行为方面表现乏力。同时，随着少子化的现象日益严重，家庭的重心逐渐下移，孩子成为家庭的中心，老人的地位更加弱势和边缘化。

第二章 人口老龄化与养老服务业

习近平同志在党的十九大报告中指出：实施健康中国战略，积极应对人口老龄化，构建养老、孝老、敬老政策体系和社会环境，推进医养结合，加快老龄事业和产业发展。这为我国应对人口老龄化、加快发展养老服务业指明了方向。我国人口老龄化快速发展，老年群体的养老服务需求日趋多元化，对养老服务业的发展提出了更高要求。为应对人口老龄化加速发展的态势，将党的十九大精神和国务院关于加快养老服务业发展的决策部署落到实处，推进我国养老服务业的健康快速发展，成为摆在当前各级政府面前的重要课题。

第一节 养老服务业概述

一、我国养老服务发展历程及养老服务业概念的提出

自古以来，中国养老大多是以个人或家庭事务的形式出现，政府仅对鳏寡孤独等小部分群体开展救济。新中国成立后，养老开始进入国家政策视野，政府依靠福利院和敬老院这些机构，为农村“五保”老人和城镇“三无”老人提供基本的养老服务和养老保障。国家进入养老领域，正式揭开了我国养老事业的发展序幕，养老服务业概念的产生由此历经了由计划养老到社会养老服务再到养老服务业的三个历史发展阶段。养老服务在我国不同的历史发

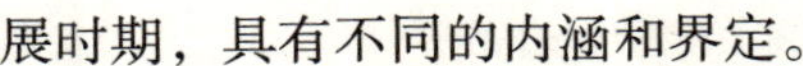

展时期，具有不同的内涵和界定。

1. 计划经济时期的国家福利型养老服务及其内涵（1949—1978）

计划经济时期的养老服务供给主体主要是政府，政府既是投资建设者，也是服务的提供者，体现的是一种完全的国家福利，其保障目标人群狭窄，提供服务内容单一，整体保障水平低下。

第一，国家紧急救助型福利事业。1949—1951 年新中国初建，国内情况复杂，为了安定百姓生活，稳定社会秩序，国家开展了大规模、突击性的紧急救助。从 1953 年开始，根据国家发展形势的变化，这种突击性的紧急救助，为部分特殊群体解决生活照顾问题，随着社会形势的变化，这种突击性的救助演变成了规范化、经常化的社会救助行为，并逐步形成了国家救济制度，从此，我国开始创建了国家社会福利事业。到 1953 年底，全国共计发展了 920 个城市社会救济福利事业单位，城市中受到救济的人员近 150 万人，收容孤老、孤儿、精神病人及其他人员共计 37.4 万人①。

第二，城乡二元的国家福利制度。随着国家第一个五年计划的颁布和实施，计划经济体制开始建立，城乡二元体制逐渐形成，国家社会救济福利事业也开始城乡分化。在城市建立起了以就业为基础的单位保障制度（凡有单位的人都有保障），那些游离于单位保障之外的“老弱病残”群体则被纳入国家社会福利事业范围，也就是被称为城市的“三无”人员，由政府为他们提供生、老、病、死保障。在农村则建立了“队为基础，三级所有”的人民公社集体保障，并对“五保”人员建立了由集体负责的半救济半福利性质的“五保”制度②。在国家保障和农村集体保障两重养老保障制度下，城乡边缘群体老人依靠政府救济满足了生活、医疗等养老需求，在此基础上建立了服务救济小部分特殊困难群体的国家福利制度。

---

① 马岚．改革开放四十年我国社会化养老服务的政策演进和发展趋势［J］．重庆社会科学，2018（12）：17－26.

② 施巍巍，罗新录．我国养老服务政策的演变与国家角色的定位——福利多元主义视角［J］．理论探讨，2014（2）：169－172.

2. 改革开放初期社会化养老服务及其内涵（1978—1999）

改革开放初期的养老服务打破了完全救助型的国家福利制度，养老服务的目标群体开始由特殊转向普遍，社会化养老政策陆续出台，城乡社会统筹型养老保险制度建立，养老保障逐步走向法制化和规范化轨道。

第一，家庭结构变迁。开始于20世纪70年代末80年代初的改革开放，不仅带来了传统政治经济体制的大变革，更为重要的是推动了社会变迁，形成大量农村人口流入城市的现象。在传统社会向现代社会变迁的过程中，城市化改变了家庭养老模式的社会、经济、人口条件，尤其是家庭人口结构发生了很大变化。这一阶段，我国家庭结构与养老模式的变化主要表现在以下几方面：一是大家庭向核心家庭转化；二是一代人家庭（包括单身、单亲家庭和“丁克家庭”即不要孩子的一对夫妇家庭）在社会中占有一定数量；三是农村两代同堂的最主要家庭形式被打破，老小组合家庭增多；四是“四二一结构”将是未来主要家庭模式，即独生子女夫妇将赡养四位老人和一个子女。在此条件下，家庭难以发挥好赡养功能，老人的养老需求难以满足，老人的照料受到限制。与此同时，养老问题日渐凸显，而且成了我国政府面临的不容回避的课题。来自国际社会的经验也告诉我们，建立一套行之有效的养老保障制度，将能够极大地促进经济社会的快速稳定运转。

第二，养老服务初步社会化。一是社会化养老服务政策陆续出台。为了应对老龄化社会的到来，政府出台了一系列助推养老服务社会化和产业化发展的支持性政策。1983年，《城镇集体经济组织职工养老金保险试行办法》的颁布在一定程度上保障了城镇集体经济组织职工退休后的养老生活。1984年，养老保险制度改革在我国揭开序幕，养老保险费用社会统筹开始在全国各个地区施行。在这一阶段，我国的养老问题开始受到关注，相关养老政策陆续出台，老龄机构初步建立，养老政策体系雏形开始形成，养老工作开始向规范化和专业化方向发展。1987年，民政部印发了《关于探索建立农村基层社会保障制度的报告》，指出家庭的养老扶幼功能在削弱，而老年比重却在增加，养老任务日渐加重，主张建立农村基层社会保障制度。1992年，国务院颁布了《民政部关于进一步加快发展农村社会养老保险事业的通知》，指出当时农村社会养老保险事业的发展远远落后于整个形势的要求，强调必须进一步加快步伐发展农村养老保险事业。1995 年，国务院印发了《关于深化企业职工养老保险制度改革的通知》，提出了建立一个适应我国社会主义市场经济体制要求和适用城镇不同老年群体的养老保险体系的改革目标。在这一阶段，我国开始对养老政策进行调整，开始关注不同老年群体，并强调在法律层面上保护老年人权益①。二是有偿养老服务开始发展。20 世纪 80 年代开始，为了提高老年人的生活质量，我国政府开始初步建立社会化的有偿养老服务体系。随着改革开放的进一步深化，市场经济已经成为大众的共识，一种产品或服务（在法律规定的范围内），只要市场有需求，我们就应该生产或提供，而且生产或提供的数量与范围也是要依靠市场来调节。面对着人口的不断老龄化和独生子女家庭数量的不断增加，社会对有偿提供养老服务提出了要求，一种新的养老形式出现，即由社会机构包括私人机构通过有偿收费为老人提供养老服务。随着社会需求的增加，借鉴上海、杭州等地的经验，多省民政厅在社会各界的支持下，将福利院扩建成了专门进行有偿养老服务的老年公寓，采取收费形式，对一部分无子女的离退休老人进行集中护理。有条件的社区建立托老院性质的养老服务中心，接收无养老安身处所的老年人以及那些难以在家庭中获得社会服务的老年人，为他们提供各种有偿的养老服务，如饮食、购物、打扫、洗涤、洗澡等服务。在城市和经济发达地区的城镇建立老人服务管理中心，为老人提供各种有偿服务，例如委派训练有素的服务人员、护理人员等，进入家庭为老人提供各种保健、医疗、咨询、交流对话、文化娱乐、物质生活、其他照料护理等服务。三是老年人权益保障法颁布实施。在前面发展背景下，《中华人民共和国老年人权益保障法》颁布，并从 1996 年 10 月 1 日起施行，在法律层面将传统的“经济上供养、生活上照料和精神上慰藉”的养老内涵，转化为“实现老有所养、老有所医、老有所为、老有所学、老有所乐”老年人权益保障的养老目标。该法的颁布和实施，不仅开启

① 林卡，朱浩．应对老龄化社会的挑战：中国养老服务政策目标定位的演化［J］．山东社会科学，2014（2）：66－70．

了我国老龄工作的新时代，填补了老年权益保障的立法空白，更重要的是在“社会保障”一章中突出地将养老保险列为首条，表明了中国政府已开启社会化养老路径，显示出“以家庭养老为主、社会养老为辅的立法精神”。

这一时期，我国积极探索有偿养老服务体系建设，养老服务的内容、形式以及提供服务的养老机构数量、性质、规模较以前有很大的变化，养老服务水平和层次显著提升，做到了集中服务与分散服务相结合、全面服务与专项服务相结合，依照老人的要求和实际情况供给不同档次的服务。

总的来讲，2000 年以前中国社会化养老服务的观念还没有形成，老年人的服务内容多属于社会福利与社会救济的范畴，政府服务的对象基本限于孤寡老人和生活困难老人，主要通过福利院、敬老院、光荣院等收养性社会福利机构完成。

3. 新世纪初的养老服务及其内涵（1999—2006）

新世纪初期养老服务重点在通过社会化途径扩大养老服务提供主体，满足老年群体的多方面、多层次服务需求，养老服务由福利性向社会化拓展。为了应对老龄化社会带来的养老压力，1999 年 10 月，我国依法设立了全国老龄工作委员会。随后各省、自治区、直辖市先后颁布老年工作条例，设立相应老龄工作机构，开始编制实施老年事业规划，我国养老服务事业自此建立了制度化的组织机构和管理机制。面对当时公办福利机构资金不足、数量少、服务水平低、服务对象有限等问题，亟须拓宽养老投资，扩大养老服务面，满足越来越多的养老服务需求，我国政府第一次将社会化概念引入到国家养老文件，2000 年国务院办公厅转发民政部等十一部委《关于加快实现社会福利社会化的意见》，实行投资主体多元化，采取国家、集体和个人等多渠道投资方式，进而将养老服务推向公众化。2000 年，《中共中央、国务院关于加强老龄工作的决定》明确，“坚持家庭养老与社会养老相结合，充分发挥家庭养老的积极作用，建立和完善老年社会服务体系”，第一次明确提出“建立家庭养老为基础、社区服务为依托、社会养老为补充的养老机制”。在这里社会和养老结合到了一起，社会养老作为与家庭、社区并列的一种养老方式被提了出来。这个文件是进入新世纪后对我国养老服务事业做出的总体规划，但此时仍旧将家庭养老定位为最传统、最普遍的养老载体和养老方式，而社会养老则偏重于强调福利性的养老机构，其定位仍旧是提供补充性的养老服务。

4. 新世纪养老服务业概念的提出及发展（2006 年至今）

面对日益严峻的人口老龄化形势，我国政府做出了应对战略部署，将养老服务从家庭事务提升到国家政策的高度。党的十八大报告中明确提出“要积极应对人口老龄化，大力发展老龄服务事业和产业”。“积极”和“大力”这两个词，既反映了我国养老问题的严峻性，同时也表明了新一届政府应对老龄化的态度和决心。这是党中央针对日益严峻的人口老龄化形势做出的战略部署，也是我国政府把养老服务从家庭事务提升到国家政策的重大举措。在这种主导思想和发展思路的指引之下，我国的社会养老服务进入了全面展开、加速发展的阶段，养老服务业概念的内涵也发生了转变，更加凸显养老服务体系建设中发挥多元主体力量，强化政府在养老服务业发展中的主体角色，增强养老服务业的“社会”性特征，实现养老服务业发展的产业化运作、事业化保障。

第一，养老服务业概念的提出及内涵（2006—2012）。这一阶段，我国人口老龄化程度加剧，养老问题作为社会重要问题被政府加以重视，养老服务业概念开始提出，并被独立使用。一是养老服务体系的提出。2006 年 2 月 9 日，国家老龄委等十一部门联合颁发《关于加快发展养老服务业的意见》（以下简称《意见》），第一次明确提出“养老服务业”的概念、重要性以及多种实现方式，要求建立“居家养老为基础、社区服务为依托、机构养老为补充的服务体系”。“养老服务业”概念的提出，标志着我国养老服务开始由社会福利的范畴向现代服务业转变，养老服务业是为老年人提供生活照顾和护理服务，满足老年人特殊的生活需求和精神需求的服务行业，这里包含了建设一个独立、完整、科学、健康的服务体系的内涵。“服务体系”则意味着养老服务是一个包含多种不同部分的整体，这些部分之间或部分与整体之间存在着规定的结构性、秩序性和相互联系，反映了服务类别的细化及社会化服务的复杂性，要求实现养老服务注重协调性、整体性的提升。在“养老服务体系”中，提供服务的从业者，为了满足他人和社会的需求，采取正当合法的手段进行职业活动，因此贯穿了“居家”“社区”及“机构”三种养老方式的“服务”，在本质上具有社会性和职业化特征。因此，我们常说的家庭照料一定意义上并不能称为“服务”。《意见》将居家养老、社区服务、机构养老并列为这个服务体系的三个组成部分，也标志着居家养老服务被提上了国家日程①。二是社会养老服务的概念基本形成。党的十七大以后，国家开始关注和改善民生，“老有所养”的民生发展目标也将服务对象“社会化”，扩大到面向全体老年人。党的十七届五中全会第一次将社会养老服务纳入国家五年规划的范围，提出“优先发展社会养老服务，培育壮大老龄服务事业和产业”的要求，强调在“养老服务”的前面加上“社会”，至此，“社会养老服务”的概念基本成形——包括“养老服务事业和养老服务产业”两个部分，正式明确了在国家福利范围之外的“养老产业”的制度性定位。

第二，养老服务业的全面社会化和产业化（2013 年至今）。在这个时期，国家责任逐渐强化，政府在养老规划上更加科学清晰，养老服务政策不断出台，内容进一步完善，为社会养老服务事业的发展创造了良好的制度环境。

一是政府在养老服务业发展中的主体角色更加凸显。此阶段，社会化养老服务政策陆续出台，突出从养老服务供给侧发力，集中在养老服务供给方式创新以及养老服务质量提高上。这些方向性的引导作用，扩大了养老服务业概念的内涵，加快了养老服务体系化、社会化建设的进一步延伸，如有关养老机构管理、评估体系、人才培养、社会化发展、资金支持、医养结合、智慧养老等各方面的政策、法规出台。一方面，这些政策、法规为养老服务体系建设创造了更加宽松的发展环境，引导社会养老服务建设主体整合利用发展养老服务业的各种相关要素，发动社会力量为养老服务市场供给充分高效的养老服务产品；另一方面，诸多有关养老服务发展的政策出台，也进一步明确了当前养老服务保障的目标，在强覆盖的基础上，更加重视养老服务提供的效果，从服务对象的需求方出发，优化供给侧内部结构，提质增效，提高政策在应对人口老龄化中的效用性、及时性。

---

① 于戈，刘晓梅．论我国养老服务业发展研究［J］．甘肃社会科学，2011（5）：236－239.

二是养老服务业的“社会”性愈加清晰。这个阶段，养老服务社会化的发展导向更加清晰，市场在养老资源配置中发挥着基础性的作用，政府成为养老服务基础设施建设的主要承担者。通过采取公建民营、民办公助、政府购买服务、补助贴息等多种模式，将社会力量引入养老服务领域。引导和支持社会力量兴办各类养老服务设施，充分动员和组织社会各方面的力量，参与到社会养老服务中。依靠产业化途径，吸引尽可能多的社会组织投资养老服务产业，助推养老服务实现产业化运作、事业化保障。鼓励城乡自治组织参与社会养老服务，充分发挥专业化社会组织的作用，不断提高社会养老服务水平和效率，促进有序竞争机制的形成，实现合作共赢。当前，养老服务业的服务对象也越来越扩大，由保障社会部分特殊群体向普惠所有社会老人群体转变，将养老服务惠及全社会成员；服务内容逐渐扩展，从满足老人基本生活照顾到为老人提供医疗、保健、精神慰藉、娱乐等方方面面；服务方式日益灵活，从单纯的机构养老向便捷、高效的社区居家智慧型养老方式转变。同时，关于养老服务的社会化研究在学术界也成为社会热点，国内学者大多数是从养老服务提供主体的角度进行讨论。王思斌认为家庭是养老的重要组成部分，但应当发挥非正规系统的作用，以补充政府和市场正规系统的不足。吴国卿根据社区是一个空间概念，也是一种养老方式，比较符合老年人的心理特征和生活习惯，判断得出社会化应重视和强化社区养老。姜向群主张现代养老服务是通过多途径获得养老服务支持，社会化是其重要特征之一。潘虹雁认为，为了提高公共服务的质量和效率，可以由社会组织和企业为政府分担部分养老服务职能，发展社会化的多元主体。

二、我国养老服务业的内容

综合众多研究文献，结合国家政府政策，笔者认为养老服务业主要包含养老服务事业和养老服务产业两个方面的内容。

1. 老龄产业与老龄事业、养老服务机构与养老机构

在理解养老服务业之前，我们首先要了解几个概念，这几个概念也是经常出现在我们的生活中，即产业、老龄事业、老龄产业、养老服务业、养老

服务机构。产业是指经济活动的集合，这些经济活动具有同一的属性。因此，老龄产业顾名思义就是通过市场化和产业化的经济活动途径，开发养老特殊产品、设施及服务，满足老年人生活需求。老龄产业涉及一、二、三产业，集生产、经营、服务于一体，是新兴产业，或者称为朝阳产业。老龄事业是针对老年群体的具有计划、目标和任务的一套工作体系。老龄产业和老龄事业的边界在于政府与市场在活动中占据的地位如何，在提供老龄产品时，政府在制度、设施、服务、物品等保障方面占据主导地位，则称为老龄事业；如果市场在保障老龄产品提供中占据主导地位，就称为老龄产业，那么老龄产业就成为老龄事业适应市场经济的表现形式。但老龄产业与其他产业不同，它带有公益性和福利性特征，就决定了政府在政策和法规上应给予其特殊的优惠和扶持。养老服务机构与养老机构存在一定的差异性，养老服务机构是为老年人提供生活照料和护理服务，满足老人特殊生活需求的相关服务机构，它服务的对象是社会老年群体，与养老机构经常混淆。养老机构是专门为入住的老人提供养老服务，服务对象受到限制；而养老服务机构则具有双重功能，不仅为入住的老人提供服务，也为社区和居家养老的老人提供服务，如生活照料、家政服务、康复服务、心理咨询、紧急救助等，但养老服务机构和养老机构都是养老服务业的重要组成部分。

2. 养老服务产业与养老服务业

养老服务产业是养老服务业的重要组成部分。养老服务业是以老年人为服务对象，从养老服务业的构成来看，养老服务业既包括由市场供给服务的养老服务产业，同时也包括对弱势老人提供政策服务的养老服务事业，所以说养老服务业是兼具产业和事业两种性质的混合业态，既具有市场性又具有公共福利性，政府、企事业单位、社会组织是其重要的主体，通过提供多种个性化服务和产品，满足老人多样化的养老服务需求。目前有代表性的观点认为，养老服务产业是养老服务业细分后的一个重要组成部分，并不是一个单独的传统意义上的产业部门，其强调养老照料护理为主，包括为老人提供医疗保健、精神慰藉、文化旅游及日常生活支持等活动，是相关产业的总称，这与当前政府养老服务业政策将重点放在促进养老照料护理服务上一致。

3. 养老服务事业与养老服务产业

为了更好地理解养老服务产业，我们还需要进一步明确养老服务产业与养老服务事业之间的边界，区分两者在提供主体、服务对象、服务产品性质等方面的不同。养老服务产业属于市场行为，提供服务的主体是市场机构和组织；而养老服务事业属于政府行为，政府是养老服务最重要的提供主体。养老服务产业服务的对象是有一定购买能力的老年人，为他们提供的是私人产品；而养老服务事业服务的对象是享有社会基本养老公共服务的老人以及购买能力不足的老年群体，其提供的产品属于公共物品。明确两者的边界具有两方面的意义：一是明确两者各自的地位和责任，根据不同的运行规律，为其创造不同的发展环境，更好地服务社会，满足老年人的多层次服务需求。二是能够更好地寻求两者之间的相互促进、合作发展的方式，政府可以通过购买市场服务方式，来满足老年人养老服务需求，实现社会养老事业发展目标；市场机构和组织在提供养老服务时，难免出现市场混乱导致市场信任度下降，需要借助政府力量进行市场监管，维持市场养老服务产品供应秩序。

4. 养老服务业的内容

目前我国养老服务业发展处于初级阶段，主要模式是以家庭养老服务为基础，社区居家养老服务为依托，机构养老服务为补充。

第一，以家庭养老服务为基础。我国传统养老模式是家庭养老为主，养儿防老的观念至今仍深入民心，生养和抚育子女被看成是父母为自己老年做出的养老保障储值，子女在父母需要赡养时付出应尽的责任和义务，满足老人的生活需要。在我国大部分的农村，目前仍然保持着这种养老服务提供方式，只有少部分家庭能够购买家政服务和养老产品。

第二，以社区居家养老服务为依托。这一养老服务提供方式主要集中在城市及经济发达的城镇，目前运行较好，也将是以后养老服务的发展趋势。从老人角度来说，居家养老是他们最愿意接受的养老方式，通过购买服务和养老产品，在家庭中可以满足各种生活需要。从子女方面来说也希望辛苦一辈子的父母能在家中安度晚年，与儿孙一起共享天伦之乐，借助外包服务，为老人解决日常生活照料问题，实现子女尽赡尽责的愿望。当前居家养老服务形式正从单一化向项目化和集约化发展，以家庭为核心，以社区为依托，以专业化服务机构为载体，采取上门、日托或邻里互助等形式和做法为居家养老提供支撑。社区居家养老服务升级后有几个共同趋势：一是机构和社区开始融合发展，实施一站式服务和网格化布局，迎合大多数老人的生活习惯，为居家养老提供专业服务支持。二是互联网和物联网的应用，提高了运行管理的智能化水平，提升了设施人力使用效率，有效降低了养老服务成本。三是养老服务供给主体逐渐出现多种类型，由公办向公建民营和委托管理转型，兼具民生保障和现代服务业双重属性，其服务对象逐步从保障对象扩大到全体老人。

第三，以机构养老服务为补充。机构养老服务是指向机构内的老人提供生活护理、饮食起居、健康管理及文化娱乐活动等综合性服务，提供主体可以是独立法人的养老机构，也可以由其他联合机构提供，如附属医疗机构、综合性社会福利机构、企事业单位和社会团体组织。机构养老服务具有全人、全员、全程服务的特征。全人服务是指养老机构将入住的每一位老人看作一个独立的个体，提供个体每日所需的生存和发展供给，不仅要满足老人的衣、食、住、行等方面的基本生活照料需求，而且还要满足老人疾病预防、医疗保健、护理与康复以及精神文化、心理等方面需求。满足入住老人所有的需求，需要养老机构全体工作人员共同付出和努力，这就是所讲的全员服务。全程服务是指做好陪伴老人走完人生最后里程的准备，因为大多数老人从入住养老机构开始，就打算把机构作为人生最后的归宿，所以养老机构的工作人员需要为老人做好全程服务。随着社会经济的飞速发展，老年群体日益增加和分化，面向中高收入人群的养老机构逐步进入市场，秉承“让老人满意，让亲属放心”和“替儿女尽孝，为政府分忧”服务宗旨的养老机构，因其具有典型的政策性和扶持性，需要政府和社会加大养老服务的扶持力度和政策支持。

三、养老服务业与社会发展的关系

截至 2016 年底，我国各类养老服务机构和设施建设已经达 14 万个，其中登记注册的养老服务机构有 2.9 万家，社区养老服务机构和设施建设达 3.5 万个，发展社区互助型养老设施 7.6 万个，共建设各类养老床位 730.2 万张（每千名老年人拥有养老床位 31.6 张），其中社区留宿和日间照料床位 322.9 万张。2017 年发布的《“十三五”国家老龄事业发展和养老体系建设规划》明确指出，到 2020 年政府运营的养老床位数占当地养老床位总数的比例不超过 50%。这说明我国将采取更多措施推动养老服务机构向市场化运营转变。从新中国成立初期的一穷二白到现在高速发展的现代化，我国养老服务业每一次转型和所取得的成就，无疑都与社会发展的诸多方面息息相关。

1. *养老服务业与政府养老政策的发展*

我们从我国养老服务业的发展历程可以看到，养老服务业的发展与国家养老政策发展是相依相存的关系，养老政策的调整推动养老服务业的转型升级，影响着为老年人提供养老物资和养老服务的标准设置，决定着养老保障的层次和水平。

第一，改革开放前政府养老政策的发展。新中国成立初期，社会主义改造运动和农村集体化运动展开，我国传统的意识形态和价值观念发生了较大改变，国家与集体摆在了人们生活的重心位置，国家的政策制度中家庭的色彩逐渐淡化，在养老服务相关政策中凸显了国家与集体的职能和定位。在农村，1956 年制定和执行的《高级农业生产合作社示范章程》中，要求合作社做好“五保户”的生活保障，由此“五保”政策成为中国特色养老服务的重要组成部分。人民公社建立后，兴办集体福利事业成为人民公社重要而急迫的任务，因此，集体福利事业迅速繁荣发展起来，农村的生活发生了翻天覆地的变化，呈现出高度组织化和集体化特征。到 1958 年，全国办起敬老院 15 万余所，收养 300 余万老人，但由于经费不足、条件较差等原因难以巩固；到 1962 年全国敬老院仅存 3 万所，入院老人 55 万人[①]。在城市，单位福利政策保障城市居民获得福利，单位不仅对职工个人福利负责，而且对个人家庭也负有部分福利责任。城市退休老年人在领取退休金的同时，还享受单位给予的节假日福利，有些单位专门成立了离退休人员福利机构。民政部门为了

① 郝勇，郭丽娜．社会养老服务的观念嬗变——基于国家层面的政策精神［J］．城市观察，2013（4）：14－21.

解决城市“三无”老人养老问题，一方面接管和改造旧社会慈善团体和救济机构，另一方面成立养老院和生产教养院。1956 年单设残老院，1959 年后改称社会福利院或养老院。1956 年全国有残老院 379 个，收养安置近 6.5 万老人；到 1964 年，全国社会福利院、养老院发展到 733 个，收养老人近 7.9 万人①。这一时期，家庭仍然是养老服务的主要提供者，但随着国家集体化和组织化的进一步加强，政府力量逐渐深入养老服务领域，建立了计划经济体制下全国统一的养老福利制度，国家包办所有的老年福利机构及老年福利事业，并通过国营和集体企事业等单位提供养老福利供给，内容包括生、老、病、死等各方面服务项目。这些老年福利机构的所有权、人事权、管理权和经营权都集于政府一身，养老服务由国家统一配给。

第二，新世纪前政府养老政策的发展。20 世纪 70 年代末，我国实施计划生育政策，家庭结构向小型化转变，从 20 世纪 80 年代开始，国内部分城市出现了老龄化社会倾向，养老服务逐渐成为社会的焦点。为了更好地应对养老服务需求的变化，政府职能进一步发挥作用，养老思路和养老政策开始向社会化养老转变，服务面由窄变宽，服务水平由低水平向高水平发展。1978—1982 年，国家就安置救助型养老出台了相关规定，强调对干部和工人进行妥善安置，如国务院先后颁布实施了《关于安置老弱病残干部的暂行规定》和《关于工人退休、退职的暂行规定》等规定。1984 年民政部提出了社会服务社会化的养老政策改革方向，我国养老保险制度也在 1984 年拉开序幕，并在全国各地相继实行养老保险费用社会统筹。2000 年颁布《关于加快实现社会福利社会化的意见》，要求全力推动社会办福利机构，加快实现社会福利社会化，政府办社会福利机构享受的优等待遇，社会办福利机构同等享受，养老服务逐步引入社会资本，市场开始在养老服务供给体系中发挥作用。为了进一步强调养老保险的社会化管理，2001 年颁布了《关于加快实行养老金社会化发放的通知》和《关于进一步规范基本养老金社会化发放工作的通

① 郝勇，郭丽娜．社会养老服务的观念嬗变——基于国家层面的政策精神［J］．城市观察，2013（4）：14－21.

知》。同年颁布的《老年人社会福利机构基本规范》和《“社区老年福利服务星光计划”实施方案》，则标志着我国养老政策开始全面走向社会化[①]。养老政策的转变和养老服务的发展在我国老龄事业规划中也得到体现，2001年制定《老龄事业“十五”规划》时，根据养老服务需求和未来发展趋势，强调从保障老年人经济来源、医疗卫生、日常照料、文化娱乐、老年权益等五个方面出发，对实现老龄工作目标的措施进行全面设计。这一时期，我国养老服务对象发生了变化，从孤寡老人向困难老人扩展，服务内容也从满足老人基本生存，转向养、住、医、娱等更高层面的物质精神方面的需求，同时开始日益重视老年长期照护服务，为满足老人获得长期高质量的养老服务需求，不断探索完善长期照护服务体系建设，因此这一时期养老机构和入住人数均快速增长。我国的养老政策在不同历史时期，经历了从“安置救助型养老”到“全面综合服务型养老”的转变，养老服务从单一关注老人经济物质方面养老转向关注老人的医疗卫生、精神生活及老年权益保障等方面发展，养老服务事业取得了较大发展。但是，家庭在养老过程中仍承担着大部分的服务责任，政府和市场尽管发挥了一定的作用，可面对日益严峻的养老压力，显得力量不够大，如社会资本规模偏小，社会组织发育不成熟，社会服务力弱，所以养老服务需求与养老服务供给之间的矛盾更加突出。

第三，强调市场全面参与养老服务社会化的政策转变。20世纪80—90年代，我国开始社会福利社会化的政策引导，养老服务的市场化得到初步发展，但由于政府在其中的角色定位不明晰，仍然以办养老事业的方式对待社会养老服务，用政府行政手段管理社会养老组织，导致养老服务产业的市场化进程发展缓慢，养老政策覆盖和服务面有较大的局限性，主要服务群体仍然集中于老年弱势特殊群体。要全面应对老龄化，不仅要发挥政府力量发展养老事业，照顾特殊老年弱势群体，还要充分发挥政府和市场的合力作用，为普遍老年大众提供养老服务。

---

① 韩艳．中国养老服务政策的演进路径和发展方向——基于1949—2014年国家层面政策文本的研究［J］．东南学术，2015（4）：42－48.

2000年开始，我国整体步入老龄化社会，快速增长的老年人口和多层次、多样化的养老服务需求给社会带来了较大的养老压力，养老服务需求与供给之间矛盾凸显。这个阶段，独生子女开始承担着养老责任，在经济资源和人力资源方面都显得心有余而力不足，养老需求难以依靠家庭服务来实现。在城乡人口快速流动的环境下，家庭结构呈现小型化和分散化，空巢老人数量急剧增加，家庭养老模式逐渐被打破。尽管多年来政府一直加强养老服务统筹规划，但养老形势仍然严峻，养老压力很大，面临着养老床位严重不足、设施简陋、服务队伍专业化程度不高、行业服务欠规范等问题，尤其是城乡养老服务供给差距较大，在养老服务需求量日益加大的农村，社会养老服务事业缺乏资金，养老公共设施建设滞后，农村养老服务基本处于停滞状态，增加了农村家庭养老负担，因此加剧了社会对养老的焦虑和未来的担忧，通过政府和市场充分联合的手段解决养老问题也就显得更加迫切。我国2003年出台了《关于实施农村医疗救助的意见》，2007年《国务院关于在全国建立农村最低生活保障制度的通知》，一系列文件表明，我国养老政策服务对象发生了改变，基本实现了包括城乡老年群体在内的全覆盖。为满足老年人居家生活的习惯，政府开始重视起居家养老服务和社区养老服务的发展，2008年颁布《关于全面推进居家养老服务工作的意见》，要求在城市社区普遍推行居家养老服务模式，并将这一模式积极向广大农村社区推广。面对更加多元化、多层次的养老服务需求，2013年，国务院常务会议通过了《深化改革加快发展养老服务业的任务措施》，提出不断探索建设社会分层分类养老服务供给体系，强调切实加强农村养老服务供给。随着我国社会老龄化程度的加剧，养老服务质量要求日益提高，为了更好地满足社会养老服务需求，民政部门在2016年颁布的《民政事业发展第十三个五年规划》中强调，未来五年发展规划重点是积极采取行动，建设居家、社区、机构、医养结合相辅相成的全方位的养老服务体系；2016年颁布的《关于全面放开养老服务市场提升养老服务质量的若干意见》，进一步强调要发挥市场的作用，运用市场力量来提升养老服务质量，加快推动养老服务业的发展。针对当前社会资本进入养老服务业领域存在的诸多问题，为进一步放宽进入条件，调动社会力量参与发展养老服务的积极性，2017 年国家民政部等部门联合印发《关于加快推进养老服务业放管服改革的通知》，明确降低社会资本创业准入的制度性成本，为民间资本投资营造公平规范的发展环境。为推动养老服务市场的全面放开，民政部将“全面放开养老服务市场”列入本部门 2018 年重点工作任务之一。至此，我国多元化参与主体的养老政策确定，养老服务主体真正开始从国家、集体向国家、社会转变，养老政策惠及的老年群体越来越广，在社会力量共同参与的多元化养老模式下，日益呈现出服务老年大众的普遍性特征。

2. 养老服务业与老年人权益保障法的发展

我国老年人权益保障体现在各类法律法规当中，主要的法律依据是《中华人民共和国老年人权益保障法》，其于 1996 年应运而生，历经 2009 年、2012 年、2015 年、2018 年几次修订，其中 2012 年修订是转折点，修订力度最大，在原法案基础上从 6 章 50 条扩展到 9 章 86 条，新设 3 章、新增 38 条、修改 38 条等，这次修订可以说是脱胎换骨，关系到 1.85 亿老年人合法权益的保障，实现了对原法的“跨越式”调整，展示了我们国家和社会应对人口老龄化的勇气和智慧，也进一步促进了我国养老服务业的发展①。

第一，老年人的精神需求受到重视。随着人民生活水平越来越高，老年人从追求物质养老的层面开始向追求精神享受转变，他们不甘寂寞，不愿独居，希望老年能够多享受天伦之乐，尤其是机构养老的老人更加渴望精神慰藉。老年人权益保障法 2012 年修订后，明确规定家庭成员应当关心老年人的精神需求，不得忽视、冷落老年人。与老年人分开居住的赡养人，应当经常看望或者问候老年人。用人单位应当按照有关规定保障赡养人探亲休假的权利。法律同时规定，鼓励家庭成员与老年人共同生活或者就近居住，为老年人随配偶或者赡养人迁徙提供条件，为家庭成员照料老年人提供帮助。敬老爱老是中华民族的传统美德，应当大力倡导赡养人经常看望慰问老人。从法案的修订中我们看出，主要是针对赡养人提出的法律规定，但同时也表明当前社会老人精神需求被忽略。

---

① 陈红梅，黄石松．应加快完善我国老龄工作法律体系［J］．新视野，2016（3）：87－92.

第二，老年人养老支付能力得到法律保护。一是老年人财产等合法权益受到法律保护。老年人安享晚年最有力的支持就是财产后盾，但是一些不良习气总是见诸媒体，如子女或亲属非法骗取、盗取老人的财产，遗弃和虐待老人等行为。为保障老人财产安全和养老支付能力，老年人权益保障法修订新增规定，禁止对老年人实施家庭暴力。同时规定，子女或者其他亲属不得侵占、抢夺、转移、隐匿或者损毁应当由老年人继承或者接受赠予的财产。这些规定对老年人人身和财产安全强化了刚性约束。虐待遗弃老年人，情节严重的可以作为犯罪处理。二是失能护理补贴和高龄津贴制度入法。出现遗弃和虐待老人的一般是需要长期照护的失能半失能或是失智的老年人，子女或是亲属难以尽到长期照护的责任，但又没有社会可代替的机构提供照护服务，因此，老年人权益保障法修订案明确了针对失能半失能老人，国家逐步建立长期护理保障制度，并鼓励和引导商业保险公司开拓延伸长期护理保险业务。为了提高生活长期不能自理、经济困难的老年人的养老保障支付能力，修订法案规定地方各级人民政府应当根据老人失能程度等情况给予其护理补贴，鼓励地方对 80 周岁以上低收入老年人建立高龄津贴制度。调查显示，2012 年全国城乡部分失能和完全失能老年人约有 3300 万人，当时我国已经是世界上失能老人人口最多的国家，在养老服务供给不足的情况下，我国的养老照护服务压力巨大，因此为了适应老龄化社会的需求，修订法案提出建立长期照护保险制度和失能老人护理津贴及高龄老人津贴制度①，大大地提高了老人的养老支付能力，为老人向机构购买养老服务和养老产品创造了可能性，既解决了新时期老人养老问题，又极大地促进了养老服务业的发展。

第三，老年人受法律保护充分享受养老服务。尽管我国社会养老服务体系初步建成并已迈出很大步伐，但仍存在一些问题需要加快解决，针对养老服务缺乏统筹规划、总量不足、投入不足、专业化程度不高、市场监管不力等问题，老年人权益保障法规定，地方各级人民政府和有关部门应当按照老年人口比例及分布情况，将养老服务设施建设纳入城乡规划，统筹安排养老

① 张琴．老龄化背景下养老法律制度研究［J］．学理论，2013（16）：134－135.

服务设施建设用地及所需物资。这一规定不仅兼顾了养老服务机构与人口分布的关系，也兼顾了城乡养老服务机构的布局和统筹安排。居家养老受到老年群体的欢迎，也是未来养老模式的主要发展趋势，因此发展养老服务业，支持居家养老必须在法律条文上进行规范，老年人权益保障法明确规定地方各级人民政府和有关部门应当采取措施，鼓励、支持专业服务机构及其他组织和个人，为居住在家中的老年人提供生活照料、紧急救援、医疗护理、精神慰藉、心理咨询等多种形式的服务。这里强调了对养老服务领域内的专业服务机构及其他组织和个人，政府将会采取优惠政策加以扶持，也表明了养老服务机构重点发展的项目内容是照料、救援、医护、慰藉、咨询等几个方面。

第四，破解养老服务设施“用地难”问题。目前许多养老服务机构的发展受到建设用地的制约，用地难成了诸多问题中的突出问题，老年人权益保障法规定从城乡规划预留用地、土地取得方式及用途管制等三个层次解决养老服务设施建设用地问题。一是统筹安排养老服务与人口分布关系、城乡规划关系。地方各级人民政府和有关部门按照老年人口比例分布养老服务，将养老服务设施建设纳入城乡规划，统筹安排养老服务建设用地及所需物资。二是对于非营利性养老服务机构，在用地方面给予很大优惠，可以动用国有划拨土地或者依法使用农民集体所有土地。三是法律保障养老服务设施土地的使用，非经法定程序不得改变养老服务设施用地的用途。

第五，强化养老机构服务能力的法律保障。一是规定养老机构的设立条件、准入许可和变更、终止等制度，并明确了相关部门对养老机构的管理职责。二是为培育养老服务人才队伍，规定了养老服务人才培养、使用、评价和激励制度。三是本着政府兜底的养老保障原则，对于政府兴办的养老机构，应当优先保障孤寡老人以及低收入的失能、高龄等困难老年人的服务需求。四是明确登记、管理、监督、指导的主体与责任，为老年人提供住宿照料服务的养老机构，获得县级以上人民政府民政部门设立许可后，依法进行登记。县级以上人民政府民政部门负责养老机构的指导、监督和管理，其他有关部门依照职责分工对养老机构实施监督。

第六，突出政府养老的服务职责。2012 年修订的老年人权益保障法更加突出了政府在养老服务中的责任，并将“积极应对人口老龄化是国家的一项长期战略任务”写进法律，进一步强调保障老年人合法权益是全社会的共同责任。围绕着城乡社区养老服务发展、养老机构管理、老年医疗卫生服务规划、养老服务设施建设、养老服务人才培养使用、老龄产业发展、养老服务投入等内容，明确各级人民政府和有关部门的职责，建立和完善以居家为基础、社区为依托、机构为支撑的社会养老服务体系①。当前传统的家庭养老功能逐渐衰退，依靠家庭承担老人生活照料和护理服务工作已经越来越难以实现，养老服务社会化成为发展趋势，养老的内容也日益分化为养老保障和养老服务两大体系，前者解决的是养老的经济物质供给问题，后者解决的是养老的生活照料和精神慰藉问题。老年人权益保障法的修订和实施，以家庭养老为主到居家养老为基础的变化，蕴含着政府养老职责的转变，政府承担着养老的服务职责，表明了我国的老年人社会福利制度由补缺型转向普惠型。

3. 养老服务业与社会供给的发展

“十二五”期间，我国把发展养老事业作为体现民生的重要工程，以政策为引领，不断创新服务供给机制，将金融、地产、保险等产业资本引向养老服务业，建成了一大批养老机构，养老机构“一床难求”局面基本得到了扭转，养老服务体系基本建立。“十三五”以来，按照发展规划，我国将提升机构养老服务质量作为发展养老服务业的工作重点，机构养老服务质量的提升也成为当前社会多方诉求，在“健康中国”的国家战略背景下，急需总结国内养老服务供给发展困境，迎合养老服务需求，借鉴国内外理论和实践经验，制定提升我国机构养老服务质量的具体举措。当前，我国养老服务业发展面临以下几大供给瓶颈：

第一，养老服务供需内容仍不平衡。尽管我国养老服务业以需求为导向，以政策为引导，积极探索养老服务的多元化供给，但受到各方面因素的影响，目前养老服务供给仍不能满足养老服务需求，高层次需求服务的开发力度欠

---

① 陈红梅，黄石松．应加快完善我国老龄工作法律体系［J］．新视野，2016（3）：87－92.

缺，提供的服务产品仍停留在低水平的基本服务上，缺乏老年人急需的日常生活照料、医疗康复、精神慰藉等多层次服务产品，养老服务的覆盖面显得较窄。农村地区的养老服务更加欠缺，无论是家庭养老还是福利院均缺少文化娱乐方面的服务供给，而医疗、健身、专业化人员匮乏等问题更加明显。城市居家养老服务机构能为社区居家养老提供必要的服务产品，也为全面推行居家养老模式提供充分保障，但目前还有不少社区没有居家养老服务机构，有居家养老服务机构的也存在着养老服务内容不全面、日间照料中心的养老服务设施较匮乏等问题。

第二，养老机构供需不平衡。这种供需不平衡是结构上的相对不平衡，表现在需要获得养老服务的“留守老人”“空巢老人”“失能老人”“失独老人”的数量每年都在增加，但适合他们购买能力的养老服务供给却相对不足，能够适合老人购买力的养老机构服务水平又难以达到要求，能够满足老人服务要求的养老机构收费标准较高，将一些养老资金不足的老人拒之于门外，机构实际上存在着养老床位空置现象。部分在城镇郊区建设的养老机构，养老服务设施完备，服务质量高，但由于收费较高，而且远离城市中心，导致入住率低，有的甚至亏损经营。

第三，缺乏养老服务专业型人才。总体上看，我国养老服务人员数量已经有一定规模，较大地缓解了养老服务能力不足问题，但随着养老需求水平和层次越来越高，需要的专业服务人员数量在逐年增加。受到专业服务人才缺乏的制约，分散的、非专业的人力资源补充机制不足以保障养老服务机构的日常运转，养老护理机构的看护任务难以完成。目前，养老事业发展需要专业从业人员、专业培训技师、专业研究人员充实到养老服务业中，需要相关人才去开拓养老服务机制和服务理论等领域，从而保障养老服务业的平稳、持久性发展①。我国养老政策已经对服务人员的数量和质量有明确的规定，在现实实践中，部分养老机构因为机构的逐利性和使用资金不足，并未按照要求配备专业服务技术人员，或者未对服务人员进行相关的技术培训，导致康

① 唐振兴．对发展中国养老服务业的思考［J］．老龄科学研究，2014（4）：15－24.

复师、营养师、保健师、心理咨询师等专业技术人才较为匮乏，养老机构服务人员和管理人员有数量无质量，不同养老机构建设层次和水平差距较大，多元化、多种类的养老服务需求难以满足。

第四，民间资本介入养老服务面临几个方面难题。养老服务通常分为公共养老服务和民间养老服务。2011 年国务院印发《中国老龄实业发展“十一五”规划》之后，我国养老市场中的民间力量逐渐增强，巨大的民间资金存量可以极大地缓解人口老龄化给政府带来的经济负担；民间资本丰富的管理经验能为居家养老提供借鉴；充分发挥社会各界力量能够有效弥补政府管理效率低下的缺陷；专业服务人才优势能够整体提高全国养老服务市场的服务质量和水平。但当前我国民间资本投入养老服务市场面临一些困境。一是我国民间资本介入养老服务市场占比低。与旺盛的社会化养老服务需求形成鲜明对比的是，当前我国民营养老服务业发展较缓慢，市场占比低，需求与供给之间矛盾突出。2008 年我国登记在册的民办养老服务机构共有 4000 多个，占全国养老服务机构总数的 10% 左右[①]。经过十几年的发展，我国民营养老服务机构的市场占有份额仍然较低，到 2017 年底，我国民办养老机构总数达到 1.25 万家，同比增长仅为 7.8%，而社区养老机构和互助型养老机构分别达到了 3.8 万家和 7.8 万家[②]。二是民间资本介入养老服务的形式单一。民营养老机构未被纳入政府社会事业统一规划建设中，布局不均衡，偏重城市中心民营养老机构建设，忽视郊区养老机构建设和布局，因投入资金少，规模小，民营养老机构设施和服务水平较低，养老功能和产品单一，难以满足特殊群体老人的养老服务需求。三是民营养老服务机构营利能力弱。许多民营养老机构由于缺乏资金保障，严格控制人力资源成本，导致养老服务人员队伍不稳。民营养老机构在组织运营管理方面能力较弱，缺少有经验的管理团队，管理不规范，岗位和分工不明确，忽视员工的专业技能培训，专业技术欠缺，服务能力弱，无法满足老人的养老需求。再加上民营养老机构没有合

① 于戈，刘晓梅．论我国养老服务业发展研究［J］．甘肃社会科学，2011（5）：242－245.

② 王春青，张健明．供给侧改革视角下养老服务产业结构调整分析［J］．中国集体经济，2018（19）：53－54.

理的定价机制，通常是根据自己的开销和利润定价，不是根据市场定价，致使民营养老机构价格标准混乱，市场信任度低。综合以上因素，我国民营养老机构投入与产出之间存在较大差距，介入养老服务的营利能力弱，容易陷入恶性运营循环。

第五，家庭养老服务供给能力下降。随着我国社会主义市场经济的深入发展，个人基本已经完全融入各种经济类型当中，第一产业就业人数在逐年减低，第二、三产业就业成为主角。在就业市场中，女性已经完全占据半边天，更多的女性从家庭走向就业市场。随着工作节奏的加快，年轻一代在家中的时间越来越少，能够留给父母的时间也越来越少，老人也不能充分享受到子女的养老照顾。农村人口不断向城市流动，农村老人大部分是选择留守在农村养老，农村空巢老人数量也在逐年增加，农村未来的养老形势会更加严峻。家庭结构越来越小型化、核心化，“四二一”家庭结构即将面临养老问题。因此，在各种压力下，家庭养老服务供给主体的作用愈加不明显，供给能力呈下降趋势。

4. 养老服务业与社区服务发展

社区是大多数老人基本的养老生活环境，从本质上说，社区生活环境是由一系列社会服务构成，养老服务业的发展、养老服务体系的建设真正依托的是多种多样的社区服务。

第一，社区是发展养老服务业的重要阵地。一是发展社区养老服务是发展养老服务业的突破口。社区生活是未来城乡老人最重要的生活场所，在社区里开展老人的生活照料、健康管理以及文化生活等基本养老服务，既能够降低养老成本，又能满足老人多样化养老服务需求，因此开拓社区养老服务市场方向是正确的，未来市场发展的稳定性也能够保证，社区养老服务的市场发展潜力巨大。如果按照目前我国老年人口数量和养老服务目标估算，未来社区养老服务的市场规模可达每年上千亿元。随着养老形势愈加严峻，养老群体日益分化，养老服务需求呈现多层次和多样化，需求量会继续扩大，社区服务将会是我国养老服务业发展的突破口，能够有力地带动整个养老服务市场的发展。二是社区服务具有连接家庭和机构的纽带作用。老年人权益保障法第三十五条规定："发展社区服务，逐步建立适应老年人需要的生活服务、文化体育活动、疾病护理与康复等服务设施和网点"，发展社区服务能减轻家庭养老的很多负担，为老人提供基本生活照料、医疗保健、文化娱乐等服务，让老人养老生活舒适开心，子女能安心工作和生活。同时，在开展社区服务过程中，为保障养老服务的供给，社区必须建立起与养老机构的连接机制，将养老机构先进的管理经验和良好的医疗护理资源引入社区，共同保障老人的养老需求，为老人安度晚年提供满意的养老服务。

第二，社区养老服务基础薄弱。由于我国长期以来养老服务领域重机构建设，对社区养老服务建设投入较少，所以社区服务建设在当前显得基础较为薄弱。一是社区养老服务供给不均衡。第四次中国城乡老年人生活状况抽样调查数据分析显示，有35%的社区没有提供任何社区生活服务项目，有近40%的社区没有提供任何医疗康复服务。在社区生活服务方面，提供便民服务的社区占比最多，其次是提供法律维权服务、殡葬服务的社区占比分居二、三位，前三位占比分别为43.91%、33.04%、21.79%；在医疗康复服务方面，提供健康讲座服务的社区占比最多，其次是提供上门看病服务、心理咨询服务的社区占比分居二、三位，前三位占比分别为37.48%、34.97%、15.47%，见表2-1。

表2-1　社区生活服务和医疗康复服务提供情况　　（单位：%）

生活服务		医疗康复服务	
类　型	提供服务社区的比例	类　型	提供服务社区的比例
老年餐桌	5.86	健康讲座	37.48
家政服务	15.20	陪同看病	5.63
陪同购物	2.23	上门看病	34.97
便民服务	43.91	家庭病床	4.52
托老服务	15.58	康复服务	12.34
理财服务	3.26	上门护理	7.04
法律维权服务	33.04	心理咨询	15.47

（续表）

生活服务		医疗康复服务	
老年婚介服务	1.58	康复辅具租赁/出售	3.92
殡葬服务	21.79	都没有	39.38
都没有	35.06	—	—

资料来源：根据第四次中国城乡老年人生活状况抽样调查数据计算

二是社区养老服务供给难以满足养老需求。据对第四次中国城乡老年人生活状况抽样调查数据分析，在社区服务过程中，服务需求占比均较服务使用占比大，也就是说多项服务内容中老人养老服务需求在社区能够满足的服务很少，助餐服务、助浴服务、康复护理服务的实际满足比例甚至低于10%，见表2－2，社区养老服务供给明显不能满足老人对养老服务的需求。

表2－2　老年人对社区服务的需求与供给状况

服务项目	需求（%）	供给（%）
助餐服务	8.45	0.74
助浴服务	4.48	0.39
上门做家务	12.04	1.82
上门看病	38.08	15.15
日间照料	9.35	1.17
康复护理	11.32	0.84
老年辅具用品租赁	3.68	0.49
健康教育服务	10.34	4.45
心理咨询/聊天解闷	10.64	2.39

资料来源：根据第四次中国城乡老年人生活状况抽样调查数据计算

因此，目前有相当一部分社区养老服务缺失，即使开展养老服务的社区，也存在着养老服务项目少、规模小、质量差等问题，可见社区养老服务距离实现养老服务体系建设的目标相差甚远。

第二节　国内外现代养老服务业发展现状

21 世纪，我国老龄化程度将维持在一个较高的水平，养老服务业发展成为很有前途的朝阳产业，将会涉及文化医疗康复、旅游、护理等多个领域。目前，发达国家和地区已经形成较大的养老服务业市场，美国、日本、法国等国家的养老服务市场规模已经占其国内整个消费市场的近五分之一。我国现代养老服务体系建设正处于初步发展阶段，以居家为基础、社区为依托、机构为补充的养老服务业具有极大的发展潜能。

一、国外现代养老服务业的发展

我国养老服务业发展虽然刚刚起步，已经暴露出供需失衡问题，这也成为我国养老服务业发展的困境。借鉴国外成功的发展经验和先进管理体制，并结合我国实际，对探索我国养老服务业发展的可持续路径有很强的现实意义。

1. 发达国家智慧养老的发展

从 20 世纪 80 年代开始，西方发达国家为了解决好本国的养老问题，积极探索智慧养老模式，为我国发展智慧养老和标准化养老提供了借鉴。

第一，英国——最早提出“智慧养老”的国家。当时的“智慧养老”依靠的是一种全智能老年系统，在这个系统中汇集了多种养老服务资源，老年人可以根据自己的需求，在系统内寻求日常生活服务。现在，为了满足不同层次的养老服务需求，英国在原来的“全智能老年系统”基础上进行了优化升级，增加了智能居家设备的应用，比如在地板和家具中植入智能感应芯片，引入机器人护士照顾老人。智能居家设备的应用，扩大了养老的服务范围，从提供日常生活服务升级到健康护理和安全监护等服务项目。英国发展智慧养老的成功经验在于两点：一是在推广智慧养老应用时，积极与老年人及其家人沟通，争取在更大范围上接受智能化服务，使用者越多，智慧养老的成本越低，养老服务质量越高。二是英国养老服务有一套完善的法律和标准体系保障。英国政府为完善养老服务体系，通过不断制定相关法律和标准，对养老服务提出建设、管理和评估等一系列要求，如《国民健康服务法》《国民保健法》《全民健康与社区照顾法案》《国家老年服务框架》《国家黄金标准框架》等，为满足英国老年人的养老服务需求提供了充分的法律保障①。

第二，德国——实施现代的AAL智能养老系统。德国智能养老源于老龄化严重的条件下养老服务供给不足的问题。为了解决人手不足问题，德国在2007年计划推动发展智能养老，开始了环境辅助生活系统（AAL-Ambient Assisted Living）研究。环境辅助生活（AAL）系统，是通过将各种智能化仪器连接在一个扩展性的智能技术平台，在这个平台上对使用者的状态和环境进行分析，形成一个即时的反应环境，并做出相应的行为判断。AAL系统智能化程度较高，老人的生活和看护大部分可以通过设施遥控完成。比如床铺不仅可以自动升降，为了防止老人跌倒，还能监测到老人是否躺在床上。房间内家居设施装有各种传感器，通过传感器可以将老人的日常生活情况输入电脑进行综合分析，家属或护理可以通过App查询到老人即时的身体健康状况②。AAL系统功能强大，便于操作，因此适合于养老院、社区、家庭的任何一种养老模式。随着养老服务人手不足的状况越来越严峻，现在德国积极推行护理机器人研发，完善AAL系统，进一步提升智能养老水平。这些机器人可以代替人工，为老人提供基本的生活照料和医疗护理，如端水送饭、传递用品、开关电视；测量血压和体温；带领老人锻炼身体；紧急情况下通过视频与医护人员联系等。AAL系统顺利运行依赖两个条件：一是专业护理人员的培训。未来社会养老发展趋势是老人不愿意离开熟悉的家庭环境，更多地选择居家或社区养老，因此要求对护理人员给予专业服务培训，能够熟练掌握AAL系统，做到随时提供上门的

---

① 王莉莉，吴子攀．英国社会养老服务建设与管理的经验与借鉴［J］．老龄科学研究，2014(7)：61-70.

② 贡森，葛延风．福利体制和社会政策的国际比较［M］．北京：中国发展出版社，2012.

专业服务。二是养老服务的标准化和规范化建设。德国政府对养老产品和养老服务提出了严格的标准化和规范化要求，并在国家层面出台了《老年人生活辅助提供者的质量要求》等两项养老服务业标准，针对长期照料服务，德国专门成立了中央长期照料社会保险基金联合会和联邦长期照料服务机构联合会，并且根据法律共同制定了养老服务的原则和标准，对长期照料服务的质量和措施提出了具体规定。

第三，美国——率先开始养老技术的研发。开发电脑自动配餐程序，根据老人的身体情况自动为老人配菜点餐。通过家庭电子监控系统技术，监测家中老人的身体活动状况，调节老人居室温度。美国开发移动医联网技术，在各大城市建立移动服务车队，专门为居家老人提供照护服务和医疗保健服务。为节省公共资源，由政府出资建立，美国开发了数据共享服务平台，在平台间根据各个地区不同的情况协调配备养老服务资源，同时由政府监管和评估服务流程及服务技术水平。

2. 日本提升老年人的支付能力，扩大养老有效需求

日本在养老业发展初期，为了急于解决养老床位不足的问题，忽视了养老机构与养老服务之间的均衡发展，片面追求床位数量，匆忙建设养老项目，导致养老服务供需失衡问题突出。经过多年探索总结，日本找到了解决这一问题的途径，就是区分养老需求是潜在需求还是有效需求，在如何创造有效需求上下功夫。我国目前也遇到了跟日本同样的问题，养老机构和养老服务发展失衡，供需矛盾突出，日本在提升老人的养老支付能力，创造有效养老需求方面的经验能为我们提供诸多借鉴。

第一，推行“养老金+介护保险”模式。20 世纪 60 年代日本已经实现了全民保险，为拓宽老人在无劳动能力后的收入来源，从 70 年代开始日本实施了以国民年金为基础的老年津贴制度，增加了遗属津贴和残障津贴两个方面的补充津贴，大大提升了日本老人的生活品质和养老保障，建成了成熟的社会保障制度。为进一步完善社会保障制度，日本政府积极推行“养老金+介护保险”模式，从 2000 年开始推广“介护保险制度”，将 40 岁以上的人全部纳入长期护理保险，被保险人只需承担 10%，日本政府为介护保险承担 50%，

其余40%由各地上缴的介护保险费支付①。介护保险增强了日本人民未来养老的支付能力，减轻了家庭和个人的养老压力，从制度上保障他们享有美好的晚年生活，得到高品质的养老服务。此外，为了减轻老人负担，日本政府利用税收调节作用推行“医疗与介护综合推进法案”，2014 年，厚生劳动省利用增加消费税所获得的收入在都道府县设立基金来完善医疗供给体制，该法案涵盖医疗和介护服务，扩大了养老服务供给，满足老人的多层次养老需求。日本于2014 年开始的社会保障制度大改革的总体方向就是实现社会保障制度与税制一体化，社保基金的统筹方式由“社会保险方式”向“税方式”转变。日本养老保障制度发展的着力点就是充实社会保障资金，提高保障的重点性和保障效率，其养老规划根据国家人口结构起步早，建立在“全世代型”的思维框架下，使得老、小、中人群都能够获得安心感。

第二，实施老年人雇佣政策，延长劳动年限。日本通过实施“劳动转移支援型”的劳动政策，延长退休人员的劳动时间，增强老人的养老支付能力。2013 年，日本推出“日本复兴战略”，在人口持续下降、少子化的国情下，强调国家人才战略，延长劳动者的劳动年限，特别是增加年轻人、女性和退休人员的就业机会，提高劳动生产性和人才素质，构建全员参与的经济社会。该战略的核心是实现无失业的劳动力转移，促使日本劳动政策由“雇佣维持型”向“劳动转移支援型”转化。日本通过给企业发放“持续雇佣奖金”，鼓励企业雇佣退休人员，雇佣一位老人每年给予企业 15 万日元的补贴，还可以从银行获得贷款。除了鼓励劳动政策外，日本制定了《鼓励中年和老年职工就业的特别措施法》，规定企业必须雇佣 55 ~60 岁的退休人员，且比例要达到就业职员的 6% 以上。2013 年，政府对这一措施进行了更改，要求企事业单位放宽雇佣年限到 65 岁。日本实施鼓励人口充分就业的劳动政策取得了很显著的成效。截止到 2015 年末，日本 65 岁以上老年人占劳动力总人口数的 11. 3%，65 岁以上的老年人劳动力人数首次超过 60 ~64 岁的老年人劳动力

---

① 吕学静．日本长期护理保险制度最新改革的启示［J］．中国人力资源社会保障，2016（4）：23 -25.

人数。65岁以上劳动力占65岁以上人口的比例从2013年、2014年的11.8%和12.5%上升到13.5%。2015年6月1日前一年时间内达到退休年龄的有82.1%的老人继续再就业被雇佣。另据日本内阁府调查，日本员工人数达到31人以上的企业达到15万家，有99.2%家企业按照政府雇佣措施要求，能够确保65岁以上老人实现100%就业的企业达到73.5%①。

第三，日本经验对我们的启示。我国在2000年后进入了老龄化社会，养老形势日益严峻，养老服务体系仍不够完善，城乡养老服务水平差距明显，养老服务供给与需求不平衡。日本经验给我们提供了解决问题的突破点，试图寻找途径和方法提高老人的收入来源，扩大老人养老的支付能力，尝试着通过财税制度改革和建立护理保险制度来完善社会保障体制。一是增加对供给端养老机构补助的同时，加大老年综合补贴力度，根据不同年龄段动态调整综合补贴水平，加大抬高底部补贴额度和年龄段之间的补贴差异，增强不同年龄段的养老支付能力，形成合理的服务需求侧补贴制度。二是养老从预防开始，做好壮年期的综合疾病预防。在医疗制度改革过程中，树立新时期的健康保健思维，将预防疾病和治疗疾病放在同等重要的地位，积极推进健康教育、健康检查、机能训练、上门指导等健康保健事业，防止老人过早进入介护状态，尽可能地保护老人的生活自理能力，提高老人的晚年生活品质。中央政府积极推动医疗改革重心向疾病预防方向转变，加大在财税上的支持力度，地方政府根据养老情况，从预防和介护两方面规划建设养老项目。三是实施积极的劳动政策，创造老人再就业环境。老人再就业并不就意味着与年轻人抢饭碗，他们是在不同的市场中就业，就业的目的和就业的要求都有很大的差别，因此国家和有关部门应该积极推进政策与企业制度创新，建立针对老人的弹性、灵活的工作制度和按照以生产性为评价标准的薪资体制，让老年人实现老有所为，更好地参与社会，拓宽老人收入来源，增强老人未来养老服务的支付能力。四是确保老年人财富增值保值。当前我国65岁以上

---

① 翟绍果，马丽，万琳静．长期护理保险核心问题之辨析：日本介护保险的启示［J］．西北大学学报（哲学社会科学版），2016（5）：116－123.

老人大多错过了改革开放后最重要的财富积累阶段，2012 年的《中国财富管理市场》报告显示，我国高净值人群（家庭可投资资产在 600 万元人民币及以上）当中，60 岁以上高净值人士占比仅为 6%，老人财富的低资产净值必然影响到其养老的支付能力，也制约着我国养老产业的布局与发展。随着 30 多年来经济的快速增长，房产、股权、理财产品等投资方式的兴起，我国 20 世纪 50、60、70 年代出生的群体迅速积累了财富，泰康人寿与胡润研究院发布的《2015 中国高净值人群医养白皮书》显示，中国高净值人群阶层已经形成，“养儿防老”的传统观念已经逐步改变，只有 29% 的人选择依靠子女养老；养老的经费来源中 90% 的人选择使用个人资产，仅仅有 1% 的人表示需要子女资助。以上分析说明了对于个人财富积累不足的老人，需要最大可能地帮助他们增加收入来源；对于那些自己拥有一定财富的老人，可以借鉴发达国家财富的保值和增值经验，对老年人理财投资实施政策性支持，降低或免除印花税，对老年人的投资进行指导规范，拓宽老人的股权投资收入及房产收入，增强其养老支付能力。

3. 加拿大完善的老年保障制度

第一，建立了完善的老年法规制度体系。加拿大老年法规制度由三个层次组成。第一层是联邦或省政府法案、规章，有《加拿大政府养老金法案》《加拿大卫生法案》《加拿大卫生专款计划》《慈善组织会计法案》等，这些构成了加拿大老年法规制度的基本框架。第二层是省、市政府法案政策、规划计划。加拿大各省、市政府有自己特色的老年法规制度。第三层是政府各部门制定的政策规划、制度标准。加拿大联邦政府的社会发展部、卫生部及省级政府的耆老事务厅、卫生厅等部门为了促进法案的执行和落实，依据政府法案，制定了相应的老年服务行动规划和标准，这些规划和标准是加拿大老年保障制度的重要组成部分。

第二，建立多层次养老金保障体系。加拿大自 20 世纪初开始实施养老金法案，并设立了低收入老年人老年金，1951 年实现了养老金全覆盖，1966 年养老金开始深入市场领域，设立就业养老保险，运用市场手段调节养老金统筹，目前加拿大养老金体系由政府养老金、私人养老金、个人储蓄的税务优惠等部分组成，具有市场性和福利性特征。加拿大政府通过多个途径资助居民养老金。一是建立老年保障金。老年保障金来源于联邦政府的税收收入，对65岁以上符合条件的公民或合法居民每月给予573加元的资助，达不到条件的老人能获得部分老年金，对高收入者实施返还制度，高出规定额度的部分按15%的税率收取抵减老年金，对收入高过政府规定最大限额的老人，则不能享受养老金资助①。二是实施加拿大退休金计划。加拿大退休金计划主要目的是保证公民退休后的收入跟退休前的收入相当，为保障这个目标的实现，加拿大推行养老金加补助老年金加个人储蓄等计划，其中退休养老金占工作时工资的25%。各省级政府为企业员工注册了退休金计划，企业和员工可以向账户中交款，享受税收优惠，等到退休后提取退休金使用时才需要交税。加拿大政府推行注册退休储蓄计划，鼓励公民储蓄养老，个人注册储蓄养老账号，在账户中投入资金或是使用资金投资获得的收益均享受免税政策。

第三，建立规范的老年长期护理服务体系。一是护理对象明确。在安大略省，老人接受长期护理服务前必须接受社区护理服务中心的评估，服务对象一般是在肢体和认知方面有重度问题的老人，服务中心给予他们医疗和非医疗方面的服务。从2010年开始，加拿大长期护理中心老人中患阿尔茨海默病的人数逐步上升，高达总数的63%。2016年统计，机构中认知受损的老人达到90%，其中有三分之一是深度认知障碍老人②。二是护理服务到位。加拿大长期护理机构分工明确，分为护理院、个人护理机构、持续护理机构等，这些护理机构又根据服务对象的服务需求为其提供三部分的护理服务，即24小时监督护理服务、专业健康服务、个人护理服务三部分，由从事长期护理的各类护工为老人在住宿、餐饮洗衣和管家等方面提供全方位的服务，这些服务中以健康服务为主，占到总服务量的73%③。三是机构管理规范，分布

① 林闽钢．西方“福利社会”的理论和实践——兼论构建中国式的“福利社会”［J］．江苏社会科学，2010（4）：46－51.

② 王建武．加拿大老年保障制度对我国应对老龄化社会的启示［J］．中国社会工作，2018（5）：54－57.

③ 王建武．加拿大老年保障制度对我国应对老龄化社会的启示［J］．中国社会工作，2018（5）：54－57.

均衡。加拿大长期护理机构由省级卫生和长期护理厅认定和管理，每年需要接受政府部门不定期检查，按照《长期护理法案》规定的标准运行，注重提高护理机构的管理水平和服务质量。2016 年对前 5 年的服务质量统计显示，长期护理对象对护理服务质量满意度较高。加拿大政府重视长期护理机构的均衡建设，兼顾城乡差异、规模大小、护理模式等，有 43% 的护理院位于居家护理或退休公寓有限的农村社区，有 40% 的护理院规模较小①。

二、中国养老服务业发展战略

以党的十九大精神为实践指引，统筹推进养老服务事业和产业、城乡和区域融合发展，着力构建“政府主导、家庭尽责、社会参与、市场运作、互助共济”的现代养老服务体系。

1. 构建中国特色的基本养老服务制度

社会救助、社会福利、社会保险和优抚安置组成了我国现行的社会保障体系，其中社会保险制度和社会福利制度构成了我国基本养老制度。基本养老制度重要的责任主体在于政府，保障的对象是依靠自身难以获得养老服务的老人和家庭，运用公共的财政投入、服务供给、设施管理和监督管理，满足他们基本的照料、康复和精神等健康养老服务需求。基本养老服务制度涵盖了政府、社会、市场和家庭几个方面的权利和义务，面向所有老年群体，以满足老人基本养老服务需求和提升老人晚年生活质量为目标，提供包括基本生活照料、精神关爱、护理康复、紧急救援和社会参与等在内的多种养老服务产品及组织、设施、人才和技术等要素支持网络，以及与之配套的相关服务标准、运行机制和监督机制。随着我国经济社会发展不断完善，基本养老服务制度正在分阶段、按目标地有序推进。“十三五”时期的主要任务有：第一，规范设置政府管理机构。构建基本养老服务制度是一项系统工程，建立政府管理机构，需要多部门、多领域、多行业联合制动，更新观念，解放

① 王建武．加拿大老年保障制度对我国应对老龄化社会的启示［J］．中国社会工作，2018（5）：54－57.

思想，改革行政管理体制，建立部门协调议事机制和区域联动发展机制。第二，完善“三个层次”养老保险，建立长期照护保险。三个层次的养老保险分别是基本养老保险、企业年金和个人商业养老保险，基本养老保险养老保障水平低，但覆盖面广，发挥着基础保障的作用；企业年金和个人商业养老保险承担着养老保障的补充作用，发挥着重要的作用。提高养老保障水平需要完善和促进三个层次养老保险的均衡发展。要在三个层次养老保险基础上，建立长期照护保险和税延型养老保险并通过拓展保险筹资渠道、优化养老保险结构和规范个人缴费来不断完善养老保险制度。第三，建立中国社会福利体制下的养老服务制度。我国基本养老保障制度是建立在政府主导下的混合经济福利制度基础之上，供给主体包括政府、社会、企业和家庭，这四者之间的关系和界限需要厘清，明确政府的职责，建立市场行为规范，发挥家庭的基础养老保障作用。我国福利制度初级阶段具有保障水平低、覆盖面窄等特点，家庭承担主要的养老保障功能，经过改革开放40多年发展，亟须加快建设福利制度，提高养老保障能力和服务水平，建设政府兜底、社会资本和自由市场主导的多层次全民福利体制。建设社会福利体制下的基本养老服务制度，重点要解决三个方面的问题。一是确定基本养老服务对象。60岁以上的全体老人均享有包括老年人健康管理、老年人需求评估、基本养老服务等养老保障权利。鳏寡孤独老人享受基本生活照料服务，政府“兜底”的其他困难老年人也是基本养老服务对象。为社会做出过突出贡献的劳动模范、优抚对象享有基本养老服务权利，失独老人群体需要研究论证列入基本养老服务对象。二是建立基本养老服务模式。建设多样化的养老机构，如老年福利院、敬老院、老年公寓、老年护理院、养老服务中心、疗养院、老年健康医院等，满足不同层次的养老需求。依托社区，建设社区养老服务设施，如老年活动中心、日间照料中心、社区康复中心、托老所、老年驿站、农村幸福院等，在社区内解决养老服务问题。这是老人最满意的养老方式，也是未来养老模式的发展趋势。改造社区和居家公共养老设施，提高社区公共养老设施的利用率，针对居家养老建设无障碍养老设施。三是根据不同需求提供不同的养老服务方式。机构养老、社区养老、居家养老都具有自己特有的服务项目，因此会采用不同的服务方式。机构养老主要提供护理服务和康复服务及老人的临终关怀等。社区发挥地缘和熟人社会优势，养老服务方式主要有日间托管、日间康复、互助服务和邻里服务等。居家养老是老人最满意的养老方式，提供的养老服务有救助热线和居家护理服务等。第四，加强基本养老服务监督和管理。一是发挥政府行政监管的主体作用，对养老服务提供主体依据法律法规、价格设置、准入门槛、质量管理等标准进行有效监督和管理。二是发挥行业协会监管的有效补充作用。行业协会在参与制定法律法规、标准修订、人才培养等过程中，为政府建言献策，对养老服务主体的监管发挥着市场调节和政府调控的有效补充作用。三是建立养老机构内部监管机制。在设立机构、服务纠纷、服务合同、风险管控、服务供给等方面实施内部监管机制。

2. 推进养老服务供给侧改革

在供给侧改革的大背景下，我国老龄化发展日益严峻，养老服务的供需矛盾突出成为供给侧改革中一大短板，推进养老服务供给侧改革是构建多层次的社会养老服务体系至关重要的环节，深入剖析现实国情下养老服务供给侧方面存在的问题并提出相应的改革策略，对于发展新时期我国养老服务业具有重要的现实意义。

第一，养老服务需求迅速增加。伴随着人口老龄化程度的不断加剧，我国城乡高龄、独居、空巢及失能半失能老年人的数量也在逐年递增，对养老服务的需求不仅数量加大，多层次的养老服务需求也在日益增加，现有的养老服务供给难以满足多元化发展的养老需求。根据2018年《中国统计年鉴》，截至2017年末，我国60岁以上的老龄人口已达到2.4亿，占人口总数的17.3%，其中，65岁及以上人口超过1.5亿人，占总人口的11.4%①。预计到2020年，我国高龄老人数量将增至2900万人左右，独居和空巢老年人数量也在逐年增加，将增至1.18亿人左右。2015年《中国统计年鉴》统计数据显示，2015年我国失能半失能老人数量大概在4063万，占老年人口总数的

① 殷有超．我国基本公共服务均等化［J］．特区经济，2018（6）：116－119.

18.3%；预计到2020年，失能半失能老人数量增长迅速，将达到4200万[①]。一般国际上发达国家进入老龄化社会时间跨度在几十年甚至于一百多年，如法国用了115年，瑞士用了85年，英国用了80年，美国用了60年，而我国从1981年到1999年开始步入老龄化社会仅仅用了18年，且老龄化的速度和老龄化程度还在不断加快。国家统计局数据显示，65岁及以上的老龄人口从2000年占总人口数的6.96%迅速上涨到了2017年的11.4%。按照现在的人口结构推测，2030年和2055年，这一规模将分别达到2.8亿人和4亿人，占比将超过20%和27%；其中2040年以前为人口老龄化最快时期，占比年均上升0.5个百分点[②]。上述我国老龄化发展的特点决定了我国老年人对未来养老公共服务的需求会迅速增加。究其原因，主要是养老需求与养老服务供给之间发展不均衡，机构养老存在的诸多问题限制了其承担提供养老服务功能的发挥，居家养老仍是我国最基本的养老模式。居家养老在“4+2+1”家庭结构下难以承担赡养负担，老人养老需求得不到满足，使得部分老人离开家庭转向机构养老，部分老人结合自身情况走进社区，借助社区获取养老服务。由于养老服务需求发展迅速，供给主体来不及反应调整结构，对高龄、失能半失能的老年人以及对健康保健、急症处理、病后康健、长期照护等的养老服务供给显得措手不及，供需失衡，亟须从供给侧方面解决多样化、多种需求叠加的养老公共服务供给问题。

第二，加快养老服务业转型升级。习总书记在党的十九大报告中作出了关于当前我国社会主要矛盾转化的新的重大判断，这一主要矛盾体现在养老领域中养老服务发展的不平衡和不充分，表现在供给不足、结构不合理、供需不匹配等方面，导致老年人日益紧迫和多样化的养老需求难以得到满足。推进养老服务供给侧改革总的方向是：发挥市场在资源中的配置作用，减少无效供给；发挥政府调节作用，扩大有效供给，保障基本需求；在政府与市场合力的作用下，繁荣养老市场，提升服务质量，保障老年人尽可能享受到

① 殷有超．我国基本公共服务均等化［J］．特区经济，2018（6）：116－119.

② 谢星全．基本公共服务质量：多维建构与分层评价［J］．上海行政学院学报，2018（4）：14－26.

优质养老服务。

①改革养老服务市场监管。当前，我国养老服务市场开放程度不够，多元化的养老服务市场并未形成，半开放状态下的养老服务市场不能够充分满足市场的养老需求，养老服务业的发展需要政策支持。对此，2016 年国务院办公厅出台了《关于全面放开养老服务市场提升养老服务质量的若干意见》，从内外两个方面推进养老服务市场的全面放开。要通过进一步降低门槛放宽准入条件，精简行政审批环节，对内引导民营资本参与养老服务业发展，规定按照“先照后证”的简化程序设立营利性养老机构；对外依靠政策支持吸引更多外资加入。这些政策的落地实施，必将推动养老服务市场的繁荣发展，对于建设完善多元化养老服务体系具有重要的意义。全面放开养老服务市场，需要发挥市场在养老资源中的配置作用，消除监管体制机制障碍，能购买服务的全部购买服务，能企业运作的全部企业运作，能市场调节的全部市场调节，能公建民营的全部公建民营，激发养老服务市场的活力，提高养老服务业市场的活跃度，催生出更多的养老新产业、新模式和新业态。②优化养老服务供给。优化养老服务供给关键在找准短板发力点，实行政策资源倾斜，加大工作力度。一是提升农村养老服务能力和水平。结合乡村振兴战略的实施，充分整合涉农政策和资金，加快农村养老服务设施建设。改造和优化农村敬老院和农村幸福院，建立乡镇敬老院连锁托管模式，如“多镇一院”“一县一院”“中心敬老院”等。鼓励农村老人发挥农村地缘、血缘的熟人社会优势，探索集中居住、互助养老的养老模式，如家庭化小型化养老机构、困难老年人代养机构等，把老年人组织起来，互相帮助。培育发展志愿组织参与农村养老服务建设，发挥专业社会工作者、社区工作者、志愿服务者的专长，为农村老人提供服务并建立为老年人志愿服务时间储蓄和反馈激励机制，丰富农村养老服务主体[①]。二是提升城市居家社区养老生活品质。强化规划约束，严格监管和验收小区配套养老服务设施建设。走专业化和市场化路子，委托具备资质的专业服务机构无偿托管和运营城市日间照料中心等社区养老

---

① 沈国彤．我国农村养老保障现状及应对［J］．劳动保障世界，2017（2）：10－11.

服务设施，尤其是要引进大中型养老机构进驻社区，集中托管、连锁经营社区居家养老服务，推动机构、社区、居家养老服务融合一体化发展。为促进养老服务供给的便捷化，推进“养老+互联网”的建设和应用，从线上到线下实现养老服务供给的无缝对接。三是推进医养结合。鼓励二级以上综合医院与养老机构开展对口支援和合作共建项目，医疗卫生机构为养老机构开绿色通道，及时充分地为机构老人提供医疗巡诊、急诊急救、健康管理、保健咨询等服务。对新建和改扩建的护理型养老机构给予更大的补助标准，鼓励加大对护理型养老机构的扶持力度。四是拓宽失能半失能老人的养老服务供给渠道。目前，失能半失能老人的养老问题给家庭带来了沉重的经济负担和照顾负担，养老机构因为顾虑到这个群体的老人服务成本高且风险大而不愿接收，数量不小的失能老人的养老问题已经成为各级政府亟须解决的重大民生问题。解决这个问题的关键点有两个方面：一方面是探索长期护理保险和商业保险相结合，提高失能半失能老人的养老支付能力，解决老人护理费用问题，保障老人能够获得日常生活照料、医疗护理等基本生活服务；另一方面是切实增加服务资源。对接收失能半失能老人的养老机构给予鼓励补贴；为失能半失能老人开绿色通道，优先享受政府购买的居家养老服务；引导二级以下医院、企事业单位闲置医疗资源、基层医疗卫生机构和机关等兴办或转型改造为护理院、康复医院。

第三，推动养老服务质量提升。一是提升养老服务人才素质。养老服务业已经升级为一种产业形态，这是为数量庞大的养老服务需求应运而生的；同时为适应数量庞大、层次多样的养老需求，必然对养老服务的质量提出了更高的要求，那么提升养老服务质量首要的任务就是培养养老服务人才，健全完善养老服务人才的使用和激励机制，加快养老护理员的职业化建设和养老服务专业高级管理人才队伍建设。大力推行学历教育是提升养老服务人才素质的一个有效途径，对设立养老专业的高校给予省级财政补贴，山东省级财政对设立养老专业的高校给予 100 万元一次性补助。对大学毕业后从事养老工作的本科生、专科生和技工学院、高级技工学校毕业生给予一次性从业补助，对这部分人才开展精英培养模式，通过这些措施，激励高校适应社会发展需求培养新型人才，鼓励新一代年轻人在职业选择上更趋于理性，选择适合自己的职业。当前养老服务发展不平衡，从业人员缺失，尤其是有专业技能的护理人员短缺，其原因很多，养老从业人员的社会地位不高和荣誉感不强也是其中一个方面，所以亟须采取措施提升这部分从业人员的社会地位和荣誉感。如山东设立"齐鲁敬老使者"评选制度，入选者除了给予1000元的每月政府补贴外，还将被纳入省高层人才库①。二是加快养老服务品牌建设。当前养老服务提供主体多元，养老服务质量和水平参差不齐，从供给侧方面看需要打造养老服务品牌，发挥品牌引领作用。要通过制定养老服务重点领域标准，对服务机构管理、社区养老服务、服务技能、老年产品用品、居家养老服务等领域标准进行完善，制定团体标准。在践行养老服务标准时，实现养老服务领域内资源的整合，建立养老服务一体化品牌，将品牌引进社区和居家养老服务，实现医疗和养生相结合、数据和服务相融合，保障养老服务质量均等化和品质化。三是提高供给主体的效力。当前，解决养老服务供需发展不平衡、不充分问题，需要从供给侧方面通过加大政策支持和监管力度，提高供给主体的效力。针对有些养老机构因为收费低、效益不好，导致投资发展积极性不够高的问题，政府除了进一步加大对这些机构的扶持力度，增加财政扶持资金和福彩公益金投入，还要继续深化"放管服"改革，加快养老服务业的发展，尤其是建立长期护理保险制度，并将其发展成为社会"第六险"，以提高老人的养老支付能力，保障其未来能够安度晚年。政策支持是提升养老服务供给效力的外因，只有多元供给主体能够从改革和建设自身内部环境开始去主动接受社会监管，完善自身发展机制，才能更好地为老人提供养老服务，赢得社会认可和信任。养老服务提供主体借助第三方组织评估，对机构人员、设施、服务、管理、信誉等情况进行综合评价，接受社会监督，既能够完善发展自身，不搞不法服务行为和欺老、虐老行为，又能通过评估获得政府优惠政策、发放资金补助等，从而在养老服务市场优胜

---

① 李玉玲．我国居家、社区、机构养老服务融合模式发展研究［J］．学术探索，2016（9）：61－65.

劣汰的环境下立足。

3. 建设一体化的养老服务体系

目前，我国养老服务业发展供给关系上存在几个方面的矛盾：一方面社会上疾呼养老床位不足，另一方面部分养老机构入住率低。一方面社会大众普遍认同养老服务产业是朝阳产业，未来有很大的发展潜力，可是社会资金却很少愿意进入其中；另一方面医院医疗资源十分紧张，但有些享受公费医疗的老人却长期占用医院床位。这些矛盾存在的部分原因是因为养老与医疗脱钩，在某种程度上影响了养老机构的服务能力，不利于养老服务产业的长期发展。养老服务体系一体化建设是目前解决这些矛盾的有效途径，主要包括“两个一体化”：一是医院和养老院一体化结合，二是机构养老、社区养老与居家养老一体化融合。

第一，建设医养结合服务体系。探索建立医养融合进社区服务体系。医养融合进社区服务能够最大限度地满足老人的养老服务需求，大型综合性医院是实现这一功能的重要载体。要以医院为依托承担医疗和养老服务功能，建立医养融合服务机构，并形成养老服务品牌，在品牌下设立分支机构，由分支机构将服务送进社区，实行连锁经营和集团化管理。分支机构进驻社区送服务，让老人不出社区即可获得专业的养老服务和日常医疗服务，服务进社区后，再由社区将医疗和养老服务延伸到家庭，为居家养老提供服务。医养融合服务机构也实现了医、养、护一体化。生病的老人通过社区服务机构可以迅速地被送入医院就医，同时配有专业的养护人员负责老人的日常照料，进而减轻家庭负担。病情好转的老人，可以及时地转入社区服务分支机构调养康复，减轻医院的床位负担。2015 年，国务院办公厅转发了《关于推进医疗卫生与养老服务相结合的指导意见》，之后在全国范围内先后选取了 90 个地区进行试点。2016 年，人力资源和社会保障部发布了《关于开展长期护理保险制度试点的指导意见》，开始了 15 个地区的试点工作。医疗卫生与养老服务融合发展，在各地创造出五大模式：一是“养中设医”型，在养老机构中增设医疗功能，提高养老机构的医疗卫生服务能力。二是“医中设养”型，将部分医疗卫生机构改造转型为医养服务机构。三是“医养一体”型，有条件的情况下，通过资源整合使用，将医疗卫生机构和养老机构结合。如有的民营医院与养老院毗邻而建，可以整合在一个民营机构下共同经营和管理，为老人提供养老服务。四是“医入居家”型，将信得过的品牌医疗卫生服务引入社区，延伸到家庭，以预防为主，实现防治结合的一体化养老。五是“医养协作”型，顾名思义是医疗卫生机构与养老机构达成合作协议，医养融合，无缝对接，共同承担养老服务功能。

专业化的医养结合基础人才培养体系初步形成。经过3年的大力推进，我国专业化的医养结合人才发展迅速，设有老年服务专业的院校快速增长，目前职业院校达到154所，开始探索在部分本科院校中设立相关专业，初步形成老年服务与管理、康复护理、康复辅具应用、健康管理、社区康复、护理（老年人护理方向）、康复治疗技术等专业群①。专业教育离不开专业培训，老年服务重点在于实践，配合专业教育的快速发展，专业培训也在紧锣密鼓地展开。目前，全国建有50多个养老护理员技能鉴定培训基地，30多个职业技能鉴定站，有400多个技能鉴定考评员，培训教师有300余人②。

医养结合政策制度体系初步建立。从2013年至今，在国家层面已经出台了多部重要文件鼓励推进医养结合。2013年，《国务院关于加快发展养老服务业的若干意见》首次提出“医养融合”概念，紧接着《国务院关于促进健康服务业发展的若干意见》中就明确提出：“推进医疗机构与养老机构等加强合作。在养老服务中充分融入健康理念，加强医疗卫生服务支撑”。随后，为吸引更多民营资本进入养老服务领域，2015年2月，民政部、发展改革委、教育部等十部委联合发布《关于鼓励民间资本参与养老服务业发展的实施意见》，明确提出推进医养融合发展。2015年3月，国务院办公厅发布《全国医疗卫生服务体系规划纲要（2015—2020年）》，重点强调医养结合、多元发展等内容，鼓励开通养老机构与医疗机构的预约就诊绿色通道。2016年7月，

① 李婷，李凡奇．医养结合开辟健康老龄化新天地——来自湖南省医养结合的调查与思考[J]．人口与计划生育，2018（5）：39－45.

② 李婷，李凡奇．医养结合开辟健康老龄化新天地——来自湖南省医养结合的调查与思考[J]．人口与计划生育，2018（5）：39－45.

《民政事业发展第十三个五年规划》提出"加快发展养老服务业，全面建成以居家为基础、社区为依托、机构为补充、医养相结合的多层次养老服务体系"。2016 年 12 月，《国务院办公厅关于全面放开养老服务市场提升养老服务质量的若干意见》特别提出："建立医养结合绿色通道"。

第二，统筹发挥养老服务机构的一体化作用。当前，我国日渐形成多元化的养老模式，以居家为基础、社区为依托、机构为支撑的养老服务体系也初步建立起来，同时也出现了多种新型养老模式，如"日托式"养老、"候鸟式"养老等，养老服务需求获得了较好满足，养老服务渠道进一步拓宽。一方面各类社会资源正在形成合力，发展区域化、多样化的社区居家养老服务网络，如社区、行政村和自然村积极组织和串联起来，建立一体化的养老服务机构、社区卫生服务中心、养老服务型社会组织、小型托老所等，还有配套的家政服务公司和餐饮机构，区域内的老人获得了便利、快捷、实惠的养老服务。有的农村已经开始在探索自助式、互助式养老机制。"日托式"养老、"候鸟式"养老等新型养老模式，正在逐渐成为居家养老和机构养老的重要补充，国家也将从资金、税收政策上加大对它们的扶持力度，新型养老模式对养老服务的需求量将会加大。另一方面，养老机构资金的来源现在也越来越多元化，由政府财政支持购买养老服务、消费补贴和保险支付等。同时，为了吸引外资和社会资本投入养老产业，政府也出台许多支持政策。

多元化的养老模式需要社会提供更加多层次的养老服务，多元化的资金来源也意味着养老机构的数量、规模、结构将会发生很大的改变，为适应这些方面的变化，鼓励多种养老方式共同发展，需要统筹发挥养老服务机构的一体化作用。按照"十三五"规划，到 2020 年，我国每千名老年人口拥有的养老床位要达到 35 ~40 张，实现这一目标仅仅依靠公立养老机构和非营利养老机构是难以完成的，必须统筹发挥养老服务机构的一体化作用。目前，我国养老机构主要有公立性、营利性和非营利性三种类型，各自承担着不同的社会养老责任，但因为属性性质不同，三者又都存在着一些问题需要克服和改进。公立性养老机构，因为有政府财政做支撑，一直是养老机构中的"权贵"阶层，其服务对象有限，受众面窄，需要尽可能地放开门户，为更多生活困难的老年群体提供养老服务资源，起到政府养老保障的“托底”作用。对于营利性养老机构，因其具有自负盈亏的性质，市场环境在其发展中起着很大的影响作用，为调动其灵活性和创新性，政府需要在政策支持上给予其更加宽松的环境，为社会老人提供更多的养老服务，尤其能够提供多层次的服务产品，补充公立性养老机构的不足。非营利性养老机构因为有政府政策扶持，往往在服务创新方面欠缺，需要不断激发其活力，鼓励寻找自身发展增长点，进行公益性创新，开拓“社会企业”模式，不断提高养老服务的供给能力，减轻公立性养老机构的养老压力。三种性质的养老机构其目的是一致的，都是为满足社会老人不同的养老需求，三者之间的关系是相互补充、协调发展，只有统筹发挥好三者的一体化作用，才能促进我国养老服务业的有序、健康发展。

4. 新模式助力健康养老

化解日益增大的养老压力与服务需求，一方面需要扩大市场规模，提供更多的养老服务供给；另一方面必须提升养老服务质量，提高养老服务的有效供给。为此，国务院办公厅印发了《关于全面放开养老服务市场提升养老服务质量的若干意见》（以下简称为《意见》），鼓励境外资金进入国内投资非营利性养老机构，并给予其同等优惠政策；民间资本办的非营利性养老机构与公立性养老机构享有同等的土地使用权；提倡与鼓励社会力量以多种方式参与公办养老机构改革。按照《意见》，到2020年，我国养老服务市场将全面放开，其目标是破除养老服务机构发展瓶颈，创新多种养老模式，提高有效供给能力，增强老年群体的获得感。

第一，“互联网+”居家养老服务模式。在“互联网+”强力助推下，各行业不断融合升级，现代服务业新业态模式异军突起，传统服务业也出现了较大转型升级，“互联网+”与养老服务业融合发展，形成了养老产业发展的新态势。

①居家养老模式+护理专业大学生服务。居家养老是我国三大养老模式之一，以家庭为核心，依托社区获得专业化养老服务，方便、快捷、专业是其主要特征，深受老年群体的喜爱。这种模式依托政府支持，具有公共服务性

质，在服务供给方面存在服务产品更新慢、难以迅速适应养老需求的增长等特点。如现在养老服务需求最大的是医疗护理服务，在调研中家政服务需求体现得并不是太明显，反而陪伴需求则很旺盛，在服务需求首选中，有85.71%的老人选择聊天这项服务，仅仅低于医疗护理选项，尤其是孤寡老人、空巢老人对于精神照料与陪伴的需求则更大①。面对市场需求的发展，很明显需要从供给侧方面对居家养老服务业做出相应调整。在“互联网+”时代，运用互联网平台，发挥护理专业大学生的专业特长，探索老年人与年轻护理专业大学生对接服务，建立O2O模式。这种新老组合模式能够满足居家老人的切实需求，是现代服务业在养老领域的新探索。②“互联网+”居家养老服务模式的新特色。这种模式主要是通过构建一个服务交易平台，实现O2O模式，将线上与线下相结合，可以与各个社区相联系，进行推广。一是采取类似于滴滴运营模式，通过线上平台，老人或其子女发布服务项目，由大学生根据自己的情况选择服务对象。二是以在校的护理专业大学生为服务的供给方，一方面护理专业学生具有提供服务的能力，又增加了他们专业实习的机会；另一方面在校学生基本上与老人处于祖孙年龄关系，更容易建立起亲密关系，使老人更容易感受到关爱。三是这种模式容易推广。目前服务供给方是在校护理专业大学生，服务需求方是社区养老模式下的老人群体，供给服务项目以护理为主，后期可以推广到在校所有大学生和所有居家老人以及各类老年大学，服务项目也将扩大。比如：电脑清理、电脑维护、绘画教学、乐器培训、插花、手工制作教学等。服务内容不限于护理和对老人生活的照料，重点在于给老人提供精神上的帮助，帮助他们发现自己的兴趣和爱好，减少老年痴呆的发生和认知障碍的出现，也能为其子女减轻养老压力。四是设置突发事件紧急呼救按钮。对于居家养老的老人，尤其是独居老人，一旦在服务期间发生紧急事件，通过这个按钮可以即刻联系到子女和就近医院，平台会持续进行跟踪处理。

---

① 王霞，冯泽永，李秀明，等．医疗服务融入居家养老服务模式中的探讨［J］．医学与哲学（人文社会医学版），2015（2）：56－58，61.

第二，大力发展智慧养老。伴随着养老市场的全面放开，我国养老产业即将绽放出巨大空间，有较好的商业前景。据中国社科院老年研究所测算，目前中国养老市场的商机约4万亿元，到2030年有望增至13万亿元①。智慧养老产业发展前景广阔，既凸显出民生事业的特征，也彰显出朝阳产业的巨大吸引力，在我国形成了多种模式经验。

①杭州模式。其主要特点为招标重心放在服务比拼上。建立全市服务商资格库，统一公开招标，为防止出现低价投标恶性竞争现象，招标方式采取定价招标，在固定价格上，以比拼服务质量作为标准，公开竞标。服务项目设为三类共计13项服务内容，其中一类是重点，以“助急”为核心，除了具有紧急呼叫和亲情通话的功能外，最重要的是强化了应急救助服务。二类是“七助”服务，包含“助急”“助聊”“助医”“助洁”“助行”“助餐”“助浴”等服务内容，面向所有老人，老人自己付费，提供优惠价格。三类是具有区域特色的服务。服务商通过整合区域内所有的养老服务资源，向全区60周岁及以上老年人，推介所在区域政府购买服务及公益服务内容，区域内老人可享受无偿或低偿养老服务。为了适应社会现代化信息发展，服务终端由原来单一的手机端，发展到五大类，即无线呼叫器、可穿戴类设备、传统红绿按钮的老人手机、与固定电话连接的居家式终端以及其他通过专家评审的科技产品。②广东模式。广东智慧养老的特点是建设一体化的现代养老服务业。发挥经济特区的优势，融合金融、科技、产业、人文等要素，大力发展集养老、保险、医疗、科技、文化、地产、金融、休闲、购物于一体的现代化养老服务业，打造养老企业总部经济中心、养老服务教育培训科研中心、养老金融创新中心及养老用品会展营销和国际分销中心。③巴中模式。巴中智慧养老的突出特色是发展森林康养产业，将地域多森林的特点与智慧养老相结合，打造生态康养产业链。全市有4个国家森林公园、1个国家地质公园、12个AAAA级景区和17个国有林场，依托森林优势，与海南多地市合

① 宋应诺．基于医疗信息技术构建区域协同医养一体化居家养老服务平台的探索［D］．广州：南方医科大学，2015.

作，开发“三亚过冬、夏居巴中”的跨地市生态康养产业链，目前已经打造形成光雾山—米仓山、诺水河—空山森林公园、镇龙山、天马山、佛头山森林公园森林康养基地。规划力争到2030年建成一批标准化的精品老年度假基地，把巴中打造成中国最佳森林康养目的地[①]。④云南模式。云南采用科技化、云计算、智能化的手段，构建“线上+线下”的智慧社区居家养老服务平台。这个平台涵盖了健康管理、医疗康复、紧急救援、生活服务、机构管理等五大方面内容，还包括人体感应报警器和智能床垫等硬件支持，建有健康数据档案和健康分析报告。平台可通过手机App，对老人身体状况实时监测，紧急情况及时报警。子女可通过手机随时随地了解到老人的情况，及时关注老人身体状况。⑤厦门模式。厦门依托“智慧养老平安铃”实现对老人的紧急救援服务、便民服务、精神关怀等多项养老服务，这一终端设备的最大特色是具备SOS紧急求救、定位等功能。在设备里可以设置4个亲情号实现一键拨打，当老人遇到紧急情况时，一键拨通12349市民养老公益平台，平台通过定位功能迅速获取老人信息，实现紧急救助。⑥上海模式。上海智慧养老融合海派文化，提供管家式精细服务。以有尊严、快乐的养老生活为养老服务理念，为老人提供管家服务、文化养老、医养服务、健康管理、智能信息、智慧讲堂、开心农场、志愿者服务等服务项目，满足老人多样化养老需求。上海智慧养老服务精细，如为了方便老人辨识家门，在房间门口设置记忆板，放置一些家庭熟悉的物品；大门配备电子智能锁；装有弹性地板，有效防滑防摔；房间内配置不活动检测器，以便应对紧急突发情况；智能电视机可以实现远程亲情互动和一键呼叫管家服务等。⑦北京模式。北京智慧养老形成了五级战略服务体系。第一级，BKCN腕带智能终端，操作方便简单，智能全天候服务，救援机制配有生命体征监测器。第二级，App云平台智护服务，提供云端健康管理、信息咨询、数据分析、疾病分析等照护服务，根据老人个体身体状况推荐个性化的生活服务和医疗服务等。第三级，社区养

① 王黎，雷洋，孙兆元，等．养老机构失能老人护理服务内容及实施者资质的研究［J］．中华护理杂志，2017（11）：1285－1289.

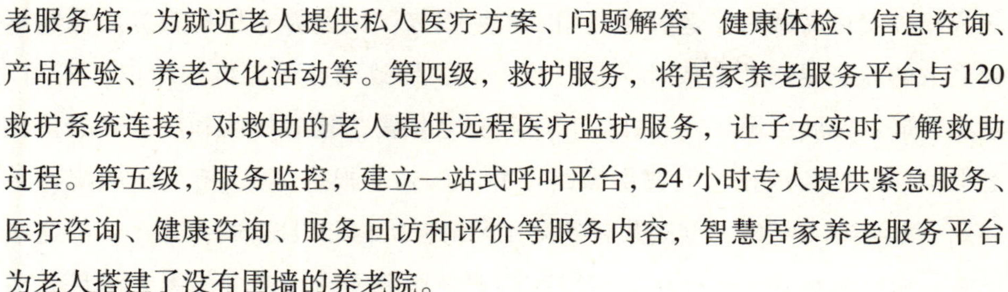

老服务馆，为就近老人提供私人医疗方案、问题解答、健康体检、信息咨询、产品体验、养老文化活动等。第四级，救护服务，将居家养老服务平台与120救护系统连接，对救助的老人提供远程医疗监护服务，让子女实时了解救助过程。第五级，服务监控，建立一站式呼叫平台，24小时专人提供紧急服务、医疗咨询、健康咨询、服务回访和评价等服务内容，智慧居家养老服务平台为老人搭建了没有围墙的养老院。

三、中国养老服务业发展存在的问题

习近平总书记在十九大报告中明确提出我国社会主要矛盾已经发生转变，当前工作还存在许多不足，民生领域还有不少短板，群众在教育、医疗、居住、养老等方面还面临不少困难和挑战。主要矛盾在养老领域的体现就是广大老年人及其家庭对养老服务的美好向往同养老服务提供的不平衡不充分的矛盾。

1. 养老服务供需结构性矛盾突出

养老服务供需结构性矛盾突出，也就是养老服务的供给方和需求方发展不相适应。从城乡看，城市的留守老人、空巢老人、高龄老人较农村少，但农村在养老服务设施建设方面却落后于城市，而且农村敬老院空置率也高于城市。从区域发展来看，中西部养老服务业的发展明显不如东部地区，随着中西部农民外出人数的增加，其老年人的数量和对养老服务的需求却高于东部地区。从服务体系来看，亟须为失能失智老人提供充足的养老服务，但机构向失能失智老人提供医护和康复服务的功能较弱，存在护理型床位“一床难求”而普通床位“空置率高”的矛盾。从政府投入和老年人养老的满足感比较来看，我国每年都在增大对养老服务业的资金投入，但仍然不能保障有养老困难的老人、失能失智老人及家庭的养老问题。

养老服务供需结构失衡、供需矛盾突出主要表现在几个方面。一是公办养老机构床位“紧俏”与民办养老机构床位“滞销”的结构性矛盾突出。其主要原因在于，公办养老机构在地理位置、服务及收费标准上较民办养老机构都具有更大的优势，也更能得到老人及其家人的信任，所以造成公办养老机构床位紧张难求；而民办养老机构以营利为目的，自然收费也较高，多数老人难以支付高额的养老服务费用。长期以来，民办养老机构服务质量达不到老人的养老要求，造成社会信任度不高，导致民办养老机构床位"滞销"现象普遍，发展缓慢。二是社区和居家养老供需失衡。社区和居家养老是养老保障的基础和依托，但其供需路径并不顺畅。根据2016年《中国统计年鉴》，截至2016年底，全国共有各类社区服务机构和设施38.6万个，但这些设施并未能满足老人多样化、多层次的养老服务需求，老人的养老满足感不高，预期作用发挥得不充分①。尽管在"十二五"期间，在社区和居家养老方面政府投入了大量的人、财、物，但养老服务保障效果并不明显，存在着有供给无需求和有需求无供给的矛盾现象。三是普通养老床位与护理型养老床位结构失衡。民政部统计数据显示，截至2017年9月，我国注册登记的养老机构已达14.46万余家，提供养老床位近700万张，其中，主要以普通养老床位为主，养老护理型床位占比提升到了46.4%，与2015年占比不到30%相比，有了很大的提升，但随着高龄、失能失智老人数量的迅速增加，养老服务供给仍然难以解决需求问题，护理型床位缺乏，难以满足刚性养老服务需求②。2017年3月印发的《"十三五"健康老龄化规划》显示，我国失能半失能及残疾老年人越来越多。2015年持残疾证的老人达到1135.8万，且60岁以上的老龄人口中有70%以上患有慢性疾病，老龄人口中阿尔茨海默病（老年痴呆）患者有1000万以上。尽管我国养老服务机构数量在不断增加，养老服务能力和水平逐年提升，但许多养老机构不愿接收有认知障碍急需专业照护的老年群体，能够接收这些老人的养老机构又因为专业化照护床位少之又少，难以满足需求，养老服务供给功能性失衡问题突出。

2. 民间资本和社会力量发展潜力难以释放

近年来，为了大力吸引民间资本和社会力量转向投入养老服务产业，我国从中央到地方，出台了各类优惠鼓励政策，逐步形成了以政府财政投资为

---

① 祝建军，黄柯．养老服务设施建设融资困境及对策［J］．社会福利（理论版），2016（5）：29－33.

② 祝建军，黄柯．养老服务设施建设融资困境及对策［J］．社会福利（理论版），2016（5）：29－33.

主、社会资本为辅的产业发展格局，社会资本开始逐渐进入社会养老服务领域，养老服务供给量也得到了较大的增长，但民营养老机构的运营状况并不理想，相较于公立养老服务机构来说，民营养老服务机构存在“吃不饱”现象，出现较高的床位空置率，民间资本和社会力量仍未能走出困境、发展成为养老的主体力量。民间资本和社会力量因为在建设、融资、执业等方面受到政府严格控制而难以获得建设许可，再加上因为土地供应、资金补助、税费减免、水电气热费用等方面的优惠政策难以落实到位，大大增加了民营养老机构的成本，造成民营养老机构发展受到影响。养老服务本来就具有投资大、回报周期长等特点，民营养老机构的运营主要是靠收取入住养老费来维持，面对高成本，必然会出现养老机构盈利难的问题。另外，养老机构服务对象是老人，具有高风险性，如果保险机制不健全或是管理水平不高，老人意外伤害和意外死亡事件发生时，比较容易引起纠纷，会影响到机构的正常运营和发展，高运营风险的存在，甚至导致进入养老服务领域的民间资本和社会力量退出了这个市场。综合上述影响因素，民营资本和社会力量望而却步，进入养老服务领域的信心不足，发展潜力难以释放。

3. 养老服务业人才短缺

我国为应对老龄化的迅速发展，尽管出台了多方面、多举措的政策和文件，一定程度上缓解了养老服务的供给不足，养老服务需求得到了部分满足，但与之相匹配的社会养老护理服务体系并未建立，尤其是养老服务人才普遍短缺，已经成为养老服务业发展的瓶颈问题。

第一，护理保健服务人才紧缺。护理保健服务是养老机构的“核心产品”，但我国护理保健服务领域存在一定问题，如护理人员数量不足且分布不均，收费标准过高但服务质量低下，严重制约了养老服务业的良性发展。一方面，护理人才缺口大。目前，我国大概有4000多万失能半失能老人，完全失能的老人有600多万，如果按照护理人员与完全失能老人1∶3的比例来算，大约需要专业养护人员200多万人，这还不包括半失能老人的护理服务，而当前全国仅有几十万的养老护理人员，具有专业资格证的人才更少；几十万的护理人员还存在结构不合理问题，医生、护士、营养师、康复师、心理咨询师、社会工作师等专业人才匮乏①。另一方面，从业人才流失严重。目前，养老人才流失普遍的原因主要为“两低两大”，即工资待遇低、社会地位低、劳动强度大、工作风险大，很多护理人员只是把养老服务当成是临时性的工作，一旦遇到合适的工作就跳槽，一般养老机构护理人员年流失率达到30%以上。从养老服务人员待遇保障看，与同样从事照护工作的月嫂（薪资往往过万元）比，养老护理人员工资待遇差距较大。

第二，养老服务人员专业培训体系尚不健全。2017 年初，中国健康养老产业联盟、产业研究中心等机构联合发布的《中国健康养老产业发展报告(2016)》显示，我国现有养老机构护理人员不足 30 万，其中有专业资格证的仅有 4 万多人，这一数字与民政部《全国民政人才中长期发展规划（2010—2020 年)》提出“到 2020 年要实现养老机构护理人员达 600 万人”的目标差距较大。当前针对养老护理人才的专业培训成果也不容乐观，全国共计有 88 所专业院校开设了养老服务相关专业，其中高职有 63 所、中职 25 所，但所有院校每年招生人数仅仅有 3000 多人。开设老年护理专业的学校数量很少，即使开设了，但专业基础设备较差，专业教师队伍也跟不上②。养老专业人才是养老服务业发展的基础，也是未来养老服务业可持续发展的保障。专业培训体系的不完善以及职业薪酬、职业环境和职业规划的不健全影响了养老护理人才的培养，也会制约养老服务业的良性发展。

第三，部分小微养老机构生存困难。随着国家越来越重视养老机构的消防安全，并执行消防责任终身追究制，民政部门对养老机构监管的风险剧增，各地相关部门也因此对养老机构采取严管的手段。在这样的大背景下，部分养老机构出现了生存困难。从国家养老院服务质量专项行动大普查数据分析，当前有相当数量的养老机构在房屋规划证明以及产权证明等方面存在手续不全问题，还有房屋消防设计和设施存在问题，这些导致部分养老机构难以取得消防合格证和继续经营证。尤其是一些农村和城市偏

① 冯志华．供给侧视角下养老服务人才培养浅析［J］．黑河学院学报，2018（5）：51－53.

② 高丹．政府规制视角下我国养老服务业发展探析［J］．改革与战略，2017（12）：178－181.

僻区域利用闲置房屋改造的家庭式和小微社区嵌入式养老机构，它们在地方上广受欢迎，但是因为消防安全问题难以获得经营许可证。现在农村的敬老院绝大多数难以取得消防合格证，还有一些民办的中小型养老机构因为没有房产证而取不到消防合格证，这些都影响到养老机构许可证的发放，也限制了它们享受国家和地方关于养老机构的优惠政策。综合影响因素，当前部分养老机构发展艰难。

第四，养老政策制度不完善。一是养老制度的顶层设计滞后。近年来，为应对老龄化社会的加剧发展，我国政府在战略规划、税收政策以及土地使用等方面不断出台了一系列的相关政策和制度，都从国家层面对养老服务业的发展给予指导意见，如 2013 年印发的《国务院关于加快发展养老服务业的意见》，以及 2017 年 2 月发布的《“十三五”国家老龄事业发展和养老体系建设规划》等，各级地方政府也根据地方发展情况相继出台了关于推动养老服务发展的管理办法和地方性法规。这些从上到下的政策出台，确实解决了一些养老难题，老人的养老问题得到了部分缓解，也促进了养老服务业的健康有序发展。但是这些政策存在着滞后性，仍是“头痛医头，脚痛医脚”，缺乏预判性和超前规划性。调研显示，公立性养老机构由于享受较多的优惠政策，在市场竞争中处于优势，“一床难求”的现象仍然存在。而民营养老机构的收费高于当地的平均退休收入，甚至有的区域平均退休收入仅够支付养老机构一半的费用，养老群体支付能力弱，导致民营养老机构入住率低的现象也一直存在。为了提高自己的竞争力，民营养老机构想各种办法套取政策红利，不顾服务质量的下降一味压低入住价格，这些恶性竞争，不仅会扰乱养老服务市场的秩序，也会造成公益性资源的流失，对于民营养老机构的长远健康发展来说更是不利。政府需要加快对现有问题的研究，在政策制定上早预见、早起步、早规划，推动养老服务业的持续良性发展。二是行业标准缺失。从养老服务业的行业标准看，国家层面目前只有《老年人社会福利机构基本规范》，难以对养老服务内容、收费标准、经营管理、卫生条件等方面进行统一的行为规范。另外，对老人入院健康评估、分级护理服务等关键性指标没有详细的规范标准。国外养老服务做得好的都很重视这些方面的规范，通过对老人日常生活自理能力、健康状况以及精神行为能力进行全面评估，从而制定出针对老人需求的服务内容。尤其是对失能半失能或是有认知障碍的老人，更加需要有针对性的照护。因此，精细化的行业标准对养老服务业的发展影响很大。三是市场运营保障机制不健全。从经济学角度看，养老服务业具有高投资、周转慢的特点，其资金来源有限，主要依靠自有资金，银行贷款有限，缺乏行业应具有的长期稳定的投融资机制。因此，我国的养老服务业虽说是朝阳产业，前景广阔，但仍处于高度分散化的初级阶段，亟须政府在政策上的进一步扶持，建立较为成熟的市场运营保障机制，形成一种成熟的养老服务商业模式。

第五，服务模式创新不足。尽管我国一直从服务供给端推动养老服务业的转型升级，也取得了较好地满足养老服务需求的效果，但目前提供的专业性养老服务较少，有相当多数量的养老机构服务功能单一，有较多的老年人精神方面的需求得不到满足，心理健康和临终关怀服务更是缺乏，专业性也不强。这些养老服务仍然需要依靠家庭来解决，养老服务模式创新不足，个性化、针对性强的高质量养老服务十分稀少，因此机构养老对老年人没有足够的吸引力，养老服务业的发展受到限制，创新养老服务模式、发展医养结合模式成为未来养老发展的新趋势。目前创新医养结合养老服务模式，需要解决医养结合发展呈现出的“两个不充分”和“两个不平衡”问题。一是医疗资源不充分。我国人口基数大，区域发展不平衡，这是我国现阶段的国情，医疗资源区域性紧张，特别是优质医疗资源集中化程度高。大部分的医疗机构不具备为老人提供长期护理服务的条件，一些慢性病和恢复期的老人为了获得较好的护理服务和享受医保报销，经常占有床位，长期住院，出现赖床现象。尽管政府为增加医疗机构床位和医疗设备配备，一直持续加大财政投入资金促其发展，但相对于数量庞大的养老服务需求而言，现有医疗资源还是不足的。二是医养结合的养老服务人才不足。随着老年人口的急剧增加，养老服务的需求也呈现出了多样化、多层次的特征，养老服务专业人才出现了较大缺口。据预测，到 2050 年，需要的机构管理人才和从事医疗、康复、心理等方面的技能型人才将会达到 1554 万人，人才的供给不足已成为制约养老服务业发展的瓶颈[①]。三是用于医养结合的医疗资源不平衡。截至2017年6月底，全国医疗卫生机构数达98.9万个，2017年1—6月，全国医疗卫生机构总诊疗人次达39.2亿，同比提高1.9%[②]。从总数来看，我国医疗卫生机构数量较大，但同样接诊的数量更加庞大，而且这个数量还在逐年增加，因此有限的医疗机构应对庞大的患者已经很有压力，更加难以分出资源开展养老服务。从养老机构来看，想申办具有医疗资质的养老机构就很难，从设施、设备、人力、财力等方面都具有较高的门槛，一般的机构难以达到卫生部门设置的医疗机构标准；而且即使通过了，也难以取得医保定点资格。因此，许多民营养老院出现空置率高的现象，据统计，民营养老院达到48%的空置率，优质的医养结合养老院是“一床难求”[③]。四是政府部门之间的协调作用不平衡。医养结合是养老服务领域的创新之举，也是满足老人多层次养老需求的有效途径，更是政府实现“健康养老”的重要举措。医养结合的顺利开展和实施涉及传统的养老服务、医疗卫生和社会保障等多项业务，这些业务牵涉到民政、人力资源和社会保障、卫生计生等多部门，在办理的过程中多部门交叉，管理主体角色和地位界限不清楚，容易出现推诿和扯皮现象。养老服务领域行业差异、职称评定、人员培训等在现行的政务体制下难以协调，人力、物力和扶持政策难以形成合力，协同合作难以发挥作用，不利于医养结合的顺利推进。

第三节 人口老龄化与社会化养老

为解决人口老龄化发展难题，建立适合我国发展特色的多层次社会化养老服务体系成为当前亟待解决的重大民生问题。党的十九大报告中明确提出加快形成“政社互动、共治共享”的国家治理理念。从社会治理角度分析，社会化养老问题单纯依靠国家力量难以解决，同样单纯依靠市场或社会组织

① 高丹．政府规制视角下我国养老服务业发展探析［J］．改革与战略，2017（12）：178－181.
② 梅琴．养老服务业就业效应的市场测度［J］．经济论坛，2017（12）：84－86.
③ 梅琴．养老服务业就业效应的市场测度［J］．经济论坛，2017（12）：84－86.

也难以解决。政社互动、共治共享是实现社会化养老的有效途径。推进政府、社会、家庭、个人等以协同治理的方式全方位介入社会化养老服务体系建设，深入探索社会化养老服务进程中的政府与社会组织的合作关系，是实现中国养老服务良性有序发展的重要命题。

一、社会化养老的含义

随着我国社会老龄化的发展，社会化养老日益成为政府和社会的共识，尽管“社会化养老概念是一个新的事物”，且学界对其概念界定和内涵都未达成共识，但实践已经超前发展，出现了如家庭养老、机构养老、居家养老、自我养老等养老模式。因此，厘清社会化养老的具体含义已成为推动养老社会化实践的当务之急。

传统社会化养老概念的认识误区。传统社会化养老概念认识存在碎片化、分离化误区。一是将社会养老与家庭养老分离，认为社会养老就是离开家庭养老功能的一切养老方式，家庭养老与社会养老对立存在。二是将机构养老与社会养老概念等同，认为社会养老就是机构养老，机构养老就是社会养老，两个概念可以相互代替，互相使用①。三是将社会化养老简单以广义和狭义进行区分，界限模糊，概念不清，随着社会的不断发展，社会化养老概念的广义和狭义内容会发生很大改变。

党的十八大以来，我国社会化养老取得了较大发展，为广大老年群体提供了较为丰富的养老服务，老年生活幸福感逐渐提升。进入新时代，我国社会主要矛盾发生了转化，满足人民群众的美好生活需要成为社会发展的追求目标，社会化养老发展需要提供多样化、多层次、多水平的养老服务，以满足新时代养老服务需求。新时代社会化养老含义，应该围绕“谁来养”“来养谁”“养什么”“怎么养”四个关键核心要素，从社会化养老主体、客体、内容、途径和方法等方面进行概念解读。

---

① 刘益梅．人口老龄化背景下社会化养老服务体系的探讨［J］．广西社会科学，2011（7）：100－104.

第一，社会化养老主体多元。我国传统养老方式中，养老服务主要来自家庭和政府两个方面，家庭是养老服务的主要承担者，政府以国家福利的形式对“三无”“五保”等特殊困难群体给予养老保障，绝大多数社会老人依靠的养老主体是家庭。因此，单一养老主体的养老制度，养老服务资金来源单一，发挥功能的力度有限，创造的养老服务产品单一，满足养老需求面窄。随着人口老龄化速度加快，社会对养老服务的需求日益扩大，政府养老压力越来越大。人口流动已经成为大趋势，我国农村空巢老人数量逐年增加，家庭养老功能逐渐衰退，家庭养老服务供给难以保证，城乡家庭养老均出现供给不足。新形势下，大力发展社会化养老，就是要引导和支持多元主体参与养老服务市场，建设现代化养老服务体系。一是建设多元化的社会养老筹资渠道。从2000年进入老龄化社会以来，国家陆续出台了诸多促进养老服务业发展的政策和文件。党的十八大之后，关于推进社会化养老发展的政策密集出台，通过不断完善扶持政策，吸引更多的民间资本，培育和扶持更多的养老服务机构和企业发展，我国的养老服务市场得到较大拓宽，养老筹资渠道由单一逐渐转向多元，国家、集体、社会、个人等投资主体进入养老服务领域，为社会化养老的发展建立起多元化的筹资渠道。二是建设多元化的养老服务供给主体。传统养老服务市场供给主体单一，主要是家庭和政府，满足的养老需求也较为单一。随着社会的变迁发展，当前养老对象的规模和需求都发生了较大改变，为适应社会发展亟须拓宽养老服务供给市场，充分发挥政府、养老机构、社区、非营利组织、家庭等多方力量供给不同层次、不同需求的养老服务，共同参与社会化养老服务体系建设。

第二，社会化养老服务对象广泛。社会化养老与传统养老之区别在于服务的对象不同，具有覆盖面广、服务全的特征。完全国家福利制度下的养老，服务覆盖的只是一小部分特殊困难人群，绝大多数老人是处于国家养老服务之外，依靠家庭和亲属提供养老服务。社会化养老面广，将一切有养老需求的老年人都纳入社会化养老对象。以提升养老服务质量为目标，深入挖掘老年人的养老需求，区分不同层次、不同类别的养老需求，开发适合老人需要的上下游产品，不断创新和延伸养老服务内容与养老产业链，满足全社会老人的养老服务需求。

第三，社会化养老服务灵活多样。社会化养老服务在建设之初，针对性发展是其特色，针对老人需要及其需要的不断变化，调整供给养老服务产品和内容。社会化养老除了具备家庭养老提供的基本生活照顾，还具有很多家庭养老之外的功能，将养老服务延伸到医养结合、文体娱乐一体化等方面。社会化养老发展在满足老人基本生活照顾的基础上，侧重于为老人提供精神慰藉、沟通交流和人文关怀等非物质养老服务，为老人解决医疗、护理、保健等困难，从丰富社会化养老服务的内容、有效提升老年人生活品质等方面下功夫。

第四，社会化养老实现途径不断创新。社会化养老尽管主体多元，但各主体之间的责任和分工仍是有重点、有主次之分。新时代社会化养老是政府主导下，发挥市场参与、家庭配合、社会支持的功能和作用，融合多种养老模式的新型养老制度。实现新时代社会化养老需拓展几个途径。一是建立一套有中国特色的养老服务体系。一种养老制度的形成和发展，养老服务在其中处于比较关键环节，社会化养老持续健康发展需要有配套的养老服务体系支撑。政府是养老服务的主要投资主体，也是养老保障的兜底主体，家庭具有赡养的责任和义务，社区、机构、非营利组织等是养老服务的补充力量，在养老服务体系建设中均占有比较重要的位置，发挥着不可替代的作用，因此要形成具有中国特色的多支柱、多层次、多维度的社会化养老支持体系①。二是建立现代化的养老服务体系、服务标准、运行机制和监管制度。从国际发达国家和地区养老服务体系建设经验看，社会化养老保持健康良性运行和发展，对机构的管理和运行标准要求极高，形成现代化的社会养老制度就是不断完善服务标准、运行机制和监管制度的过程，在这个过程中，不断淘汰不合要求的、落后的养老机制，建立新的服务标准、运行机制和监管制度。三是推进现代信息技术与社会化养老服务融合发展。随着老龄人口和高龄人口数量的增加，单打独斗、独家经营等服务经营模式已经难以满足日渐繁多

① 王贝芬．我国社会化养老模式研究文献综述［J］．中国内部审计，2014（1）：95－98.

的养老服务需求，借助现代化科技手段实现养老服务产业链延伸，促进医疗和养老资源融合发展，通过利用互联网、大数据等现代信息技术，整合养老资源，将智慧设备应用到智慧养老、虚拟养老等新型社会化养老模式，进而扩大养老服务范围，提升养老服务效率，提高养老服务质量和水平。四是建设一支专业化的社会化养老服务队伍。传统养老服务因为仅仅需要解决老人的基本生活照顾，其服务人员一般是年龄偏大、文化水平低的妇女，缺少医护知识和专业化服务培训，难以适应当前养老服务需求的新变化。现有养老服务队伍存在数量少、流失严重、专业培训缺乏等问题，距离实现社会化养老目标还有相当大的差距①。目前除了扩大养老服务队伍规模外，需要加大培养专业化养老服务人员力度，通过制定养老服务行业岗位专业标准和操作实施规范，实行规范化持证上岗，将养老服务人员技能纳入国家统一的职业资格和技术等级管理认证体系，打开养老服务从业人员职业发展之路，逐步提升社会化养老服务队伍的专业化技能和水平，推进现代化养老服务体系深入发展。

在传统社会化养老概念的基础上，结合时代发展的新特征，从养老的几个核心要素方面对社会化养老概念做出了新的理解和阐述，从本质上看，新时代社会化养老概念具有前面阐述的现代化特征。无论是家庭养老、社会养老，还是社区居家养老、智慧养老、医疗养老、旅游养老、度假养老、虚拟养老以及新发展的其他养老方式，只要社会主体在各种养老模式中承担一部分责任，我们就可以判断是社会化养老的一种模式，是养老社会化的某种变式，具有社会化养老的内涵。

二、中国社会化养老的发展与趋势

改革开放之后，随着工业化、城镇化进程的不断推进，人口出现大规模流动，城乡家庭结构呈现小型化、核心化等特征；同时伴随着人口老龄化速度加快，以及市场化改革之下单位制度的消解，我国老年人口的晚年

---

① 王莉莉，杨晓奇．我国老龄服务业发展现状、问题及趋势分析［J］．老龄科学研究，2015（7）：6－17.

生活逐渐退出单位福利和私人领域的范畴，转向一种需要由政府主导、社会部门共同支持的公共服务制度安排，社会化成为我国养老服务发展的一个核心概念和突出转向。在社会化这个核心概念的主导下，我国养老服务与社会的互动不断增加，在强化国家责任与推进社会化进程之间实现了有效平衡。

1. 中国社会化养老的必然选择

我国人口老龄化发展形势严峻，传统养老方式受到了极大挑战，家庭在养老服务体系中作用逐渐变弱，社会化养老服务发展呼声日益高涨，老人社区居家养老成为当前社会发展的主要养老方式。

第一，社会化养老是人口老龄化趋势的必然选择。我国早已经进入人口老龄化的快速发展阶段。1956 年联合国在《人口老龄化及其社会经济后果》中明确划分了老龄化社会标准，即当一个国家或地区 60 岁以上人口占总人口数的 10%，或 65 岁以上人口占总人口数的 7% 时，那么我们说这个国家或地区即已步入老龄化社会。依据这一标准及第五次全国人口普查数据，我国于 2000 年已进入人口老龄化社会，其中 60 岁及以上人口占全国总人口数的 10.45%，65 岁及以上人口占全国总人口数的 7.0%；第六次全国人口普查时，我国 60 岁及以上人口占全国总人口数的比重已经达到 13.26%，65 岁及以上人口占全国总人口数的比重达到 8.9%；10 年间 60 岁以上的人口增长 2.81 个百分点，65 岁及以上人口也上升了将近 2 个百分点。2016 年，我国 65 岁及以上人口达到 1.5 亿人，占比高达 10.8%。2012 年底 60 岁及以上老年人口达 1.94 亿人，占总人口数的 14.3%；到 2016 年底，人数已达 2.3 亿，占总人口数的 16.7%，并逐年上升。预计到 2050 年，60 岁以上人口将达到 4.87 亿，三个中国人里就有一个老人。而我国农村人口老龄化趋势更为严峻，2017 年国家统计局统计数据显示，2016 年，我国农村 60 岁以上老年人口为 1.67 亿人，占我国老年人口总量的 65.82%，农村老龄化水平高于城市 1.24 个百分点，农村老年人口比重已超过 18.3%。目前，在我国人口老龄化加快的同时，高龄、慢性病、失能老人数量也在逐年增加，空巢化和无子女老年人口继续增长，这些特殊群体老人的生活照料、医疗卫生、康复护理等方面的需求不断增大。根据全国老龄办2016年公布的抽样数据推算，我国失能半失能老人已达4063万人，其中重度失能失智老人约1000万人。如此庞大的老年人口和特殊老年群体的存在，仅仅靠家庭传统的养老主体来承担，肯定是不现实的。依据国外养老发展经验，解决养老难题的途径就是推进社会化养老发展，借助全社会力量，形成政府、家庭、社区、机构等多元养老主体格局，为老人提供多层次的养老服务，满足老人多样化的养老需求。

第二，社会化养老是家庭养老功能弱化的必然选择。随着工业化和城市化的发展，原有建立在血缘基础之上的传统养老方式已经不能适应社会发展，现代核心家庭结构以及代际分居的居住方式，降低了子女照料老人的条件，家庭养老功能弱化导致赡养老人的义务难以实现，尤其是大量高龄和失能老人亟须多样化的养老服务，满足老人养老需求成为家庭、社会、政府的难题。解决养老照护问题，既要符合我们的养老传统，还要通过挖掘社会资源开拓多元化的养老服务产品，推动社会化养老服务方式的发展。面对日益衰退的家庭养老功能的弱化，需要将社区、政府、市场的力量综合动员起来，提供有效的养老服务，弥补家庭在养老服务中的缺位。因此，社会化养老顺应了家庭结构转型和家庭养老功能弱化的必然要求。

第三，社会化养老是家庭、社区与院舍一体化发展的必然选择。改革开放以来，社会经济发展了，人民的生活水平提高了，同时也带来了人口的流动、家庭的小型化、独居老人的增多、工作节奏的加快。这些变化使得家庭养老变得越来越困难，社会化养老成为大势所趋。社会化养老对象是全体老年人，老年人的养老需求与愿望也是发展社会化养老所要关注的目标所在。熟悉的生活环境是老人保持健康的前提条件，能在家门口获得养老服务是老人、家人最大的心愿。基于此，社会化养老的场域主要定格在以家庭为中心的社区，政府为社区里老人提供一系列养老服务和养老支持，如家务助理服务、老人日间护理、康复护理服务以及惠及所有老人的长者安居服务。这些服务相互承接，持续不断地为老人提供一条龙照顾。为实现这一愿望，社会化养老需要政府承担保基本、兜底的养老责任，引导资本市场在社区内配置养老资源，刺激养老服务消费，鼓励社会力量参与养老服务建设中，挖掘市场、邻里和义工力量来弥补政府福利支持的不足。

2. 中国社会化养老的发展趋势

自1999年起，我国开始进入老龄化社会，2015年以后，我国人口老龄化形势愈加严峻，据《中国老龄产业报告（2016）》预测，到2030年我国60岁以上老年人口将占全国人口总数的30%。老龄化的迅速发展，给我国养老保险制度和养老服务体系带来了巨大挑战，面对“未富先老”“未备先老”“孤独终老”三大压力，我国社会化养老逐渐显露出一定发展趋势。

第一，社区居家养老和机构养老发展成为主要的养老方式。20世纪以后，以政府文本形式出现的养老方式有居家养老、社区养老、机构养老，这三种形式之间的关系及其定位官方表述为：“建立家庭养老为基础、社区服务为依托、社会养老为补充的养老机制”；“建立居家养老为基础、社区服务为依托、机构养老为补充的服务体系”；“建立以居家为基础、社区为依托、机构为支撑的养老服务体系”；“建设以居家为基础、社区为依托、机构为补充的多层次养老服务体系”。“建立家庭养老为基础、社区服务为依托、社会养老为补充的养老机制”，这个时期，家庭仍然是我国养老的主要承担者，社区服务为依托，社会养老为补充，这里指的是机构养老是补充，三者之间基本处于特立独行阶段，功能界限分明。建立“居家养老为基础、社区服务为依托、机构养老为补充的服务体系”，这个时期，我国已经开始全面发展社会化养老，家庭在养老中的作用降低，通过社区购买服务的居家养老成为新型养老方式，这里三者的关系还是比较独立的，尤其是机构养老独立于社区之外，承担着自己的养老职责。“建立以居家为基础、社区为依托、机构为支撑的养老服务体系”，这里将“机构养老为补充”表述为“机构为支撑”，机构支撑的对象是居家养老和社区养老，国家从养老事业全局的高度将养老机构看作为社会化养老服务的主要供给者，是社会化养老的中流砥柱。在社区养老的实践中，政府购买服务时难以找到合适的组织者，就是有，也因为规模小而难以达到服务要求，而众多的养老机构可以提供需要的专业化、规范化、标准化的服务，因此对养老机构在社会化养老进程中的作用有了新的认识，在国家政策层面发生了改变①。2015 年 11 月 3 日公布的《中共中央关于制定国民经济和社会发展第十三个五年规划的建议》明确“建设以居家为基础、社区为依托、机构为补充的多层次养老服务体系”，从“机构为支撑”变回“机构为补充”，一词之变折射出“十三五”乃至更长的未来时期我国养老政策的新思路。这是根据中国国情、文化传统及现实需要做出的新调整，从国家对养老服务财政投入、资源利用的角度来说也是最优选择。机构养老是老年人最后一道选择，在整个养老体系中起到托底的作用，其服务对象主要是高龄、失能、三无特殊群体老人，因此只能作为一种养老补充。家庭和社区仍然是绝大多数老人首选的养老方式，因此家庭和社区融合发展形成的居家养老模式会是适合我国文化传统和现实国情的最佳养老方式。

第二，强化国家责任与推进社会化养老进程之间的有效平衡。新中国成立后，家庭仍是养老的主要承担者和供给主体，国家推行的养老政策具有社会福利性和社会救助性，保障对象有局限性，范围较窄，大多数老人不在保障对象内。随着市场经济的发展，面临养老问题的群体越来越多，家庭养老功能也在逐渐弱化，社会养老问题凸显出来。于是，政府开始调整国家养老政策，推进福利机构的社会化，将解决养老问题的方向由家庭转为社会。但由于养老市场并未能充分建立，政府职能弱化的同时，养老的有效供给明显不足，难以应对逐年增加的养老服务需求。2000 年进入老龄化社会以来，我国政府开始吸收福利国家的经验，在推进社会化养老的同时，尽可能地发挥政府职能为老人提供养老基本保障。一是从政策和管理上强化国家责任和推进养老社会化进程并行。出台一系列政策和措施调动和引导社会力量参与养老事业，构建养老服务体系。将理顺和规范政府与社会的关系作为管理体制的核心，强调政府在宏观决策、制订规划、政策调控、财政投入、制定标准、规范收费、行政管理、加强监管等方面的主导作用，明确政府与社会的责任与义务，充分发挥社会力量的主体作用，形成建设现代养老服务体系的强大

① 穆光宗．我国机构养老发展的困境与对策［J］．华中师范大学学报（人文社会科学版），2012，51（2）：31－38.

合力。从2000年开始，我国养老服务社会化方向日渐明晰，政府逐渐改变独当一面的服务供给格局，鼓励社会力量参与为老服务，企业、社会团体、个人等社会力量纷纷投入养老服务业，引入竞争机制，实行市场化和产业化发展，在提高服务供给质量的同时，实现参与者的价值追求和经营目标。二是加大社会养老服务体系建设经费的财政预算。我国各级政府将社会养老服务体系建设资金作为专项经费纳入财政预算，根据经济社会发展水平逐步增加。2013年养老服务体系财政性投入总计240亿元，2015年达332亿元。这些投入包括养老服务机构补贴、养老服务设施建设经费、为低收入老人购买居家养老服务经费、农村“五保”老人和城市“三无”老人集中供养经费。据报道，“十三五”时期政府将对养老服务建设总计投入2908亿元，年均581.6亿元，年均增长18.2%，政府财政支持力度明显加大[①]。

第三，养老与社会互动形成一个开放的领域。一是养老事业突破部门限制进入全社会领域。进入老龄化社会以来，随着社会化养老的推行，我国的养老事业已经逐渐突破民政事务的范畴，扩大到与很多相关部门互动合作的范围。社会化养老建设涉及许多方面，如国土资源、卫生教育、财政规划、公安消防、住房城建、文化体育等诸多部门，是一项总量大、覆盖面广、影响国家社会发展的全局性重大问题。当前关于社会化养老联合发文的文件数和部门变得越来越多，且强调政策之间的协调和衔接，逐渐形成了推进养老社会化发展的政策合力。二是养老政策注重系统性和配套性。2000年后，社会化养老政策出现了系统性越来越强的趋势，通常会围绕一个主题政策，出台一系列的《意见》和《通知》，支撑和配合主题政策的实施，形成一个文件群。通过这些连贯性和延续性的文件群将国家有关社会化养老的宏观导向、发展思路、具体规定和实际做法以制度化的形式固定下来，推动宏观政策的落实，进而增强社会化养老政策制度的针对性、协调性和系统性。三是社会化养老的重点随着养老需求和社会变化不断调整。近年来，我国老年人的经

---

① 唐健，彭钢．新时代社会化养老概念的重新解读及其关键要素［J］．中国卫生事业管理，2018（7）:546－549.

济收入、家庭结构、健康状况、文化教育等方面都有了较大改变。因此，他们在养老质量和水平上有了新的需求，出现了新的特点。科技的迅速发展，在养老领域也表现出了较大的影响，如信息网络技术、人工智能被广泛地应用到养老产业的发展升级中。这一系列的发展变化，在国家的养老政策中都能够找到落脚点。近几年医养结合、智慧养老等都反映出国家养老政策发展的重点，也是对社会养老需求和时代变迁的积极观照和快速回应。

三、国内社会化养老的相关研究

国内关于社会化养老研究的文献较多，可以从以下几个方面进行分类梳理，以期获得较完整的资料准备，为进一步研究奠定基础。

第一，关于社会化养老内涵研究。厘清社会化养老含义需要从多维度进行梳理和辨析，主要有主体多元、对象广泛、内容丰富、养老方式非家庭性几个维度。一是社会化养老主体多元。传统养老方式是家庭承担老人的生老病死，家庭是主要的养老主体，政府只是负担一些特殊群体老人的养老问题，随着社会化养老的出现，政府在养老保障中起着兜底的作用，家庭逐渐减弱其养老功能，与政府和市场形成合力，共同担负养老责任，为老人提供养老服务。王思斌（1999）从养老服务提供主体视角提出“发展社会化的养老保障，就是要使正规系统（政府和市场）与非正规系统（家庭）为老年人的晚年生活提供一种基本的安全养老保障”。主体分为正规系统和非正规系统，正规系统包括政府和市场，而家庭则成了养老的非正规系统。在政府和市场两个正规系统中，各负其责，政府逐步将养老这项公共服务转交给市场去做，利用社会力量，由社会组织和市场组织承接政府养老职能。潘鸿雁（2010）从公共服务视角出发，主张“将政府承担的养老服务职能大量地转移给社会组织和市场组织（企业），从完全由政府部门独家提供转变为政府利用社会力量共同提供”。社会化养老的出现，推翻了以往传统养老观念，强调除家庭外的社会力量的作用和功能。刘益梅（2011）认为，“社会化养老是区别于传统家庭养老的一种养老方式，它是通过社会途径、以社会制度保证的养老服务政策、服务项目及服务内容的总和”。姜向群、张钰斐（2006）认为，“社会化养老就是指区别于传统家庭养老方式的通过社会途径、以社会制度保证的养老方式”；但家庭并没有完全脱离社会化养老的视野，仍然在养老中扮演着一定的角色，发挥着其应尽的职责。肖伊雪、陈静（2011）认为，“政府、市场、非营利组织、社区、家庭均在养老服务社会化中承担着一定的发展责任”。因此，家庭也是社会化养老服务的责任组成部分，承担着其他养老模式所不能提供的血缘亲情因素。二是社会化养老对象广泛。社会化养老要回答“来养谁”的问题，养老对象面向全体老人，只要有养老需求的老人都是社会化养老涉及的领域，养老服务不仅仅局限于哪一个层次的老人或是哪一种类型的老人。刘晓梅（2012）认为，“应该促进服务客体的社会化，即面向社会全体老年人，保证养老服务的全覆盖”。针对当前养老服务供给不足，养老对象可能会有侧重点，黄佳豪（2014）认为，“养老服务重点面向生活不能自理的老年人，主要包括残障老年人、慢性病老年人、易复发病老年人、大病恢复期老年人及绝症晚期老年人等”。但随着经济不断向前迈进，改革向纵深发展，养老服务供给越来越充分，不同群体老人的多层次养老需求会得到较好的满足。三是社会化养老内容丰富。社会化养老最为关键的就是解决“养什么”的问题，我国老年群体庞大，养老对象复杂，社会化养老缺少经验，养老服务存在较多难题，因此，如何做好社会化养老，解决老年人的养老问题，需要区分对待，马三津、范耕新（2013）认为，“不同种类的老年服务机构应根据自身的服务对象及服务条件，针对不同服务需求向老年群体提供不同的服务内容，不同老年服务机构所提供的服务，其侧重点应不同”。解决最基本的养老需求是当务之急，也是考核养老机构的重点方面，崔恒展、李宗华（2012）认为，“养老内容包括经济供养、生活照料和精神慰藉三方面”。目前有一部分高收入群体进入老年时期，他们的养老支付能力强，是比较需要重视的老年群体，因为他们对养老供给内容比较挑剔，需求层次较高。孙皎、安力彬、李文涛（2013）认为，“养老服务内容已从低层次的满足日常生活照料转向高层次的提倡提供医疗保健、康复护理及精神慰藉转变”。养老内容在物质供养、生活照料和精神慰藉三个基础层次上还需要进一步丰富发展。四是社会化养老方式非家庭性。社会化养老方式主要解决的是“怎么养”问题，传统养老方式依靠的是家庭和亲属，具有血缘性特征，而社会化养老强调借助社会力量实现养老服务的供给，吴国卿（2000）认为，“社会化养老服务是运用社会各方面的力量，主要是通过社区服务实施的，是社区社会保障体系中的重要组成部分，是老年人独立生活的重要支柱”。政府是社会力量的组织者和规划者，通过各种政策的制定和实施引导社会化养老向何处发展，赵向红（2015）认为，“从合理定位政府和市场关系，完善法规、政策，培育壮大老龄服务事业与产业等方面推动养老服务社会化发展”。政府除了组织和统筹发展社会化养老事业的发展，还需要分清几者之间的关系，明确各自的职能和定位，付诚、王一（2010）主张“处理好政府与市场的关系，引导市场提供专业化、多样性的养老服务，推动社会化养老服务体系的有序发展”。社区、政府、市场都是实现社会化养老的主要途径和方法，养老服务内容和方式均通过社会机构和社会组织来提供，而不是由家庭子女或亲属供给，供给途径具有非家庭性，这也是社会化养老的特征，是判断社会化养老概念的重要属性。

第二，关于社区养老功能研究。从20世纪80年代中后期开始，我国人口老龄化现象在一些大城市逐渐凸显，如北京、上海等发达地区。为积极应对老龄化社会的到来，探索多种形式的养老方式成为形势所需，社区养老在一些大城市逐渐流行起来。一是社区养老的地位和作用。李燕容（1999年）认为，城市社区养老是一种新型养老方式，充分利用社区服务体系，集社会化帮助和家庭自助于一体，为社区家庭中的老人提供养老服务，是建立多层次、多形式养老保障体系不可分割的一部分①。王树新（1999）提出社区养老是辅助家庭养老的最佳载体，针对计划生育实施后出现大量的“四二一”家庭结构带来的养老问题，认为实现社会化养老的第一步就是以居家养老为基础，家庭养老与社区服务相结合。社区养老是将家庭养老推向社会化养老的重要载体②。二是关于社区养老服务发展研究。上海是社区养老发展较早且

① 李燕容．城市社区养老——一种新型的养老方式［J］．北京市计划劳动管理干部学院学报，1999（1）：27－30.

② 王树新，亓昕．社区养老是辅助家庭养老的最佳载体［J］．南方人口，1999（2）：29－33.

较完善的地区，鉴于其经济形式多样，针对不同性质的企事业群体建立了不同的养老服务保障。20世纪80年代的沪垦企业，介于城市和农村之间，建立了自己特殊的养老服务社区化模式，赵熙超（1996）指出在建立现代企业制度过程中，对于拥有社会化大生产形态的上海城郊农场，企业养老服务社区化，不仅要加大社会养老保险改革的力度，增强居民养老支付能力，同时也要通过多种途径增加养老服务的供给，加大自治自理的力度，成立社区服务队和社区指导中心等自助机构，形成一个条块结合、专兼职并存、社区与企业及家庭共管的功能系统①。王文俊（2017）以南宁市为例，发现社区居家养老虽取得了较大成效，但目前也存在着一些不足，如老年人低支付能力与服务的高供给成本、养老服务需求错觉和供给错位、养老服务保障和社会化运营不对称等问题②。林宝（2019）认为，社区养老服务决定了居家养老质量和机构发展水平，在养老服务体系建设中处于关键位置。目前社区养老服务发展还处于较薄弱的环节，供给严重不足，覆盖面小③。

第三，关于家庭养老功能研究。徐社文（1994）通过调查发现，在家庭结构的小型化、工作节奏的加快、赡养意识淡化、社会保障不健全的条件下，未来社会老年人养老之忧主要是得不到子女的悉心照料④。黄佳豪（2012）通过对安徽40位农村老人调查研究发现，家庭养老制度是否依旧吸纳或产生排斥性并不能一概而论，在很大程度上取决于三个因素，即子女经济资源、家庭伦理、家庭关系等诸多因素的良性互动与否⑤。李升（2018）认为，孝文化与中国家庭养老是融为一体的，在农村人口大流动背景下，农村家庭结构受到了冲击，家庭代际关系出现了断裂，依靠孝文化维系的家庭养老支持

① 赵熙超，范张娟．对沪垦企业养老服务社区化的探讨［J］．农场经济管理，1996（1）：53-54.

② 王文俊．社区居家养老服务的发展困境与政策支持——以南宁市为例［J］．山东行政学院学报，2017（12）：92-97.

③ 林宝．加快社区养老服务体系建设［J］．中国国情国力，2019（2）：11-13.

④ 徐社文．家庭养老服务：未来社会养老保障的新要求［J］．社会工作研究，1994（5）：58-59.

⑤ 黄佳豪．家庭养老制度的影响因素：安徽个案［J］．重庆社会科学，2012（10）：32-35.

陷入发展危机①。

第四，关于养老服务政策研究。新中国成立之后，根据人口老龄化的不同时期，国家的养老政策无论是从数量、内容，还是导向重点上都有较大改变，学术界从不同角度探讨了国家养老政策的演变发展。刘晓静从养老服务供给主体出发，阐述了我国养老服务供给以家庭为主阶段向社会福利社会化阶段过渡，最后发展为凸显政府责任阶段。

第五，关于养老产业发展研究。社会化养老的推进过程，离不开养老产业的大力发展，养老产业尚属新兴产业，发展时间短，前景广阔，加强对养老产业的研究具有很强的现实意义。刘晓梅（2012）、付诚等（2015）分析了我国社会养老服务业面临的形势，认为需加快养老服务业的社会化、专业化进程；刘婉娜（2012）、班晓娜等（2013）通过研究国外养老服务业的发展，提出了我国推进养老服务业发展的建议；郭林（2014）研究了民营资本参与养老服务体系建设的必要性及目前存在的问题；唐果等（2015）基于钻石模式研究了地方政府在养老服务业中的职能配置；胡祖铨（2015）测算了养老服务业政府投资规模；张晓峰（2015）定性分析了政府力推民间资本投资老龄产业的路径。这些研究聚焦政府在养老产业发展中的地位和作用，从一个侧面反映出了当前养老产业的发展对政府政策的依赖性，它从资金支持、防范企业风险、营造企业发展外部环境等方面制定政策，也凸显了政府在养老保障发展中的主体地位和不可替代性的作用。

第六，关于智慧养老研究。随着我国智慧城市的发展，科技和互联网在生活中广泛应用，要求我们的养老模式与时俱进，不断创新发展，将先进的科技运用到以居家为基础、社区为依托、机构为补充、医养相结合的基本养老服务体系建设中。学界对智慧社区概念进行了概括。郑从卓等将智慧社区看作为智慧城市的重要组成单元。张彭等从技术应用维度概括认为，智慧社区是指借助互联网、物联网等网络通信技术对住宅楼宇、家居、医疗、社区

① 李升，方卓．农村社会结构变动下的孝文化失范与家庭养老支持困境探析［J］．社会科学文摘，2018（4）：58－60.

服务等进行智能化的构建。智慧社区不仅为养老提供了便捷的服务，蒋力群等从社区治理角度认为，智慧社区建设通过对社区各类服务资源进行整合，为社区各类群体的社区服务实施管理。从国外智慧养老经验看，标准化建设在智慧养老的可持续发展中占有关键地位。张程等探索我国智慧养老标准体系，从政策顶层设计、智慧养老服务平台建设、养老服务机构管理、养老服务人才培养、智能产品、养老相关机构等方面提出了应对策略①。

第七，关于医养结合养老模式研究。在人口老龄化继续发展的形势下，老年人的养老服务需求不断增长，出现多层次、多样化的特征，需要养老服务和医疗卫生提供综合性保障。穆有帅分析了当前我国医养结合发展现状，认为制约医养结合发展的困境在于医疗卫生资源的缺乏和医养结合型的养老服务人才的不足，难以满足老年人日益增长的养老需求；有刚性养老需求，但在养老服务供给侧方面需要加大改革力度，发挥市场在资源配置中的作用，发动社会力量参与医养结合的养老事业中，实现健康老龄化②。医养结合是我国“十三五”时期推动老龄健康的工作重点，赵晓芳对我国近五年的33个医养结合政策进行文本分析，研究发现，医养结合政策工具在数量和结构上有较大差异和不均衡，影响了医养结合政策的实效③。面对医养结合发展存在的诸多问题和发展困境，张梅在对通州区医养结合养老服务业发展的困境进行分析后，从多个方面提出建立发展医养结合养老服务业的体制机制，进而促进医养结合养老服务业的规范发展④。

① 张程，李洁．国内外智慧养老现状及标准化研究［J］．中国标准化，2018（20）：199－201.

② 穆有帅．健康老龄化背景下“医养结合”发展现状与趋势［J］．社会福利（理论版），2018（3）：15－17.

③ 赵晓芳．老龄健康视角下“医养结合”政策文本分析［J］．社会福利（理论版），2018（1）：14－20.

④ 张梅．医养结合养老服务业发展路径研究——以南通市通州区为例［J］．上海农村经济，2019（4）：42－46.

第三章　安徽人口老龄化与养老服务制度探索

安徽是老龄化社会速度较快、程度较高的省份，深入分析全省老龄人口的发展现状，成为应对老龄化社会、建设社会化养老服务体系的当务之急。

第一节　安徽人口老龄化日趋严重

一、安徽总人口与人口老龄化概况

1. 安徽总人口状况

第一，第六次全国人口普查安徽人口情况。据2010年第六次全国人口普查数据，全省常住人口为5950.1万人，比第五次全国人口普查时下降了0.6%，十年间常住人口减少了35.9万人，平均年下降0.06%。全省常住人口中，0～14岁人口有1069.9万人，占总人口数的17.98%；15～64岁人口有4274.5万人，占总人口数的71.84%；65岁及以上人口有605.7万人，占总人口数的10.18%。与2000年第五次全国人口普查比较，0～14岁人口的比重下降7.54个百分点，但其他两个年龄段的人口比重均有所上升，15～64岁人口的比重上升4.81个百分点，65岁及以上人口的比重上升2.73个百分点。全省常住人口中，城镇居住人口有2559.1万人，占总人口数的43.01%；乡村居住人口有3391.0万人，占总人口数的56.99%。与2000年第五次全国人口普查相比较，城镇人口较乡村人口数有所上升，城镇人口增加 894.4 万人，乡村人口减少 930.3 万人，上升了 15.20 个百分点。

第二，全国人口抽样调查安徽人口情况。据 2015 年全国人口抽样调查数据，2015 年末，安徽省常住人口为 6143.6 万人，较上一年增加了 60.7 万人，同比增长了 1.0%；与 2010 年安徽省第六次人口普查比较，增加了 193.5 万人，年均增长率为 0.6%。全省常住人口中，在城镇居住的人口有 3102.5 万人，占人口总数比重为 50.5%；在乡村居住的人口有 3041.1 万人，占人口总数比重为 49.5%。全省常住人口中，0～14 岁人口有 1118.8 万人，占人口总数比重为 18.21%；15～64 岁人口有 4304.2 万人，占人口总数比重为 70.06%，其中 16～59 岁人口有 3892 万人，占人口总数比重为 63.35%；60 岁及以上人口有 1062.2 万人，占人口总数比重为 17.29%，其中 65 岁及以上人口有 720.6 万人，占人口总数比重为 11.73%。

第三，安徽省人口抽样调查情况。安徽省统计局组织实施的 2018 年全省人口变动情况抽样调查显示：从常住人口来看，2018 年末，安徽省常住人口有 6323.6 万人，较上年增加了 68.8 万人，增长 1.1%；与 2010 年安徽省第六次全国人口普查数据比较，增加了 373.5 万人，年均增加 46.7 万人，年平均增长率为 0.8%。从城乡人口看，全省常住人口中，居住在城镇的人口有 3458.4 万人，占人口总数比重为 54.69%；居住在乡村的人口有 2865.2 万人，占人口总数比重为 45.31%。与 2017 年比较，全省城镇人口占总人口的比重上升 1.2 个百分点。从性别看，全省常住人口中，男性为 3187.1 万人，占人口总数比重为 50.4%；女性为 3136.5 万人，占人口总数比重为 49.6%。男女性别比（以女性为 100，男性对女性的比例）为 101.62。从年龄构成来看，全省常住人口中，0～14 岁人口为 1192.0 万人，占人口总数比重为 18.85%；15～64 岁人口为 4311.4 万人，占人口总数比重为 68.18%，其中 15～59 岁人口为 3971.9 万人，占人口总数比重为 62.81%。全省 60 岁及以上人口为 1159.7 万人，占人口总数的比重为 18.34%，其中 65 岁及以上人口为 820.2 万人，占人口总数比重为 12.97%。与 2017 年相比，全省 65 岁及以上人口比重上升了 0.59 个百分点。从各种受教育程度人口来看，全省 15 岁及以上常

住人口中，大学（指大专以上）文化程度人口占15.7%，高中文化程度人口占16.5%，初中、小学文化程度人口占61.4%，人均受教育年限为9.3年，比2017年增加0.03年。

2. 安徽人口老龄化状况

第一，全省老年人口数量在逐年上升。全省65岁及以上老年人口占总人口比重在逐步上升。2010年第五次人口普查显示，全省65岁及以上老年人口占总人口比重为10.18%；2015年全国人口抽样调查显示，全省65岁及以上老年人口占总人口比重为11.73%；2018年全省人口抽样调查显示，全省65岁及以上老年人口占总人口比重为12.97%。从四次人口普查情况看，自2000年来，全省65岁以上老人数量在大幅度上升，增加了160多万人，见表3-1。

表3-1　4次全省人口普查基本情况　　（单位：万人）

年　份	1982	1990	2000	2010
男60岁、女55岁以上人口	425.7	577.1	761.6	1072.7
65岁以上	202.8	303.7	448.0	608.5
总人口	4966.6	5618.1	5900.0	5950.0

另外，安徽省60岁以上老人占总人口比例也高于全国平均比例。据2018年《安徽统计年鉴》统计，截至2018年底，全国60岁及以上人口有24949万人，占人口总数的比重为17.9%；安徽省60岁及以上人口有1159.7万人，占安徽省人口总数的比重为18.34%。目前，全省老年人口已突破1100万，预计“十三五”末，安徽省60岁及以上老年人口将突破1200万人，占全省人口总数的比重达19%左右，而且据调查，全省失能半失能的老人也有约40万人①。

第二，近五年来安徽省65岁及以上老年人口比重逐年提高，老龄化程度进一步加深，见图3-1。2014年全省65岁及以上老人有692.8万人，占人口

① 杨益然．安徽养老服务设施投融资现状、问题与对策［J］．淮北职业技术学院学报，2019（3）：64-66.

总数的比重为 11.39%。到 2018 年末，全省 65 岁及以上老年人口已经增长至 820.2 万人，占人口总数的比重达 12.97%。

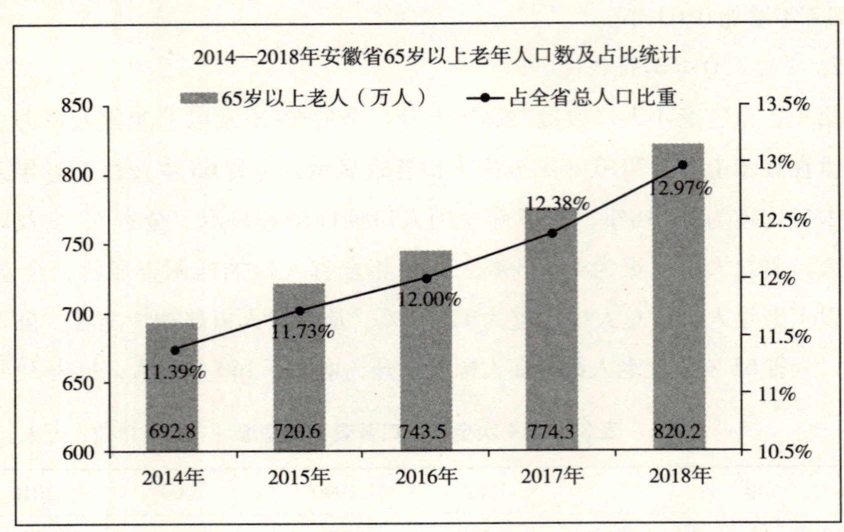

图 3－1　安徽省 65 岁以上老年人口数及比例

数据来源：安徽省统计局

第三，全省老年抚养负担越来越重。从安徽主要年份人口系数分析看，近四年全省老年系数比、老少比、老年抚养系数比均呈现出逐年增长趋势，见表 3－2。2010 年后连续几年数据居高不下，2017 年达到最高值，老年系数比为 12.38%，老少比为 66.56%，老年抚养系数为 17.94%，说明全省劳动力人口相对于老年人口来说比例在下降，每一个老人需要更多的劳动力去抚养，全省老年人的养老负担逐年在加重。

表 3－2　主要年份人口系数　　（单位:%）

年　份	老年系数	老少比	老年抚养系数
2005	10.08	43.69	15.08
2008	11.15	56.28	16.15
2009	11.43	58.92	16.52
2010	10.23	57.57	14.21

（续表）

年　份	老年系数	老少比	老年抚养系数
2011	11.41	61.36	16.30
2012	12.08	65.83	17.36
2013	12.24	66.15	17.68
2014	11.71	62.72	16.83
2015	11.73	64.41	16.74
2016	12.00	65.54	17.22
2017	12.38	66.56	17.94

数据来源：安徽统计局

第四，全省老年人口分布情况。从安徽省老龄办发布的《安徽省老龄事业发展状况报告》中获悉，截止到2017年底，全省有1133.06万60周岁及以上户籍老年人，老年人口总量居前三位的分别是阜阳、合肥、安庆，分别为144.47万、119.75万、95.85万。全省共计有4263位百岁老人，年龄最大的有117岁；其中，有772位男性，3491位女性，女性远远高于男性数量，分别占百岁老人总数的18.11%和81.89%。设区的市中，百岁老人数量居前三位的是阜阳、宿州、亳州，分别为860人、845人和511人。全省老龄化程度居前三位的是黄山、宣城、马鞍山，分别为20.94%、20.04%、19.89%。

二、安徽人口老龄化特征

安徽是较早进入老龄化社会的省份之一，在未来30年里，安徽老年人口将以年均4%的速度递增，到2020年，60岁及以上人口将达到1160万人，2030年将达到1870万人①。因此，加强对安徽人口老龄化特征研究，为今后一个时期探索社会化养老路径具有重要的现实意义。

1. 安徽老龄化社会较为严重

我国是“未富先老型”国家，人均国内生产总值在2000年仅为959美

① 安徽省统计局，国家统计局安徽调查总队．安徽省2014年国民经济和社会发展统计公报［N］．安徽日报，2015－02－26.

元，在国际经济发展中处于很不发达水平，但人口老化状况已经显现。进入21世纪，我国经济得到快速增长，2016年人均国内生产总值达到了8117美元。随着经济的长足发展，人口老龄化加速，到2016年65岁以上人口比重超过了10.8%，养老负担日益加重①。安徽是个经济欠发达地区，人口老龄化高于全国平均水平，且形势严峻，见表3-3。表3-3数据显示：从绝对值看，安徽人均GDP落后于全国平均水平且呈现拉大趋势；人口老龄化趋势也比全国平均值高且比重不断攀升，养老问题的严重性凸显。

表3-3　安徽与全国经济发展水平、人口老龄化比较

年　份	全国人均GDP（元）	安徽人均GDP（元）	全国65岁以上人口比重（%）	安徽65岁以上人口比重（%）
2000	7942	4779.5	7	7.59
2010	30876	20887.8	8.9	10.23
2016	53980	39091.8	10.8	12.00

数据来源：《中国统计年鉴2017》《安徽统计年鉴2017》，中国统计出版社2017年版

2. *安徽老龄人口增长速度较快*

根据第五次、第六次人口普查及人口变动抽样调查的数据分析，安徽老年人口呈现持续增长状态，年均增长速度达到2.6%，人口老龄化进程明显加快，见表3-4。从2000到2016年，在不到20年的时间里，安徽人口老龄化完成了从进入老龄化社会到老龄化程度较重的转变，安徽快于全国平均水平，而发达国家完成这一过程平均需要100年左右。

表3-4　安徽户籍人口及65岁以上老人比重

年　份	安徽户籍人口（万人）	安徽65岁以上人口比重（%）
2000	6278	7.59
2010	6827	10.23
2011	6875	11.41

① 李晓萌．安徽养老产业与旅游产业融合探索研究［J］．现代商贸工业，2018（1）：11-13.

（续表）

年　份	安徽户籍人口（万人）	安徽65岁以上人口比重（%）
2012	6902	12.08
2013	6929	12.24
2014	6936	11.71
2015	6949	11.73
2016	7027	12.00

资料来源：《安徽统计年鉴2017》，中国统计出版社2017年版

3. *农村人口老龄化程度更为严重*

发达国家由于城市的经济发展水平高于农村，城市的老龄人口比重一般高于农村。我国随着农村青壮年进城务工，留在农村的主要是老人、妇女和儿童。农村人口老龄化程度较高，呈现出明显的城乡倒置局面。我国农村老龄人口不仅基数大，而且增长快。在2010年第六次全国人口普查中，我国60岁以上的农村人口老龄化的程度已经达到15.4%，比全国13.26%的平均水平高出2.14个百分点，高于城市老龄化程度。预计到2045年，我国农村80岁以上老年人占农村老年人的比例将超过22%。面对农村老年人口比重不断增长的现状，农村养老问题也成为摆在政府面前的一大难题，及早做好应对老龄化问题的准备工作是当前的必要举措。安徽是农民工输出大省，从2010年以来，流向省外半年以上的人数超过1000万人，这部分人主要来自安徽农村且绝大多数是青壮年，使得我省农村的老龄化程度比全国平均水平更为严重，见表3－5。而农村留守老人不仅需要自我养老，还要照顾留守儿童，身体负担和精神负担都很严重。

表3－5　近年来安徽户籍人口分布状况　　单位：万人

年　份	总人口	城镇人口	乡村人口	流向省外半年以上的人数
2000	6278	1230	5048	433
2010	6827	1550	5276	1038
2011	6876	1577	5299	1199

（续表）

年　份	总人口	城镇人口	乡村人口	流向省外半年以上的人数
2012	6902	1580	5322	1157
2013	6929	1588	5341	1130
2014	6936	1574	5362	1053
2015	6949	1917	5032	1045
2016	7027	2074	4953	1052

资料来源：《安徽统计年鉴 2017》，中国统计出版社 2017 年版

4. 农村养老资源短缺、家庭负担较重且养老基础设施较薄弱

随着人口老龄化的加速发展，安徽农村老人数量快速增多，农村劳动力资源逐渐减少，家庭规模的缩小进一步加重了单个家庭的经济负担，老人的自我养老难以继续，农村集体养老普及率较低，见表 3 - 6。

表 3 - 6　近年来安徽农村家庭基本情况

项目 \ 年份	2014	2015	2016
平均每户常住人口	3.04	3.02	3.00
平均每户整半劳力	1.95	1.98	1.97
平均每户劳力负担人口（含本人）	1.56	1.53	1.53
平均每人年收入（元）	12467.63	13752.45	15514.88
平均每人年可支配收入（元）	9916.42	10820.73	11720.47
平均每人年总支出（元）	14176.35	15115.64	17263.26
平均每人年消费支出（元）	7980.76	8975.21	10287.30

资料来源：《安徽统计年鉴 2017》，中国统计出版社 2017 年版

安徽受经济发展水平限制，养老基础设施较为薄弱。2016 年，安徽省养老机构总数为 1164 个，其中城市为 458 个、农村为 706 个。从表 3 - 7 可以看出：安徽每年老年人口床位数呈逐年增长态势，到 2016 年已达到 35 张以上。但以居家为基础、社区为依托、机构为补充、医养相结合的养老服务体系在农村尚需健全，多样化养老模式尚需探索。

表 3-7　近年来安徽每千老年人口床位情况　　单位：张

年　份	安　徽
2012	30.74
2013	31.70
2014	34.95
2015	35.06
2016	35.17

资料来源：《中国社会统计年鉴2017》，中国统计出版社2017年版

三、安徽人口老龄化发展趋势

"十三五"时期是全面建成小康社会的决胜阶段，也是安徽省老龄事业改革发展和养老体系建设的重要战略窗口期。及时科学综合应对人口老龄化，深入推进老龄事业改革发展，机遇与挑战并存。

1. 安徽人口老龄化形势严峻

安徽老龄人口已经进入快速发展阶段，"十三五"时期表现尤为明显。预计到2020年底，全省60周岁以上老人数量将占到总人口数的18.4%左右，且高龄老人的数量仍在增加，将接近270万人，独居和空巢老人的数量将会超过600万，老年抚养比将会提高到30%左右。全省用于老年人社会保障的支出将持续增长，农村居住老人的老龄化程度可能会进一步加深。据推测，安徽人口老龄化形势从2021年到2040年最为严峻，预计在2032年前后全省将结束人口红利期，总抚养比会超过50%，到2045年人口将会出现负增长，全省进入重度老龄化社会，社区居家养老会成为主要的养老模式。

2. 老龄工作形势更加严峻

安徽省从1998年开始进入老龄化社会，是全国步入老龄化社会较早的省份之一。为应对养老问题，安徽省先后与中央同步出台了各类发展养老事业的政策，养老问题得到了一定程度的缓解，但目前尚未调动起全社会解决养老问题的积极性。为服务好老年人，满足老年人多样化的养老需求，我们也不断练就了各种能力，想方设法采取了很多措施，但是这些能力和措施缺乏完整性和制度安排。安徽省是农业大省，也是劳动力输出大省，城乡之间和区域之间经济社会发展差异性大，所以全省的老龄事业发展也同样存在着区域之间和城乡之间发展不均衡、不协调、不可持续等问题。社会化养老开展以来，安徽省的老龄产业总体来说发展活力不足，养老服务供给能力弱，再加上养老服务人才和技术短缺，老年人的权益保障水平偏低。养老重在物质和精神两个方面，精神养老往往能够预防各种老年疾病，从而减少失能失智老人的数量，基层老龄组织恰恰能够满足老人精神养老的需求，但安徽省基层老龄组织发展缓慢，难以满足老人参与社会的精神需求，养老面临的情况会更加复杂和严峻。

3. *老龄事业发展面临机遇*

正是人口老龄化形势严峻，老龄工作短板明显，养老问题更加复杂，党中央、国务院以及安徽省委、省政府日益重视养老事业发展，在“十三五”规划纲要中对解决养老问题提出了明确要求，将保障和改善全体老年人的民生纳入全面建成小康社会的全局事业中。人口老龄化形成的社会压力一直推动着政府和社会为解决养老问题不断采取措施，养老压力得到了缓解，随着人口老龄化增速的短期放缓，安徽省迎来了养老事业发展的机遇，逐步改善养老服务领域存在的若干不足和问题。近年来，安徽省经济经过长期积累，整体基本面长期向好的发展推进，为老龄事业的发展提供了良好的物质条件。安徽省有较好的科技教育资源，在养老产品的研发和推广中能够发挥积极作用，推进安徽省智慧养老的广泛应用。

第二节　安徽省长期护理保险制度探索

长期护理保险制度作为社会保障体系的重要组成部分，在许多发达国家都已经建立很长时间，并且发展得较为完善。我们国内长期护理保险制度的试点工作刚刚开展不久。党的十八届五中全会决定，探索建立长期护理保险制度，以应对老龄化带来的一系列社会问题。2016 年 6 月，国家人社部办公

厅发布《关于开展长期护理保险制度试点的指导意见》（人社厅发〔2016〕80号），要求在全国15个城市启动长期护理保险制度试点工作。这标志着护理保险制度国家层面正式启动。党的十九大报告也明确指出，要按照兜底线、织密网、建机制的要求全面建成覆盖全民、城乡统筹、权责清晰、保障适度、可持续的多层次社会保障体系。建立较为完善的长期护理保险制度也正是建成多层次社会保障体系的重要内容。长期护理保险试点城市主要探索建立以社会互助共济方式筹集资金，为长期失能人员的基本生活照料以及与基本生活密切相关的医疗护理提供资金或服务保障的社会保险制度。

安徽省安庆市作为全国15个试点城市之一，于2017年1月下发了《关于安庆市城镇职工长期护理保险试点的实施意见》，标志着安庆市长期护理保险试点工作正式展开。安庆试点一年时间，结合当地的经济社会发展状况，从保险筹资、标准鉴定、保险给付、管理服务等方面开展了积极探索。

一、建立长期护理保险制度的重要意义

长期护理保险制度主要是为长期处于失能状态的人群提供护理服务或费用支持。建立长期护理保险制度有着十分重要的现实意义。

1. 建立长期护理保险制度是完善社会保险体系的重要制度安排

建立长期护理保险制度既是重要的民生工程，也是健全和完善社会保障体系的重要制度安排。党的十九大报告指出，兜底线、织密网、建机制是建立多层次社会保障体系的要求。长期护理保险以政府为主导，旨在解决失能群体长期护理问题，有效减轻失能群体及家庭的照顾和资金负担。这一制度需要保障的人群是社会的弱势群体，也是其他保障制度未能有效覆盖和保障的群体。因此，长期护理保险制度是社会保障体系兜底线、织密网的重要环节和制度安排。

长期护理保险制度是目前基本医疗保险制度和养老保险制度的有效补充。基本医疗保险是为了补偿劳动者因疾病风险造成的经济损失而建立的一项社会保险制度，主要是针对因患病就诊发生的医疗费用进行经济补偿，避免或减轻劳动者因患病、治疗带来的经济风险。基本养老保险制度是保障老年人

基本生活需要的社会保障制度，保险给付按个人缴费和企业缴费比例按月给付。因此，对于需要长期护理的失能人群而言，现行的这两种基本保险制度都不能有效覆盖。失能人员是那些需要长期护理照顾或康复治疗，而不是用现在的医疗手段能够得到有效救治的群体，所以医疗保险无法保障失能人群的长期生活照顾。如果没有完善且长期的护理保险制度，部分失能人群可能会通过反复长期地占用医疗资源来缓解护理费用的大量支出。这样既造成了大量医疗资源的浪费、医疗资金的不当使用，同时也不能让失能人群的护理需要得到有效满足。因此，长期护理保险制度出台能有效补充基本医疗保险制度，减轻医疗保险基金的不必要支出。相对于基本养老保险，养老保险主要针对老年人群，对于非老年的失能人群毫无作用。即使是失能的老年群体，按月给付固定比例的养老保险金也难以满足失能人群所需要的长期生活照顾或者有效缓解长期护理费用。长期护理保险正好填补了基本医疗和基本养老制度的空白，成为两项基本社会保险的有效补充和社会保险体系的重要组成部分。

2. 建立长期护理保险制度是应对人口老龄化的必然要求

长期护理保险制度主要为失能的参保人群提供保险保障，而失能人群又以老年人特别是高龄老年人为主。因年老、疾病、伤残等原因造成的丧失生活能力，需要提供长期护理服务的人群中，年老是造成失能的最主要的原因。

一方面，中国人口老龄化的程度越来越严重。近年来，我国人口老龄化的特征越来越明显，老龄化带来一系列的社会问题，特别是医疗和护理的压力明显。第六次全国人口普查数据显示，我国人口老龄化出现加速化的特征。60 岁以上人口占 13.26%，比第五次人口普查上升 2.93 个百分点；其中 65 岁及以上人口占 8.87%，比第五次人口普查上升 1.91 个百分点。这一数据说明目前我国人口老龄化进程正逐步加快，我们将面临更加严重的人口老龄化问题，相应的保障性政策需求更加强烈。

另一方面，老龄化与失能相伴而生。2000 年我国 65 岁以上人口占总人口数的 7.1%，标志着进入老龄化社会。2015 年，我国 60 岁及以上人口达到 2.22 亿，占总人口数的 16.1%。其中，失能老年人已达4063 万人，占老龄人

口数的18.3%。2050年，我国60岁以上人口将达到4.83亿，占总人口数的34.1%；其中，失能老人将达到1亿人，占老年人口数的20.7%。大量失能老人群体的存在对我国目前的社会保障体系提出了严峻的挑战，建立长期护理保险制度成为应对中国人口老龄化的必然要求。

3. 建立长期护理保险制度是应对家庭结构核心化的重要举措

随着人口老龄化和家庭结构小型化、核心化的社会变革，长期护理保险制度的建立显得尤为重要。

由于经济社会的发展，长期的人口政策以及人们生育观念的变化，目前我国家庭结构以核心家庭为主，小型化的特征和趋势十分明显。家庭结构小型化也是社会经济发展的必然趋势。随着家庭结构的小型化和家庭功能的单一化，传统的家庭养老、家庭照顾等功能逐渐弱化，传统的家庭功能向社会化的方向转移。家庭养老的部分功能由养老院、福利院等机构承接，而家庭照顾的转移则需要长期护理保险制度的保障。失能人员的存在给核心家庭带来很大的负担：一是缺少护理人员，家庭成员少，无暇顾及失能人员的长期照顾；二是长期护理负担较重，家庭成员出去工作，就没有时间照顾失能人员，不出去工作就无法承担家庭生活支出和长期护理的费用。长期护理保险可以为参保的失能人员提供相应的护理服务或者护理费用的承担，将能有效地缓解家庭照顾的负担，减轻护理费用的支出，避免因长期护理造成返贫或致贫等社会问题的出现。

4. 建立长期护理保险制度是满足失能人员护理需求、减轻护理负担的有效手段

由于失能老人的增多以及家庭功能的弱化，失能人员的护理需求难以得到满足，长期的护理费用也使得家庭不堪重负，对于失能人员这样一个弱势群体需要一个全新的保险制度来给予保障。长期护理保险制度就是满足失能人员护理需求、减轻其护理负担的有效手段。长期护理保险制度正是以社会互助共济方式筹集资金，为长期失能人员的基本生活照料以及与基本生活密切相关的医疗护理，提供资金或服务保障的社会保障制度。因此，长期护理保险从三个方面对需要长期护理的失能人员提供保障：一是护理服务，可以

通过护理机构护理、医疗护理、上门护理等多种方式展开；二是为长期护理服务提供资金支持，不提供服务，但是以现金的方式给付，让失能人员自己选择合适的护理服务；三是两种方式同时使用，减轻失能人员和家庭的负担。

二、安庆市长期护理保险的现状、成效及问题

1. 安庆市长期护理保险的现状

安庆市是全国长期护理保险制度试点的 15 个城市之一，也是安徽省唯一个试点城市。2017 年 1 月，安庆市政府下发了《关于安庆市城镇职工长期护理保险试点的实施意见》，对长期护理保险的覆盖范围、基金筹集及管理方式等做了明确规定。安庆市长期护理保险由市医疗保险基金管理中心具体负责，通过公开招标的方式，由中国人寿保险安庆分公司具体承办。2017 年 9 月，双方签订《安庆市长期护理保险服务协议》，由商业保险公司执行该项目中长期重度失能城镇职工的失能鉴定、医疗审核、待遇支付等各项工作。

试点项目覆盖安庆市市区参加城镇职工医疗保险的参保人群，约 24 万人。资金筹集采取从市区城镇职工基本医保基金定额筹资的方式筹集、缴纳保费。按照每人每年 30 元的标准，其中个人缴纳 10 元，医保基金划转 20 元。鉴定标准以《日常生活活动能力评定量表》为依据，得分低于 40 分鉴定为重度失能，可以享受长护险的待遇给付。给付方式分为四种情况：医疗护理床位按一天 50 元标准结算；养老机构护理床位按一天 40 元结算；上门护理服务按每月 750 元支付；居家护理服务按每天 15 元标准补助。

截止到 2017 年 10 月，安庆市申请长期护理保险待遇的有 321 人，经专家鉴定有 204 位参保城镇职工医疗保险的人员符合长期重度失能标准，可以享受长护险的待遇给付。

2. 安庆市长期护理保险试点成效

虽然安庆长期护理保险开展试点的时间不长，但是安庆结合自身实际出台了相关政策，与商业保险公司合作，在参保筹资、待遇保障、管理服务等方面开展了较为积极的探索，取得了一定的成效。制度总体运行较为平稳，成效也初步显现。

①减轻了失能人员及家庭的生活照顾和护理费用负担。通过互助共济的方式，让长期重度失能人员能够享受相应的医疗护理、机构护理或上门护理。②长期护理保险试点的运行也带动了社会服务行业的发展，促进了相关就业。从调查的情况来看，政府政策引导促进社会资源向养老护理机构投入，养老护理机构的床位得到了充分的利用。现在护理床位比较紧张，大量闲置的资源得到重新利用，避免了浪费。同时大批40岁、50岁人员重新上岗，从事护理员的工作，每月四五千元的收入也比较可观。安庆市医保中心与市二院进行合作，从医疗资源到医疗护理人员都得到充分的利用。③长期护理保险试点的运行也赢得了良好的社会反响。百姓看到了长期护理保险带来了真正的实惠，他们的参保热情比较高，都愿意积极主动地缴纳保费。同时试点的开展也让百姓对长期护理保险有了更多的了解和认识，为长期护理保险的进一步提标扩面和推广试点营造了良好的社会舆论氛围。

3. 安庆市长期护理保险存在的主要问题

安庆市长期护理保险试点后，结合自身实际，在参保筹资、待遇保障以及管理服务等方面都做出了积极的探索，并取得了一定的成效。但是由于试点时间较短，长期护理保险还存在一些需要进一步完善和解决的问题。

（1）保险保障水平较低

安庆市长期护理保险筹资方式单一、筹资标准较低。资金来源主要有两个渠道，即个人缴费（每人每年10元）和基本医疗保险来源（每人每年20元）。一个人一年只有30元，相对于国内其他试点城市，标准明显偏低。同时，保险覆盖对象仅为安庆市区参与基本医疗保险的职工群体，总共约24万人。由于保障标准低、筹资方式单一、覆盖范围较小，因而保险保障水平偏低。

（2）失能鉴定标准较严格

安庆市长期护理保险失能鉴定的依据为《日常生活活动能力评定量表》，其中鉴定低于40分为重度失能，才能享受长期护理保险待遇，相对于国内其他试点，这一标准较为严格，保险准入门槛较高。其他试点城市都将评定标准定为50分及以上。

（3）相关服务机构发展相对滞后

从调研的情况来看，安庆市养老护理机构发展相对滞后，不能满足长期护理保险服务的进一步发展需求。一是护理机构数量较少，特别是规模较大的护理机构数量很少，而且对于突然增加的市场需求，表现出承接能力不足的现象。养老机构的护理床位十分紧张。二是护理人员不足。商业化的养老护理机构中有资质的护理人员十分缺乏，没有经过专业的培训和考核。三是养老护理机构的护理服务考核制度不够完善。对于机构护理和上门护理内容、次数、时间等具体内容需要进一步明确，同时对于养老服务机构的合作与退出机制也缺乏相应的制度规定。

（4）相关政策需要进一步完善

虽然安庆市出台了相关的试点意见，但是由于试点时间较短，相关政策还需要进一步完善。如政府与商业保险公司的具体职责划分、失能鉴定标准的进一步细化、失能鉴定争议的处置、异地鉴定问题以及相关护理服务的考核等政策都需要在试点过程中进一步得到完善。

三、长期护理保险制度国内外经验启示

1. 政府主导

长期护理保险作为社会保险形式，与基本医疗保险一样，政府应该起到主导作用。根据《关于开展长期护理保险制度试点的指导意见》，我国要建立的长期护理保险制度是实现共享发展改革成果的重大民生工程，是健全社会保障体系的重要制度安排。因此，政府应该在长期护理保险的筹资、监管、政策制定、管理服务等方面负有主导作用。在国外，长期护理保险制度已经较为成熟，大多数国家也以政府的强制力作为保障，从资金来源、服务监管、法律保障等方面都由政府来负责任。德国法律规定将所有公民纳入法定护理保险体系。日本长期护理保险资金也主要来源于政府。美国虽然采取社会保险与商业保险结合的模式，但是国家也制定了一些商业保险的扶持政策。

2. 立法先行

一些发达国家长期护理保险的成功经验在于立法先行，让长期护理保险在法律保障的范围内运行。德国制定了《长期护理保险法》，将所有公民纳入法定护理保险体系，对保险责任机构、覆盖范围、给付方式、保险缴费以及服务监管等方面都给予明确规定。日本的《老年长期护理保险法》对于各级政府的责任做出明确的划分。美国出台《长期护理保险示范法规》，对联邦政府、州政府以及商业保险公司的职责有明确的规定。

3. 商业化运作

无论是发达国家还是国内其他试点城市，长期护理保险均采用商业化的运作模式，政府主管，与商业保险公司合作，由商业保险公司具体承办。政府负责相关的政策制定、市场监管等一切主导工作，而商业保险公司则负责资金运作、护理服务供给等具体环节。美国还采取社会长期护理保险与商业长期护理保险相结合的混合保险制度，以提升保险的保障程度，满足市场多样化需求。

4. 多渠道筹资

安庆市目前的筹资渠道比较单一，造成了保险的保障程度有限。国内其他试点城市有探索尝试其他的筹资渠道。南通市资金来源由个人、医保统筹基金、政府补贴，同时接受福彩公益金和慈善捐助。成都市除了个人和医保基金来源，还有财政补贴等方式。成都市从福彩公益金中划拨2000万元作为城镇居民护理保险基金。许多发达国家对于政府在长期护理保险中应该承担主要的财力支持的责任都有明确规定，同时雇主和雇员合理分担。

5. 注重护理服务的监管和考核

国内长期护理保险试点时间较短，在护理服务的监管和考核方面还需要进一步探索完善。国外一些发达国家在护理服务的监管和考核方面具有一些较为成功的经验。日本明确规定中央政府负责制定政策，县政府为服务提供者发放许可证并开展检查工作。美国政府制定标准并依赖监管标准的实施来规范老年社会保障系统的运行和对服务质量的控制。

四、相关对策建议

笔者在总结国内外长期护理保险经验的基础上，积极探索长期护理保险模式，就加快推进安徽省长期护理保险工作提出以下对策建议。

1. 探索建立科学合理的保险模式

长期护理保险模式有社会保险和商业保险两种基本类型。目前国际社会不同国家由于经济发展水平、老龄化程度、保险理念等因素的差别，选择不同的保险模式。采用社会保险模式的国家以德国、日本为代表，采用商业保险模式的国家则以美国为代表。两种保险模式在运行过程中各有利弊。政府性质的社会保险关注保基本、广覆盖，更多地体现社会公平，但是可能会导致政府财政负担过重。商业保险则更加灵活、多样，满足不同收入水平和护理需求，体现效率原则，但覆盖面和公平性则不能兼顾。根据试点调研的情况，我们认为从发展的角度来看，长期护理保险应该建立以社会保险为主体，商业保险为补充，同时关注社会救助的多层次保险模式。

（1）以社会保险为主体

我国探索建立的长期护理保险制度应该是一项重要的民生工程，是社会保障体系的重要组成部分。目前国内各长期护理保险试点城市虽然在具体的运作机制方面有所差异，但都选择了社会保险模式，主要通过医保基金的划转和个人缴费为资金筹集的主要方式，政府性质的社会保险特征明显。政府应在政策、资金、运作、监管等方面承担主要责任，既要逐步制定较为完善的政策体系，根据经济社会发展的实际水平逐步确立较为合理的财政投入，又要逐步探索更加科学有效的运作机制，同时加强监管，保证长期护理保险的公平性和广泛性。但是社会保险的性质并不排斥政府与市场合作。相反，政府通过与市场合作，利用市场优势，可以提高保险运行的效率和质量。政府可以通过合理的合作方式加强与商业保险公司合作，利用商业保险公司高效成熟的运作机制来提高长期护理保险的效率和质量。政府还可以通过购买服务等方式加强与护理服务机构合作，既可以促进护理服务机构自身的发展，又可以使护理服务更加专业。

（2）以商业保险为补充

单纯的社会保险不仅会增加政府的财政负担，同时也难以满足人们日益多样化的护理需求。社会保险强调公平性，强调覆盖面，在逐步提标扩面的过程中单纯地依赖政府财政，护理保险的给付方式和给付标准必然提升缓慢，政府也会因此财力紧张。在适时适当降低企业社会保险费率的政策背景下，应该引入市场竞争，鼓励商业保险参与长期护理保险体系中来。商业保险可以通过设立不同的缴费标准和不同的给付标准，满足不同收入水平人群的多元化的护理需求，有效地弥补社会保险的灵活性不足的缺陷。政府应该鼓励有长期护理保险经验的保险公司开展长期护理的商业保险业务。

（3）关注长期护理的社会救助

社会救助是我国社会保险体系的重要组成部分，对于有长期护理需求的贫困人群的社会救助也是长期护理保险的重要补充。对于失业、无业、五保等特殊的贫困人群，应该适当降低或减免长期护理保险的缴费标准。在保险给付方面也应减少个人部分费用的支出，尽量保障贫困人群的长期护理需求。

2. 培育和完善护理服务体系

长期护理服务市场发展不充分，不能满足日益增长和多元化的护理需求已经成为影响长期护理保险进一步发展的阻碍因素。因此，要逐步构建以居家护理为主体、机构护理和社区护理为补充的较为完善的长期护理服务体系，以承载长期护理保险不断释放出来的护理服务需求。

（1）促进护理服务机构发展

护理服务机构包括养老服务机构和医院病房。一方面政府通过税收、购买服务等经济手段鼓励社会资本参与护理服务机构的投资管理；另一方面通过降低门槛、建立行业协会等方式充分利用和整合现在的护理服务机构资源，使中小型服务机构能够在参与长期护理服务中得到发展壮大。同时，政府要加强对护理服务机构的监督管理，通过建立服务标准、行业规则、竞争淘汰等机制规范服务机构的服务行为。通过“互联网+”等网络手段建立信息化平台，信息化透明化管理，有利于建立健康有序的市场竞争环境。

（2）促进社区服务体系发展

在长期护理服务体系中，社区服务具有重要作用。社区服务的优势在于便利，护理对象对环境也比较熟悉，具有情感关怀价值。探索建立半小时社区护理服务圈，护理服务辐射范围可以根据社区服务承载能力合理设立。社区服务体系关注简单医疗护理、生活照顾、康复治疗等方面，因此需要投入一定的土地、设备和专业人员。

（3）注重专业人才培养

专业人才包括专业的评定专家和专业的护理人员。第一是评定专家库的建立。长期护理对象的确定以及护理等级的确定都需要专家的专业评定，这些专家涉及范围较广，包括神经内科、骨科、脑外科、老年病学医疗领域的医生和专家，他们要运用科学的评定标准对被保险对象的失能状况进行鉴定。因此，要有广泛和足够数量的专家组成专家库，但目前国内缺少统一的标准和鉴定经验，还需要专家不断地学习和讨论。第二是对护理人员的培养。对于专业的护理人员的培养可以通过专科学校的专业设置和资格考试、资格认证、岗位培训等方式实现。长期护理服务还可以充分发挥40岁、50岁人员的积极性，通过长期护理保险经办机构委托有资质的第三方对这些人员进行短期培训，培训合格给予证书和聘用。在护理人员的使用方面还要注重建立跟踪考核、等级划分、奖惩并济的绩效制度，并注重提高护理人员的收入水平。

（4）发挥非正式护理人员的作用

在长期护理服务中非正式护理人员的作用也不容忽视。非正式护理人员包括被护理对象的家人、亲戚、朋友、邻居和志愿者等。很多居家护理对象，长期护理保险提供上门护理，按次数计服务，所以平时的多数情况还是需要家人或亲朋照顾。还有些护理对象是不需要上门服务，主要靠家人照顾。这部分被保险对象的护理服务承担者都是非正式护理人员，保险给付的方式可以调整为现金给付，作为非正式护理人员的服务报酬。同时，还可以为非正式护理人员提供免费的护理培训、学习资料供给等帮助。另外，还应鼓励志愿者积极参与长期护理服务。

3. 逐步提高保险保障水平

保险的保障水平与筹资水平、筹资方式、覆盖范围等一切密切相关。

（1）确定合理的筹资水平

根据自身的社会经济发展水平，参照国内其他市点的筹资水平，合理确定安徽省长期护理保险的筹资水平。由于目前安庆市筹资水平较低，应探索建立与经济社会发展相适应的财政支持力量，完善逐步增长的财政支持体系。同时合理确定个人缴费比例，根据参保对象的具体情况，制定合理的、多层级的个人缴费比例系统，让长期护理保险的保障作用得到充分的发挥。

（2）探索多元化的筹资方式

根据国内外的相关经验，只有多元化的筹资渠道才能满足护理保险的长期运作。除了基本医疗基金来源、个人缴费，还可以考虑福利彩票、慈善和社会捐助等来源资金的注入。

（3）逐步扩大保险覆盖范围

安庆市长期护理保险只覆盖市区参加基本医疗保险的职工群体，显然覆盖范围偏小，大部分的失能人群未能纳入保障范围。所以应该在进一步试点的过程中，逐步将保险覆盖范围扩大到参加城镇医保的城市居民以及参加新农合的农村居民，让更多的群体得实惠、享保障。

（4）制定科学合理的鉴定标准

一是将现有的《日常生活活动能力评定量表》进一步细化、可操作化，让其更符合安徽省失能鉴定的实际。二是建议适当降低失能保障门槛。将鉴定评分提高到50分及以上标准，让更多的失能人群能够纳入长期护理保险的保障范围。三是利用商业系统自身优势，合理解决异地鉴定问题。四是制定相关政策有效解决评定争议问题。

（5）探索出台长期护理服务项目的相关标准

目前护理服务项目缺少统一的系统化标准，将影响护理服务质量。成都市出台《长期照护保险服务项目和标准》，将生活照料、护理照护、风险防范、功能维护等四大类31项保障长期重度失能人员的基本生活照料以及与基本生活照料相关的日常护理项目纳入其中，包括洗脸、洗头、口腔清洁、协助如厕、协助进食等，具有借鉴意义。

4. 加强和完善政策衔接

一是积极探索制定长期护理保险的相关法规政策，为长期护理保险的进一步展开提供法规保障。长期护理保险是跟随医疗保险建立的、以社会保险为主体的保险制度，但是随着试点的进一步推广，长期护理保险必然要成为社会保障独立的组成部分，在试点过程中也应该积极探索相关的法规制度，包括地方性政策条例，做到立法先行。探索出台《安徽省长期护理保险条例》对长期护理保险的责任主体、覆盖范围、管理方式、保险缴费标准、给付依据、给付内容、给付标准、给付方式以及失能评定主体、评定方式、评定标准等给予明确的规定，保障长期护理保险在政策和法规的范围内运行。

二是积极探索长期护理保险的相关优惠政策。政府应出台相关政策，对经营长期护理保险业务的保险公司、护理机构、培训机构、评定机构等给予税收、土地规划、公用设施等优惠政策。

三是探索出台护理服务监管和考核制度。对于长期护理服务的内容、项目、护理服务的责任主体、考核标准、考核主体、考核内容等方面做出具体的规定。加强对护理服务机构和护理服务项目的监管与考核，保证长期护理保险服务质量。

5. 加强政策宣传

由于公众对长期护理保险功能、内容缺乏了解，因而社会还没有形成一个建立长期护理保险制度来化解社会风险的共识，因此有必要加强对护理保险相关知识的普及，这样才有利于长期护理保险事业的开展。一方面政府相关部门和经办部门要通过组织培训学习，让公众了解和熟悉长期护理保险的相关政策和流程；另一方面要利用各种媒体特别是网络平台，宣传政策内容和长期护理保险取得的成效，提高民众对此新事物的新认识，营造长期护理保险开展的良好舆论氛围，让更多的人了解长期护理保险的内容、申领程序和要求等。

第三节 事业单位编制外人员职业年金问题

近年来，安徽省贯彻落实国家机关事业单位工作人员养老保险制度改革政策，在基本养老保险的基础上，建立机关事业单位在编工作人员职业年金制度，为机关事业单位编制内工作人员养老上了“双保险”。但与此同时，机关事业单位编制外工作人员（以下简称编外人员）则缺少相应的年金政策或补充养老保障，导致编制内外工作人员养老待遇差别拉大，新的不平衡现象和不稳定因素显现。为有效解决改革中出现的这一问题，省政府发展研究中心和省社会保障研究会牵头中国人寿养老安徽分公司等单位组成联合课题组，围绕安徽省机关事业单位编制外工作人员职业年金问题，到省人社厅、财政厅、教育厅、卫健委等部门及泗县等地调研，并研究了外省的一些做法，形成本报告。

一、建立编外人员职业年金制度势在必行

安徽省建立编外人员职业年金制度既具有必要性，又具有紧迫性。主要表现为：第一，建立多层次养老保险制度改革的需要。职业年金与基本养老保险制度同步建立，是国家改革养老保险体系的基本要求。按照国务院《关于机关事业单位工作人员养老保险制度改革的决定》等政策要求，安徽省自2015年开始推进机关事业单位工作人员养老保险制度改革，逐步建立职业年金制度，但与很多省份一样，安徽省编外人员的年金问题却被搁置，如不能及时跟进，将使多层次养老保险制度改革出现“跛腿”，成效不能公平惠及至机关事业单位的所有工作人员。第二，促进社会事业稳步发展的需要。安徽省机关事业单位尤其是科、教、文、卫行业编制外人员多在重要或特殊岗位从事专业技术性较强的工作，是重要的人力资源。编外人员在社保、公积金等社会保障方面本来就与编制内人员差别较大，如果年金问题又不能得到解决，显然不利于安徽省机关事业单位人才队伍的稳定，影响社会事业持续健康发展。第三，保障社会公平公正的需要。把编外人员的年金纳入规范的体

系中管理，使编外人员享受到年金制度的普惠性，有更多的获得感、幸福感、安全感，实现同工同酬职业价值体现，这是编外人员的强烈呼声，也是用人单位和主管部门的期盼。前不久，合肥市某知名中学的编外教师因同工同酬问题发生群体性事件，凸显了加快建立编外人员职业年金制度的现实意义。

同时，我们也应看到，随着安徽省经济和社会事业的发展以及人均可支配收入的提高，基本养老保险和企业及机关事业单位编外人员职业年金政策的逐步实施，技术和前期基础准备的日趋到位，安徽省建立编外人员年金制度已具备现实可行性。

二、安徽省机关事业单位编外人员基本状况

据省人社厅相关部门估算，安徽省编外人员约 30 万人，具有数量较大、分布面广、待遇相对偏低等特点。

1. 行业分布：集中在教育医疗卫生及科研行业

从教育系统看，编外人员用工形式复杂，包括人事代理、劳务派遣、合同制及少部分的大合同或临时工，人员数目较大。据省教育厅统计，目前省教育厅直属的高等学校、中专学校合计 42 所，编制外人员共约 7800 人。安徽大学人事代理和预聘制人员 286 人，安徽医科大学编外人员约 300 余人，安徽农业大学以人事代理方式聘用的编外人员 178 人，安徽建筑大学有编外人员 148 人，安徽工商学院有编制外人员 114 人。从医疗卫生系统看，编外人员数量最多，其中医院系统编外人员占在职员工总数一半以上。据省卫健委统计数据，省卫健委直属的 20 多家医院，核定编制只有 4029 人，但是编外人员达到 7700 人。调研中，省立医院提供的数据显示，省立医院在职员工 6500 多人，其中 70% 以上为编外人员。安徽医科大学第二附属医院只有少量在编职工，绝大多数在岗职工都是编外人员。

2. 群体特征：构成复杂且以较高学历的中青年人为主

安徽省编外人员由于用工需求和聘用形式的多样性，构成比较复杂。如，省高校系统有四种编制外用工形式：预聘制，主要是针对博士、博士后、副教授以上的高级专业人才；人事代理，主要是针对硕士以上学历的教研和管

理岗；人才派遣，主要是针对本科以上的实验室和图书馆等行政岗；劳务派遣，主要是针对后勤岗等。医院系统的编制外用工也有多种形式，包含外聘专家、本科及以上学历人员以及专科及以下的协议聘用和劳务用工人员。虽然安徽省编外人员构成较为复杂，但从整体上看，以本科及以上学历的中青年人为主体，这主要是因为编外人员集中的教育、卫生、科研等行业对所聘人员普遍有较高的学历要求，聘用“门槛”一般都是本科及以上学历。

3. 待遇情况：与编制内人员待遇差距较大

从物质报酬看。首先是工资等收入“同工不同酬”，且缺乏必要的增长机制。如安徽农业大学编外人员人年均缴费工资不足 7 万元，远低于在编人员。编制内人员年金制度建立后，月人均缴费 500 元左右，加上单位为每月编制内人员人均缴费 1000 元左右，进一步拉大了编制内外人员的收入差距。其次是退休待遇组成、养老及医疗失业保险、住房公积金等方面存在较大差距。许多编外人员反映，他们的养老及医疗失业保险缴纳基数明显低于编制内人员，且一般不能享受到住房公积金。三是民主权利及政治生活方面，编外人员难以享受与编制内人员同等的待遇和机会。如一些编外人员表示，短期临时工和劳务派遣工一般不能加入工会组织，一些合同工和长期临时工虽可加入工会等组织，但很难像编制内人员一样行使参与权、监督权、被选举权和选举权。

三、安徽省建立编外人员职业年金制度面临的困难和问题

1. 部分单位领导认识不足

长期以来，很多用工单位对编外人员各项保障和权益都缺少足够的重视，甚至没有把编外人员当成“自家人”，在贯彻落实国家关于机关事业单位工作人员建立职业年金制度时，习惯于优先安排编制内职工，甚至认为编外人员可以不予考虑。另外，机关事业单位工作人员建立职业年金制度是一项具有探索性的新的改革事项，从目前看，广泛宣传和准确解读不足，全社会尚未形成深化此项改革的浓郁氛围。

2. 缺少完善的政策支持

安徽省编外人员的使用和管理政策一直不够完善，对于其如何建立职业

年金制度，更是缺乏明确的政策依据和操作办法。目前，安徽省及省外的一些地方在尝试建立编外人员职业年金制度时，一般借鉴企业或机关事业单位编制内工作人员的职业年金政策，缺乏针对性和可操作性。由于缺少完善的、有针对性的政策支撑，没有明晰的“路线图”和“时间表”，因而安徽省建立编外人员年金制度要求刚性不足，一拖再拖。另外，我们也应看到，由于安徽省编外人员构成复杂、层次多样、诉求不一，“众口难调”，进一步增加了制定政策标准和操作规范的难度。

3. 部分单位资金压力较大

从全省而言，安徽省建立机关事业单位工作人员职业年金制度具备财力保障，但具体到编外人员所在单位，情况则比较复杂。按照规定，职业年金是强制缴纳，编外人员职业年金是否缴纳的决定权在单位自身，其中需要单位缴费部分完全由所在单位自己承担，这对于一些编外人员众多的机关事业单位而言，是一笔不小的支出负担。另外，目前安徽省机关事业单位分为财政全额供款和非财政全额供款两类，在建立职业年金制度时实行不同的基金积累方式和投资运营方式。前者将采取“记账式”缴费，可以分散缴费压力，而后者需要根据自身收益筹措资金。由于经营状况的差别，部分非财政全额供款单位资金压力较大，为编外人员建立职业年金的意愿较弱。

4. 相关单位协调配合不足

推进机关事业单位养老保险制度改革及建立编外人员职业年金制度，牵涉部门较多，任务分工较为细致繁杂，是一个需要各部门协调配合的系统工程。据省人社厅相关部门反映，目前安徽省在建立机关事业单位编制内工作人员年金制度方面，人社、财政、编制、地税以及经办机构配合已较为默契，但在建立编外人员年金制度方面缺乏有效沟通和协调配合，尚未就启动时点、推进时序、协调运行机制、组织资金保障、经办机构选择、实施规则和标准等重大问题进行磋商，达成共识。

5. 年金经办机构选择难度较大

建立编外人员职业年金制度，涉及群体和部门都较为复杂，业务内容包含信息采集、方案设计、报备登记、管理人员选择、待遇核发等方面，既要

维护参保人员的切身利益，又要保证制度执行的准确性，所以对经办机构选择标准较高。如何选择确定具备丰富的年金管理经验、完善的风控体系、成熟的信息系统技术和专营专做的服务团队，特别是如何选择编外人员年金管理受托人，目前省内外可借鉴的成功案例不多，省内外关于企业和机关事业单位编制内工作人员职业年金经办机构的选择方法仅能提供部分参考，无法照搬照套，需要深入研究探索。

四、建立编外人员职业年金制度的对策建议

建立编外人员职业年金制度是发展所需、改革重点、编外人员所盼，只要形成共识，众志成城，科学调度，就会攻坚克难，取得实效。针对面临的一些困难和问题，我们提出以下思考和建议。

1. 完善相关配套法规政策

一方面修订完善现有政策，如《关于建立企业年金制度的实施意见》（皖政办〔2004〕56号）、《安徽省人民政府关于机关事业单位工作人员养老保险制度改革的实施意见》（皖政〔2015〕120号）等，为建立编外人员职业年金制度提供更多相关政策支持和参照；另一方面，建议安徽省加快出台专门的编外人员建立职业年金的意见和实施细则，为做好此项工作提供强力支撑。同时，各级政府可借助编外人员职业年金制度建立的契机，进一步规范编外人员的录用、调用、合同签订、待遇和管理考评等制度。

2. 加大财政税收支持力度

各级财政要积极支持机关事业单位为编外人员建立职业年金。对于承担单位自身缴纳资金确有困难的，可研究制定予以适度的财政资金支持；对于积极落实国家和安徽省要求为编外人员建立职业年金的非财政全额供款单位，除予以财政奖补外，可借鉴研发经费加计扣除等政策，在税收政策方面也予以倾斜。要积极优化编外人员职业年金投资方式，探索证券市场等多元化投资方式，提升年金投资收益和安全系数。

3. 分类探索实施模式

一是行业模式，思路是在不同行业系统选择单位进行试点并逐步推广。

例如，全省医疗系统可选择省立医院（中国科技大学第一附属医院）开展试点，全省教育系统可选择安徽大学、合肥市一六八中学等开展试点，在试点基础上逐步推向全省医疗和教育系统。2017 年 9 月以来，广东医疗卫生系统开始实施编外人员建立职业年金试点，以社会平均工资为参照标准并考虑工作年限和单位缴费比例等因素确定年金计划缴费基数，同时采取信托加自愿的方式，由受托人、托管人、管理人等共同管理运营资金。二是区域模式，思路是选择若干个县（市、区）整体推进，试点成熟后向全省各地推广。这方面，安徽省一些县已经进行了积极探索，如泗县已率先进行了尝试，并已经取得了一些成效和经验，建议把泗县这样走在前列、工作基础较好的县区首先确定为试点区域，给予政策和资金、人力等方面的支持。三是混合模式，思路是在全省范围探索行业和区域同时进行，取长补短，逐渐联动整合，最终实现全省编外人员年金制度的建立。

4. 创新有效运作机制

一是创新经办机构选拔确认机制。要设置“门槛”，严格流程，细化标准，特别是要从综合实力、受托管理能力、资产配置及投资监督能力、风险控制和客户服务能力等方面对入围公司进行全面深入考评，确保选择出经验丰富、社会信誉高、经营状况良好的、有资质的中国人寿养老保险、康泰养老保险等商业保险公司作为运营机构。二是明确各方责任。可由各地人社部门牵头，会同相关部门和受托机构，明确各方权利义务关系。三是完善协调配合机制，特别是推进人社、财政、编制、地税以及经办机构间的沟通协调机制，如建立联席会议制度和信息畅达及反馈机制等，切实形成推进工作合力。四是强化监督考评。要依法加强基金监管，实行严格的预算管理，纳入社会保障基金财政专户，实行收支两条线管理，专款专用，确保基金安全。要委托第三方机构，强化对受托人、账户管理人、托管人、投资管理人以及标准化投资组合产品的监督与考评。同时，创新编外人员职业年金账户变更机制，确保编外人员流动到未实行年金制度的单位时，其职业年金账户可由原管理机构继续管理。

5. 加大宣传力度

充分利用互联网技术，建立省级、市级编外人员职业年金网站（页），有

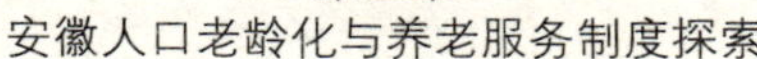

序运营微博、微信公众号等网络平台，或印发企业年金宣传手册，或定期召开编外职业年金交流会，宣传职业年金的资讯和政策，让更多的干部职工认识到编外人员职业年金制度建立的重要性和必要性，了解编外人员职业年金的基础知识和基本运作原理。职业年金是基本养老保险的补充部分，要依法推动编外人员参加基本养老保险，做好其基本养老保险费缴纳的动员、引导和落实工作，为建立起职业年金制度夯实基础。积极宣传各地、各行业的试点成效，表彰在此项工作中做出突出成绩的机关事业单位、企业和个人，营造加快推进此项改革的浓厚氛围。

第四章　推进安徽养老服务业发展

积极应对人口老龄化，是适应当前经济发展新常态的任务，也是国家全面建成小康社会的目标。安徽作为我国较早步入老龄化社会的省份之一，随着全省人口老龄化程度的进一步加深，家庭养老服务功能逐渐弱化，老年群体特别是高龄老人的养老服务需求在不断增长和变化。为此，认真分析安徽人口老龄化及养老服务业发展基本状况，找准养老服务业发展所存在的矛盾与问题，加快推进安徽养老服务业发展，着力构建新型社会养老服务体系刻不容缓。

第一节　安徽社会化养老发展状况

安徽是老龄化社会发展速度较快、程度较高的省份，养老及其社会化服务在改善民生中日益突出而紧迫。

一、新世纪安徽社会化养老的发展

“十二五”时期，安徽省老龄事业呈现全面、快速发展态势。“十三五”规划中连续五年将社会养老服务体系建设纳入省民生工程项目。在政府的大力推动下，“十三五”时期全省养老服务业发展取得了显著成绩，城镇社区服务设施数量和城乡社区服务单位数均明显提升，在“十三五”后期突出发展智慧养老模式。

（一）“十二五”时期发展概况

“十二五”时期，安徽省老龄事业呈现全面、快速发展态势。按照《安徽省老龄事业发展“十二五”规划》和《安徽省社会养老服务体系建设规划（2011—2015年）》工作安排，全省规划目标基本实现，以居家为基础、社区为依托、机构为补充、医养相结合的养老服务体系初步建立。为进一步完善相关政策体系，2014年《安徽省人民政府关于加快发展养老服务业的实施意见》制定实施。城乡居民基础养老金最低标准由月人均55元提高到70元，增长了27.3%；企业退休人员基本养老金由月人均908元提高到2024元，增长了122.9%，大大提高了老年人养老支付能力。每千名老年人拥有养老床位数36.7张，老年协会城乡社区创建率达到83%。

（二）“十三五”时期发展概况及规划

截至2017年底，安徽60周岁及以上人口数达到1135.9万人，占总人口数的18.16%，高于全国平均水平。快速发展的人口老龄化，引起了省委、省政府的高度重视。为推动养老服务业发展，2014年以来，政府先后出台了《关于加快发展养老服务业的实施意见》等政策文件，制定并实施了全省老龄事业和养老服务体系建设“十三五”规划，连续五年将社会养老服务体系建设纳入省民生工程项目，在政府的大力推动下，全省养老服务业发展取得了显著成绩，城镇社区服务设施数量和城乡社区服务单位数均明显提升，见表4－1。共建有各类养老机构2501家，提供养老床位33万张；城市社区养老服务设施配建率达到73%，农村社区养老服务设施覆盖率超过50%；老年人三项补贴制度基本建立，高龄津贴、低收入老年人养老服务补贴、经济困难不能自理老年人护理补贴分别惠及160万人、32万人、11万人。安徽省被国务院办公厅通报表扬为“2016年度落实养老服务业支持政策积极主动、养老服务体系建设成效明显”的省份。

表4－1　城乡居民社会保障网络基本情况

年　份	城镇社区服务设施数（个）	城乡社区服务单位个数
2005	6815	327

（续表）

年　份	城镇社区服务设施数（个）	城乡社区服务单位个数
2010	3623	
2012	5105	3194
2013	5452	3869
2014	7638	4172
2015	7969	4321
2016	8086	4431
2017	7860	4198

数据来源：安徽省统计局

“十三五”时期，安徽省人口老龄化将进入快速发展时期，为应对人口老龄化带来的养老多样化、多元化需求，2017 年安徽省政府发布《“十三五”安徽省老龄事业发展和养老体系建设规划》，到 2020 年，全省居家为基础、社区为依托、机构为补充、医养相结合的养老服务体系建成，老龄事业发展整体质量和水平显著提升，全省老年人同步进入全面小康。加强城乡社区建设，尤其是农村区域性养老服务中心建设。增加养老机构社会运营的比例，加快农村敬老院的改造升级，见表 4－2。

表 4－2　“十三五”期间安徽省老龄事业发展和养老体系建设主要指标

养老服务	建立包括养老服务在内的社区综合服务设施和站点的农村社区比例	80% 以上
	政府运营的养老床位占比	30% 以下
	农村敬老院床位利用率	80%
	护理型养老床位占比	30% 以上
	农村特困人员供养服务机构转型升级为区域型养老服务中心的比例	60%

“十三五”时期突出发展智慧养老模式。2019 年 6 月安徽省政府办公厅发布《加快发展智慧养老若干政策的通知》，开启了安徽省智慧养老的快速发展时期。（1）支持智慧养老机构建设。规划到 2020 年底，全省建设 50 家省级示范智慧养老机构，积极鼓励和支持社会力量兴办智慧养老机构，对于社

会力量新建、改扩建的智慧养老机构在一次性建设补贴标准的基础上给予提高30%的补助。公建民营的智慧养老机构，在房屋租金方面给予减免优惠。(2) 支持已经投入运营的养老机构转型发展为智慧养老机构，并给予不低于现行补贴标准10%的幅度提高运营补贴。支持智慧社区居家养老服务中心建设。规划到2020年底，建设50家省级智慧社区居家养老服务示范项目，结合全省三级养老服务中心建设，规划全省20%以上的养老服务三级中心建设达到《安徽省智慧社区居家养老服务模式建设规范》要求标准。引导社会力量对三级服务中心进行运营管理，对建设达标的社会力量运营的智慧养老服务三级中心，政府给予运营主体一次性创建补助。

二、当前安徽社会化养老发展现状

为缓解全省养老服务的短缺，为老年群体提供更多的养老服务产品，安徽省先后出台了一系列政策措施，促进社会化养老服务的发展。

(一) 社区居家养老发展现状

第一，社区居家养老成为社会主流养老模式。安徽人口老龄化程度日益加深，家庭结构小型化、核心化特征明显，随着人口流动空间的扩大，空巢老人数量也在逐渐增加，无论是城市还是农村家庭养老的能力都在日益减退，社会养老服务的供给显得尤为重要。尽管社会养老机构存在建设滞后、服务质量不好、服务设施条件低等不足，难以满足老人的基本养老需求，但从老人角度来说，他们不愿离开生活场所进入养老机构，所以目前会出现养老机构空置率较高的现象。社区是老年人熟悉的日常生活空间，他们对社区有很强的依附性，在社区里他们有熟悉的同伴，可以聚在一起互相陪伴，既能够获得心理上的满足，也能够获得生活上的彼此照顾，社区是老人养老的最好场所。因此，就近依托社区构筑社会化养老服务体系最为现实可行，在弥补家庭养老不足的同时，又能降低养老成本，实现广覆盖、多样化的养老需求，社区居家养老逐渐发展成为主流的养老模式。

第二，社区居家养老成为整合社会养老资源的有效方式。养老服务供给主要来源于政府直接供给、市场营利性养老机构供给、社会公益性组织供给和老年自组织供给，几种供给方式均存在各自的缺陷。政府直接供给的养老服务，一方面存在着服务水平低、服务设施条件差、难以满足医养结合需求的局面；另一方面也存在着部分医疗资源供不应求、养老床位一床难求的局面。市场营利性养老机构因为投资成本大、回报率周期长、收费标准高等问题，尽管在服务质量和设施条件上有较大优势，但仍出现很高的空置率，导致民办养老机构难以维持日常运转支出。社会公益性组织和老年自组织供给，因为公益性特点，无法保证养老服务供给的持续性，社会力量只能提供补充性服务。社区居家养老由政府投资建设养老服务设施，通过引入养老机构的服务和医疗机构的医护技术，借助养老机构的服务手段将养老服务提供给需要的养老对象，借助医疗机构的技术满足老人对医疗的需求。养老服务质量由供资方（政府）和使用方（老人）监督和评判。在居民社区里将政府的力量和养老机构、医疗机构的力量整合在一起，发挥政府公共服务建设覆盖面广的特点，也实现了医养融合发展，解决了养老机构吃不饱、医疗机构不够吃的困境，双重力量的聚焦点在社区空间里为老人提供专业化、现代化的养老服务。同时，社区是老人养老自组织和社会公益性组织开展养老活动的最佳场所，具有发展互助养老组织的地缘、情缘土壤。因此，社区是整合政府、机构、社会、家庭个体养老资源的有效场所，社区居家养老也是最为有效的养老方式。

第三，社区居家养老实现了养老服务的综合效果。如何满足老人的养老服务需求，达到养老服务的良好效果，得先知道老人在哪些方面需要服务，针对需求提供服务，从供给侧方面有效解决社会养老问题。笔者通过多方调查，总结得出老人养老服务需求主要在以下几个方面：一是养老场所易于为老年人所接受。老年人对养老场所非常在意，喜欢在具有安全感、亲情感和归属感的环境中颐养天年、有乐有为，获得养老服务和医疗资源。二是养老服务便捷有效。养老成本也是老人关注的重点，因此提供的养老服务需要具有成本低、覆盖面广、服务方式灵活等特点。三是养老服务内容多样化。老人养老基本需求是吃饭、洗衣、保洁等生活照料，部分老人需要医疗保健服务，还有学习教育、情感慰藉、健身娱乐等项目。

为尽量满足老人的全方位养老需求，社区居家养老整合社会各方资源，为老人提供服务。一是成立老年协会。为社区内60岁以上的老年人建档，居委会党支部和各网格楼长通过宣传，动员老年人加入社区老年协会，在协会领导下，组织开展各类老年活动，增加老人的社会参与，如组建社区合唱团、跳舞队、戏曲团体、乐器小组等；有条件的社区开办老年大学分校，通过教学、讲座和兴趣交流等活动，把老年人带动起来，提高他们的生活幸福指数①。二是整合社会资源，优化居家养老服务水平。社区养老服务中心与家政服务公司联合解决老人基本生活保洁，让老人足不出户即可享受到生活照顾。社区老人除了需要基本生活照顾服务外，医疗也是他们急需的养老服务。基于此，社区将卫生服务站和卫生服务机构纳入社区居家养老服务范围。社区卫生服务站为60岁以上的老年人建立健康档案，为老人提供定期巡诊、体检，设置医疗救助电话，及时出诊，及时治疗，为老人建立健康跟踪管理。社区从大学或是养老机构引入社工队伍，通过运用专业的社工理念、方法和技巧，为社区内特殊群体老人，如失独老人、空巢老人提供科学、细致的社会关怀服务，从精神上给予这些老人帮扶，慰藉他们寂寞的心理，进而帮助老人提升生活品质②。开展“在职党员进社区”活动，为老人在生活上遇到的各种困难提供力所能及的服务，这项活动深受社区老人们的喜爱。

（二）安徽养老服务产业发展现状

随着安徽省人口老龄化程度的不断加深，老年人的养老需求越来越多样化，政府积极采取应对措施，出台了《安徽省政府关于加快发展养老服务业的实施意见》等扶持政策，推动养老服务产业迅速发展，老年人的养老服务需求得到了一定程度的满足。

第一，制定出台养老服务扶持政策。为缓解全省养老服务的短缺，提供更多的养老服务产品，安徽省先后出台了一系列政策措施，促进养老服务业的发展，特别是2014年7月出台的《安徽省政府关于加快发展养老服务业的

---

① 吴彩虹．以蚌埠为例研究安徽城市社区养老机构建设问题［J］．劳动保障世界，2016（23）：22－24.

② 林宝．加快社区养老服务体系建设［J］．中国国情国力，2019（2）：11－13.

实施意见》，为全省养老服务业的发展从制度化安排和系统化设计方面制定了较为完备的扶持政策，也进一步明确了养老服务业的发展目标和任务，为今后安徽省养老服务业的良好发展提供了有力的保障。

第二，不断推进养老服务设施建设。当前，安徽正在逐步完善养老公共服务设施，为老年人的健康养老打下扎实基础，在城市整体规划中将社区养老服务设施建设纳入其中。为提高农村敬老院的使用效率，安徽省在全国率先提出：将农村敬老院转型升级为区域性养老服务中心，扩大了养老服务对象，为更多农村老人提供便利的养老服务，解决更多的养老难题。2014 年底，安徽省农村五保供养机构床位达 23.7 万张，社会福利院和光荣院共建，设有 1900 张床位，全省农村五保和孤老优抚对象的集中供养能力都超过 50%。城市社区居家养老模式发展迅速，成为居民主要的养老方式。为了提供更方便快捷的养老服务，政府创建了养老服务信息平台，并已覆盖了一半以上的市辖区，在养老服务体系建设中发挥了显著的作用。

第三，深入推进养老服务市场化发展。养老服务提供主体除了政府外，市场是主要的供给主体，发挥市场在资源配置中的作用，是建设养老服务体系的关键环节。2014 年财政部和商务部将安徽确定为以市场化方式发展养老服务产业试点之一，并于 2014 年和 2015 年分别拨付 3 亿元（累计 6 亿元）的试点引导资金，自此，安徽开启了养老服务产业的市场化运作模式①。在试点引导资金的基础上，安徽省建立了由地方政府、银行、企业联合出资的基金平台，利用基金平台，按照市场化的运作方式，向社会投放养老服务建设资金，发展居家养老、集中养老和社区综合服务等养老机构，面向基层大众提供养老服务。养老服务产业的市场化运作，一方面解决了老人的养老服务供给缺乏的问题，另一方面借助这一模式，也促进了养老服务产业的加速融合发展，并形成了以市场化、商业化方式支持养老服务产业发展的体制机制和有效模式。

---

① 祝伟展，贺敬全．养老服务设施投融资路径优化研究——以安徽为例［J］．经济师，2018（2）：33－34.

第四，积极探索医养结合实践。当前，社会化养老已经成为养老的主流趋势，老人对养老服务供给内容要求也日益多样化，除了能够解决日常生活照料外，医疗及护理服务亟须发展，以满足老人的多层次养老需求。近年来，安徽省民政厅和卫生厅联合其他相关部门出台了诸多政策，探索发展医养结合模式，利用医疗机构资源建设“医养结合”的老年护理中心，将有条件的养老机构与医疗机构合并建设，引导部分医院结合自身实际特色转型发展为老年护理院，积极鼓励条件状况好的养老机构设置医疗机构并申请纳入医保定点范围。由于安徽各地老龄人口分布的差异性和医疗卫生资源的不均衡性，安徽相关部门结合地方情况，合理调整了医疗机构的数量、规模和功能定位，建设城乡基层卫生服务网络，为老年人开展健康管理工作，目前全省已有475万65岁以上的老年人建立了健康档案，为多种养老模式的探索和发展奠定了基础。

（三）安徽养老服务设施发展现状

安徽省自1998年进入人口老龄化社会以来，全省老龄化处于快速发展期，目前老龄化水平排在全国第12位。安徽财经大学于2018年首次公布的《安徽养老服务发展报告》显示，安徽省的老年抚养比达到17.22%，比全国平均水平高出2.26个百分点，在全国位居第八位，安徽省的人口老龄化水平和社会抚养比均高于全国的平均水平，安徽养老形势更加严峻。

第一，机构养老床位增长迅速。为应对老龄社会的提前到来，安徽大力发展养老服务设施建设，不断加大投资力度，机构养老床位增长迅速。到“十二五”末，全省千名老年人拥有养老服务床位数达到36.7张，按期达到了国家规划30张的目标要求，并初步形成了多层次的养老服务体系。“十三五”期间，为了进一步提升全省养老服务设施数量和整体水平，安徽省先后出台了一系列政策和具体措施，推动养老服务设施建设加快发展。“十三五”末，安徽省将实现城市社区养老服务设施100%全覆盖；乡镇社区和农村社区也将快速发展，养老服务设施覆盖比分别达到90%以上和80%以上。加快政府运营的养老床位和护理型养老床位建设，并提出了上限和下限目标，即政府运营的养老床位数不超过当地养老床位总数的30%，护理型养老床位不低于当地养老床位总数的30%。

第二，吸引外资投入养老服务设施建设。养老服务设施具有公益性特征，因此，政府理应是责任主体和投资主体。目前安徽省养老产业发展不够成熟，养老产品市场化程度低，养老市场不活跃，投入大，产出小，经济效益不明显，而且这一领域投资风险较大，致使很多民间资本明知道养老领域是朝阳产业，具有很好的投资前景，但仍担心风险不愿进入。据此，安徽省政府在"十三五"期间，根据全省经济和社会发展需要，一方面加大了对养老服务设施建设的财政投入力度，确保养老服务设施建设的稳定发展；另一方面，为吸引民间资本投资，政府采取诸多措施，创造良好的政策和市场环境，引导民间资本投资方向，切实承担起投资主体应尽的义务和责任。一是吸引保险公司投资。保险公司投资养老服务设施既符合国家发展政策导向，又能够为保险公司产生直接投资效益，有助于它们延伸服务和拓宽投资渠道，对保险公司而言有很多益处。近年来，有不少保险公司开始投资于养老服务设施，比较有代表性的应该是泰康保险旗下的"泰康之家投资有限公司"，它们主打投资高端养老社区——泰康之家。目前泰康之家在全国布局了15个重点城市，预计可为老人提供3.4万个养老床位。二是吸引房地产企业参与养老服务设施建设。养老服务产业具有投资周期长、回报收益慢的特点，对于一般企业来说这个领域不利于投资，但对房地产企业却是个现实而有效的投资方向。近年来，在国家宏观政策的调控下，房地产企业逐渐看到了老年公寓较好的收益前景，开始转向投资老年公寓等养老服务设施建设，既能够获得经济效益，又能获得社会效益。三是吸引公益和福利基金融资。由于安徽公益性基金组织较少，而且体量偏小，投资养老服务设施建设效果可能也不尽理想，难以吸引它们直接投资，通过将公益性基金和福利基金融资来投资养老服务设施建设具有很好的发展前景。

第三，加大政策扶持力度。一是重视政策落实的效力。"十三五"期间，安徽为支持养老服务业的发展，从财政扶持、税费优惠、土地供应、人才培养和就业、金融扶持等方面加大了政策扶持，迅速发展养老服务业的导向性很明确。但由于从政策出台到落实，有一定的时间差，政策落实的时间决定

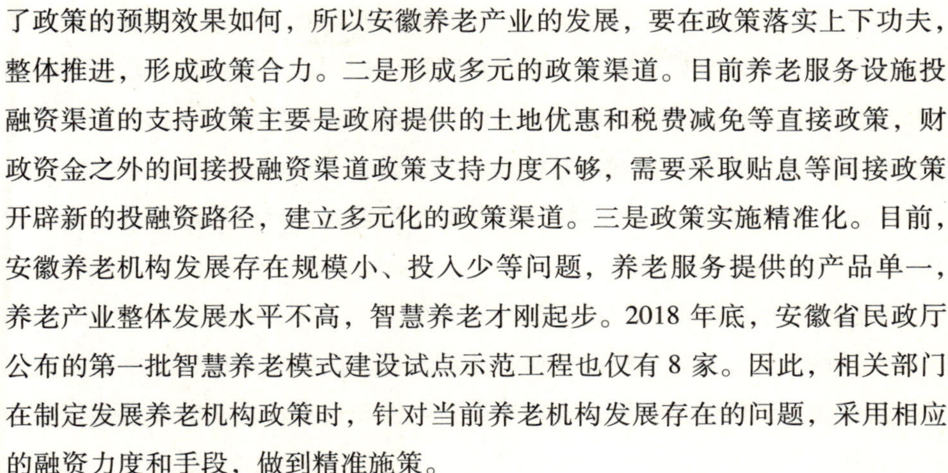

了政策的预期效果如何，所以安徽养老产业的发展，要在政策落实上下功夫，整体推进，形成政策合力。二是形成多元的政策渠道。目前养老服务设施投融资渠道的支持政策主要是政府提供的土地优惠和税费减免等直接政策，财政资金之外的间接投融资渠道政策支持力度不够，需要采取贴息等间接政策开辟新的投融资路径，建立多元化的政策渠道。三是政策实施精准化。目前，安徽养老机构发展存在规模小、投入少等问题，养老服务提供的产品单一，养老产业整体发展水平不高，智慧养老才刚起步。2018 年底，安徽省民政厅公布的第一批智慧养老模式建设试点示范工程也仅有 8 家。因此，相关部门在制定发展养老机构政策时，针对当前养老机构发展存在的问题，采用相应的融资力度和手段，做到精准施策。

（四）安徽农村社会化养老现状

当前，安徽老年人口中有近八成生活在农村。随着农村人口不断向外转移流动，全省农村老年人口比例仍在快速上升。因此，农村养老问题十分严峻。

第一，新型农村养老保险的现状及困境。自 2009 年开始，安徽省在全省农村范围内建立起新农保制度。年满 60 周岁的农村居民，按照国家政策规定可以领取每人每月 55 元的基础养老金，但据调查，新农保仍存在一些问题需要改善，比如，养老保障水平低，实际的养老效果不佳，功能不强。一是养老保障功能不强。农村老人 60 岁后每月领到 55 ~ 80 元不等的养老金，这个收入对老人来说仅仅能解决吃米问题，难以支付其他养老需求，发挥不了很强的养老保障功能。二是存在养老金缺口。在人口老龄化加速的情况下，养老资金难以做到保值，经常会出现收不抵支现象，逐渐凸显养老金缺口问题。从长远来看，新农保未来的发展仍然会很艰难，随着全省新农保覆盖面越来越广，参保和投保人数的增加，政府财政的补贴压力会越来越大。

第二，农村社会化养老服务的现状及困境。尽管为了加快民办养老机构的发展，安徽省政府在资金支持、税收、用地、用工、建设规划等方面出台了多项优惠政策，但是农村的公办养老机构和民办养老机构仍然遇冷，处于发展的困境之中，致使农村社会化养老服务体系基本是空白。农村社会化养老机构不发达，从根本上看是由于农村地区的经济社会发展水平较低，虽然有很强的社会化养老服务需求，但是由于诸多原因，主要是经济承受力不强和养老传统观念制约，农村社会化养老机构难以走进农村老人的心中。受传统养老方式和养老观念影响，农村老人觉得进养老院养老是一件“很尴尬”“很丢面子”的事情，尤其是有儿子有女儿的老人，宁愿受困吃苦，为了脸面，也不愿进养老院。

（五）民办养老机构发展现状

当前作为公办养老机构的重要补充和支撑，民办养老机构的发展直接关系到养老服务的质量和水平，合理平衡公益性和营利性之间的关系是其保持良性健康发展的关键。

第一，规模差异大。按照发展要求，公益性的养老机构以规模适中、技术设备规范、质量适中为发展标准，而营利性养老机构则以规模较大、服务优质、技术设施专业为发展标准。笔者调查发现，公办养老机构发展较好，但民办养老机构却整体发展较差。民办养老机构发展参差不齐，在面积、床位以及设备和入住率方面，民办养老机构之间都存在着较明显的差异性，有集团化经营的连锁养老机构，也有作坊式经营的养老场所。规模较大的养老机构，条件、技术、设备、服务质量等层次都较高，相对来说价格也会高很多。因此，能够承担这样价格的老人群体也具有局限性，致使高档养老机构的入住率较低，难以维持日常运转。规模较小的养老机构虽然入住率高，但是因为价格低、规模小，其服务能力不足，服务质量较低，无法提供较好的养老体验，难以保障养老服务的供给，而且也存在着各种潜在的风险。

第二，人力资源弱。民办养老机构中的公益性服务岗位想留住人才，往往依靠个人的价值认同和情感吸引，而且由于公益性服务机构的盈利不能用于员工的收入分红，所以公益岗位员工的收入不高。营利性养老机构留住人才依靠的是高薪手段，通过高收益满足员工的薪酬开支。民办养老机构的人才流动性大，人力资源紧张。因此，制定招募标准不能太高，即便是这样，也很难找到护工人员。主要原因在于：一方面是因为护工工作时间长，劳动量大，而且待遇低；另一方面是因为市场经济条件下，人们获得工作机会增多，加上社会对护工工作的认同有偏见，导致护工人员流失严重，人力资源愈加匮乏。而相对来说，公办公营养老机构的人力资源就较为充足。

第三，管理不够规范。笔者在调查中发现，部分民办养老机构管理粗糙，管理水平较低，民办养老机构之间的管理水平存在较大差异。有些作坊式养老机构，在老人入住时仅需要签一个简单的入院协议，对护理员和其他员工的管理也缺乏规范性。集团化的养老机构在管理方面做得较好，比公办养老机构更加规范，它们的管理体系相对较成熟，但在民办养老机构中这样的养老机构所占的比例还是很小。

第四，机构运营资本靠自筹。公益性养老机构资本投入的目的具有非营利性和慈善性。民办养老机构与公办养老机构主要的区别在于资金来源渠道不同，民间资本是民办养老机构的主要资金来源，只有取得了民办非企业资质后可以享受免税政策，与公办养老机构相比，就享受不了其他的优惠政策。比如部分区域的民办养老机构水电费不能享受民用价，而公办养老机构却可以享受，还有土地使用上也不是全部免费的机构用地，自建的养老机构因为前期投入大、价格高、入住率低等，投入资本回报率低、难收回，民办养老机构举步维艰，只能勉强维持日常开支①。

第五，服务类型差异化小。民办养老机构为了实现资本营利，会更多地关注市场变化，尤其是服务对象的变化，根据目标群体制定相应的服务内容，所以民办养老机构在服务项目上更加多样性和个性化。笔者调查发现，民办养老机构大多能为老人提供多样化与个性化服务，如有专护、特护和普护选择性，老人学习、娱乐、医疗等养老需求都能够得到满足。民办养老机构虽然提供多样化和个性化服务，但这些服务项目差异性不大，水平较低，缺少个性化的高级定制服务，难以满足小部分有较高支付能力的老年群体需求。低端的作坊式养老场所仅能为老人提供住宿和餐饮两项服务，差异化服务难以做到。

---

① 黄佳豪．福利多元视域下民办养老福利机构的发展思考——以安徽为例［J］．天府新论，2011（1）：109－111.

三、安徽养老服务业发展中存在的问题

近年来，安徽养老服务业在政府相关政策的推动下发展迅速，养老产业规模不断扩大，养老服务体系逐渐完善。随着全省人口老龄化程度的加深，人民生活水平的逐步提高，老年人群体对于多样化、多层次的服务需求也在深化，这给安徽社会化养老发展提出了更高的要求。为更好地满足老年群体的养老服务需求，当前安徽在养老服务机构建设、城乡社区养老服务发展中还存在一些问题。

（一）养老服务机构建设存在的问题

与发达省份相比，安徽养老服务设施建设仍有不小的差距，距离全省老年人的期望值也还较远，养老服务机构建设任重道远。

第一，养老机构结构性矛盾突出。一些具有区位优势和财政补贴优惠的公办养老机构供不应求，“一床难求”的现象突出。偏远地区公办养老机构的养老床位却出现空置现象。从农村养老院供给来看，2016 年，全省农村敬老院有 1654 家，配置养老床位共计 19.6 万张，但实际入住老人仅仅有 7.29 万人，入住率仅为 37.2%，床位空置现象比较严重。从养老总需求来看，按照国家 3% 的机构供给比例测算，2016 年，全省农村有 862.76 万老人，需入住敬老院的老人应有 25.88 万人，而当年实际入住的老人只占 28.17%，尚不到总需求的三分之一①。

第二，机构养老服务供给不平衡。由于总体规划的合理性和施策的精准性不够，安徽养老服务供给存在不平衡性，主要体现在城乡、区域、群体三个方面。农村高龄老人、空巢老人以及留守老人的数量都较城市高，但目前农村提供的养老服务设施、技术、服务质量和水平均较城镇落后。养老服务区域发展不平衡性表现明显，省会合肥以及沿江江南几个城市发展较快，而皖北和大别山老区发展相对较慢。群体不平衡体现在养老服务资源配置不合

① 杨盎然．安徽养老服务设施投融资现状、问题与对策［J］．淮北职业技术学院学报，2019（3）：64－66.

理、失能失智老人的养老服务欠缺、养老服务问题聚焦不够准确、政府政策调节没能做到优化政策配套和资源配置等方面。

第三，养老机构要素供给不充分。养老机构良性发展是一个复杂的综合有机体，需要土地、资本、技术、人才和政策等要素的配套支持，一个环节出了问题，都会影响到整个养老机构的正常运转。土地供给方面，安徽一些地方因为没有出台养老服务设施建设专项规划，存在养老机构建设随意性，机构布局缺乏均衡性、合理性和精准性。从养老机构资本来源看，较少有社会和民间资本进入，主要依赖政府财政资金建设养老服务机构；从技术层面上看，安徽养老服务机构的技术含量不高，物联化、互联化、智能化等技术应用到养老服务领域较晚。养老人才队伍数量严重不足，供需矛盾突出，专业技术人才缺乏，具有相关专业技术资格的人才不足万人，距离 18 万人的现实需求存在很大的差距。养老机构发展离不开政策支持，但这些政策存在政出多门、政策不全和政策难以落地等难题，政策的综合效益难以发挥出来。

第四，养老机构投融资不足。一是投融资主体单一。目前全国的养老机构主要是政府投资，政府在养老机构的投融资行为上有较大的影响力，社会和民间资本进入养老领域往往需要政府的政策引导和行政推动，市场的自发驱动力很小。现阶段，难以吸引其他渠道资金投入养老机构建设，导致养老机构建设的“四梁八柱”难以形成，单一的资金渠道很难撑起安徽养老事业的重任。二是养老金融产品发展滞后。安徽资本市场本身起步较晚，新业态成长慢，发展滞后，养老产业在资本市场融资难，金融领域的养老产品又不能够满足发展需要。现阶段，安徽缺少养老领域的知名大品牌，养老企业规模大多是中小企业，银行即使给予贷款，额度相对也比较小，而且审批和手续也较为繁杂，民办养老企业想从银行获得信贷支持很难。养老机构资金来源单一，投融资困难，先天供血不足，必然发展相对较慢。

（二）农村政府（社区）养老困境

五保供养覆盖面小，从我国农村地区的实践来看，主要包括以社区养老和以敬老院集中供养为主要形式的五保供养制度。

第一，敬老院集中供养制度的困境。五保供养制度在特定时期解决了农村小部分群体的养老问题，但随着人口老龄化的发展和农村集体经济的削弱，政府保障下的五保供养难以满足实际的养老需要，以农村敬老院为依托的机构养老出现了新的问题。一是敬老院的养老保障覆盖面窄。敬老院主要是保障五保老人的养老问题，但是目前农村老人的养老问题愈加突出，敬老院的养老功能亟须扩大。安徽全省现有养老机构的床位数不到全省老年人口数的1.5%，能够承担康复护理和临终关怀的床位更少，整体养老供求矛盾突出。仅仅从五保供养来看，2010年上半年，全省五保集中供养率只有26.5%，国家规划目标是到“十二五”末全省五保集中供养率达到50%①。二是五保供养保障水平低。安徽当前很多农村集体经济力量减弱，乡镇财政也比较紧张，造成不少五保户经费难以落实，乡村公办养老院经费困难，导致五保供养老人的基本保障水平偏低。安徽农村低保水平和五保供养标准都低于全国平均水平。由于地方财政的影响，绝大部分乡镇敬老院出现入不敷出的现象，经费仅能保障五保老人的衣食问题，如果老人生病住院，医疗费用就难以解决。有的即使将全县五保老人纳入新型合作医疗，采取定点医疗和统一解决的办法，但由于养老资金缺口大，仍然难以解决五保老人的医疗、护理问题。三是农村老年福利机构空置率高，见表4-3。

表4-3　2017年社会福利事业单位基本情况

项　目	单位个数	床位（张）	年末收养人数
提供住宿的法定社会服务机构	1531	197820	98195
光荣院	24	2846	943
社会福利院	53	7727	3944
儿童福利院	36	6283	2929
城镇老年性福利机构	435	57665	24588
农村老年性福利机构	846	112323	61295

数据来源：安徽省统计局

① 杨蛰然．安徽养老服务设施投融资现状、问题与对策［J］．淮北职业技术学院学报，2019(3)：64-66.

2017年全省846家农村老年福利机构能够提供床位112323张，但同年底入住的人数仅为61295人，入住率只有54.5%，公共养老资源使用率低，出现浪费现象，需要对农村养老资源进行整合使用，最大限度地发挥公共养老资源的服务作用，充分发挥养老资金的养老功能。

第二，农村社区养老的困境。社区养老结合了家庭养老和社会化养老的优势，在农村这个熟人社会更加适合发展社区养老模式，发挥互助互济的作用。但从安徽农村实际来看，农村社区养老几乎是空白。主要原因有：一是公共资源投入不足。缺少经费保障是农村社区养老发展不起来的根本原因，国家在农村没有安排社区养老专项基金，再加上农村集体经济处于解体状况，集体经济薄弱难以负担社区养老开支。二是基层政府建设能力较弱。农村财政资金不足，难以开展社区养老。另外，基层政府建设能力较弱，农村社区的养老服务设施建设不到位，这也是农村社区养老长期缺位的一个主要原因。当前，社区村落仍然是农村老人最为主要的生产、活动、娱乐的场所，农村养老服务体系建设要立足于此，建设不离土也不离乡的养老模式，也是最为符合农村老人的养老需求。

第三，农村公办医疗资源空置率高。一方面养老负担重，农村老人缺少医疗护理照顾；另一方面，公办农村医疗资源空置率较高，见表4-4。从安徽主要年份乡镇卫生院病床使用情况看，自2010年以来，全省乡镇卫生院的病床使用率均较低，最高年份仅达到62.4%，但实有病床数量呈现出逐年上升趋势，说明在病床床位空置率较高的情况下，全省仍在加强乡镇卫生院病床数的建设。公共资源的浪费与养老压力的增大出现了矛盾，如何整合农村医疗资源，充分发挥公共资源的养老作用，为农村老人提供更加便捷、高效的养老服务是今后一个时期需要发展的方向。

表4-4　主要年份乡镇卫生院病床使用情况

年　份	实有床位	病床使用率（%）
2010	48944	53.1
2011	47226	51.2

（续表）

年 份	实有床位	病床使用率（%）
2012	48289	59.9
2013	49781	62.4
2014	50871	62.0
2015	50973	60.6
2016	51316	60.6
2017	56560	61.2

数据来源：安徽省统计局

（三）城市社区养老困境

安徽省除了省会合肥社区养老机构发展较好外，其他地级市社区养老机构数量少，县级社区养老机构更少。如蚌埠市152个社区中，仅市区有7家社区养老机构运营，三县几乎没有社区养老机构①。安徽社区养老服务业在政府的重视下，虽然得到了一定发展，但是从总体上来看，尤其是地级市社区养老机构面临以下困境：

第一，观念认识不到位，对社区养老概念不清。在人口老龄化的大环境下，政府职能部门和社区管理人员不能适应新的形势发展变化而转变思想观念，看不到社区养老助老的功能和作用，认为社区养老就是居委会的工作，对发展养老事业的重要性和迫切性认识不到位，影响到养老服务体系的建设。

第二，社区老年服务设施资金投入不够。社区养老需要新建多样化的养老服务设施。现在去大医院看病医疗费用高，对于老年市民来说，看病是大问题，如果能在社区建立让市民放心的医疗保健机构，既解决了市民的看病问题，又降低了老人的医疗费用。精神养老是养老保障的一个重要方面，愉悦的精神能够减少老人患病的可能，尤其是能预防各种慢性病的发生。但是现在很多社区缺少文化体育设施，供老人集中活动的场所较少，难以解决老人的精

① 吴彩虹．以蚌埠为例研究安徽城市社区养老机构建设问题［J］．劳动保障世界，2019（23）：22－24.

神寄托。有些社区为了营利，将规划的社区养老服务场地变为居委会赚钱的经营场所①。二是现有社区养老机构的设施和管理水平需要提升。很多社区养老服务设施无人管理，被破坏后不能及时修补。一些社区养老机构管理松散，老人受到不公平待遇的现象时有发生，在卫生管理上也有脏、乱、差现象。

第三，专业服务人员缺乏。人力资源在推动养老服务业发展中占有相当重要的地位。在社区养老机构中很难见到有技术、有专业资格证的服务员。为老人服务是个技术活，工作人员需要有耐心、有爱心，懂得照顾老人，为老人服务。志愿者是养老服务队伍的补充力量。虽然现在很多社区都有志愿者名单，但实际上进入社区提供养老服务的志愿者很少。

第四，社区养老机构信息化建设落后。科技信息日益发达，信息化建设亟须进入社区养老机构。目前，社区养老机构信息化发展速度慢，现代科技成果和手段需要逐步应用到养老机构的服务和管理上，构建社区综合性信息网络平台和老人基本信息电子档案，实现养老机构的网上管理，促进居家、社区、机构养老的有效衔接，为老人提供更加高效便捷的家门口的养老服务。

第二节　安徽养老模式特征分析

《安徽省老龄事业发展状况报告（2016）》显示，随着经济社会加快发展，人民的生活有了很大改善，百岁老人也越来越多，目前全省已突破5000人。根据推算，安徽省在未来二三十年内将比全国平均水平提前5年进入重度老龄化社会。安徽解决养老问题形势比较严峻，为加快全省养老服务的发展进程，笔者针对开展较好的部分社区嵌入式智慧养老、地方政府购买养老服务模式、医养结合养老模式，深入分析其运行机制，为进一步向全省推广提供经验借鉴。

---

① 李静．社会养老服务业发展实证研究：基于安徽田野调查数据［J］．中共合肥市委党校学报，2016（3）：17－22.

一、社区嵌入式智慧养老服务模式分析

当前，中国老龄化已经步入快速发展阶段，老年人口超过2.3亿，空巢老人数量超过1亿，其中慢性病老人占到50%，养老成了许多家庭关心的问题。社区居家养老是老人和子女最愿意接受的养老方式，如何发展社区居家养老需要政府和社会共同关注。在此基础上，社区嵌入式的智慧养老服务模式应运而生。

第一，嵌入式养老模式具有机构养老和社区居家养老融合发展特征。小型养老机构由于规模小，市场竞争力弱，生存困难，将小型养老机构放进社区，与社区的规模正好配套，既盘活了小型养老机构，又方便了社区老人，老人可以选择在养老服务中心获得服务，也可以居家申请养老服务上门。这种模式将机构养老和社区居家养老融合发展，以社区为载体，通过市场竞争机制，将资源、功能和多元的运作方式嵌入养老机构，降低了养老成本，又实现了老人及子女对养老方式的期望。

第二，嵌入式养老模式具有智慧化特征。随着网络信息技术的飞速发展，一种新型的智慧社区形态出现在大众生活中。在智慧社区里建设新型养老模式，利用新一代物联网、大数据等技术理念和科技产品，实现养老的智慧化和“互联网+”，为老人提供生活照料服务、医疗护理服务、精神慰藉服务等各方面服务，满足老人多样化、多层次的养老服务需求。社区嵌入式与智慧养老服务的有机结合，开启了老人便捷、高效、安全的生活方式，提高了老人的生活质量和幸福指数。

2013年，我国开始实施“国家智能养老物联网应用示范工程”，标志着智慧化养老方式创新已列入了国家的工作部署。国家为推进智慧化养老的工作进程，选取了北京、河北、江苏、河南、安徽等7家养老机构作为试点，其中安徽合肥的庐阳乐年长者之家位列在内。2014年，安徽省民政厅公布了开展“社区公共服务综合信息平台”建设的实施意见，强调应用科技手段，强化信息支持，开始打造智慧社区，2017年在合肥、阜阳等市建立智慧社区试点，为发展智慧养老奠定基础。合肥庐阳区积极探索“社区嵌入式养老模

式”，将智慧养老融入社区，利用社区的公建配套设施，打造“四位一体”的社区嵌入式养老服务综合体，实现以居家为基础、社区为依托、机构为补充、医养相融合的有机结合。

第三，具有集团化特征的安徽乐年养老。乐年养老始创于2011年8月成立的德泽居家养老服务中心。乐年养老专业做养老服务和机构管理，主要是为老人提供高品质生活照顾与身心疗养康复服务，其业务重点有连锁健康养老机构托管运营、智慧养老服务、居家养老服务托管运营、连锁社区养老托管运营等。目前安徽乐年养老拥有5家实体养老机构和2家居家养老服务中心，它们分别是合肥庐阳乐年长者之家、合肥庐阳大杨镇乐年长者之家、合肥市庐阳区逍遥津老人服务中心、合肥乐年龚大塘长者照护中心、铜陵市乐年长者之家、合肥市庐阳区乐年社会工作服务中心和合肥庐阳德泽居家养老服务中心，机构运营状况良好，平均入住率超过90%。2014年，安徽乐年养老集团成为国家物联网养老应用示范工程项目试点单位之一。集团有效整合社会资源，推行“线上+线下”相结合的智慧养老模式，运用智慧化和云计算等信息化手段，提供健康管理、生活服务、紧急救援、精神慰藉、医疗康复等养老服务，结合人体感应，为老人配备了跌倒报警器、智能床垫等智慧产品。为保证子女时刻能够关注到老人的生活健康状况，集团通过开发手机App，建立了老人与子女的联系通道。

第四，社工介入机构养老服务。2014年，乐年养老集团引入专业社工进入养老机构。经过几年的摸索实践，社工介入养老机构在乐年养老形成了初步模式，主要实践路径为：老人问题与需求评估—帮助老人适应—开展活动—加强各方联系—为工作人员提供支持服务—普及社工理念—培育社工成长，如图4-1所示。

社工从老人入住养老机构开始介入，直到老人结束入住，全程参与其中，并与机构各部门工作进行有效对接。一是老人需求综合评估期。老人入住乐年养老前有一个试住期（试住期7~15天），从试住期社工就开始介入，了解老人的饮食爱好、生活方式，发现老人的兴趣需求等，然后对这些了解和发现通过各类量表和访谈的形式进行综合评估，进而判断老人的性格和情绪特

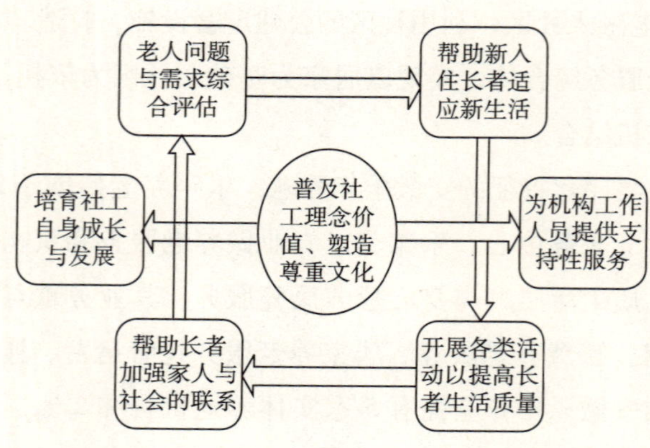

图4－1　社工介入机构养老服务的路径

征，以及在今后入住期会出现什么问题，以上形成的报告，会作为入住签订合同的依据之一。二是老人适应新生活期。老人入住后，会出现对新环境的不适应，产生种种不舒服。社工会引导老人熟悉环境，针对每个个体进行个案辅导，帮助老人与其他老人建立沟通和交流，使老人能尽快适应新生活。三是开展活动期。老人适应新环境后，社工结合试住期时了解到的老人各种需求，为老人提供相应的活动项目，提高老人的社会参与度。四是建立外界联系。机构养老形成了一种社会固定认识，即老人如同软禁一样，被关在与外界隔离的围墙内。乐年养老通过社工介入，让老人获得科学生活。为增加入住机构老人与外界联系的机会，社工开发了很多活动项目，如家属活动日、志愿者活动日、老人生日会等。五是为工作人员提供支持服务。养老机构中的服务人员日常工作非常辛苦，有的时候还会受到各种委屈，因此护理员的工作压力较大，也是机构服务人才流失严重的一个主要原因。社工通过对工作人员开展心理疏导、压力缓解等方式，帮助护工走出困境和烦恼。六是普及社工理念。只有发自内心地关爱和尊重老人，才能让老人安心，与老人产生心灵上的沟通，通过社工普及人文关怀和价值追求的理念，使养老理念与社工理念相结合，在机构内倡导“人人社工”理念。七是培育社工成长。社工介入养老机构，在社会实践中与其他社工相互交流，促进社工的成长。

第五，三大技术系统支持社区养老服务综合体运营。乐年养老通过智能养老服务云平台、机构养老信息管理系统和社区居家养老服务业务管理系统，实现对社区养老服务综合体的运营管理。这三大系统之间互相联系，将社会养老服务资源和各方服务信息进行整合，从而实现老人的养老需求与机构服务供给之间的精准对接，从技术层面为嵌入式智慧养老服务模式提供保障，如图 4 - 2 所示。

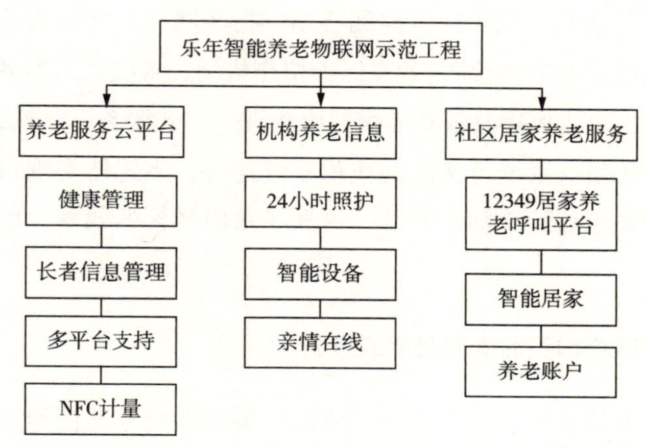

图 4 - 2　三大系统支撑社区嵌入式智慧养老服务

一是智能养老服务云平台系统。在这个平台，录入所有老人的信息及管理情况，包括老人的健康管理、所有工作人员的信息及工作管理。通过 NFC 打卡记录工作人员的工作内容及工作流程，做到每一项工作量化管理，以便更好地反映出服务的绩效质量。二是机构养老信息管理系统。乐年养老为老人配备了智能设备，对老人实行 24 小时健康、安防照护，老人的信息由智能设备连接到管理系统。乐年养老利用视频机器人，实现老人与家属的亲情沟通，满足老人的精神需求。三是社区居家养老服务系统。乐年养老在辖区内设有 12349 养老热线，辖区内的老人都建有详细的信息账户，通过热线可以便捷地将养老服务送到老人家中。另外，乐年养老针对部分支付能力较强的老人，还提供智慧居家养老服务，在老人家中安装智能家居，通过智能设备与养老机构服务平台连接，可以享受到安防报警、一键便捷、智慧生活、健康追踪等智能居家服务。

第六，智能设备在养老中发挥着巨大的作用。乐年养老集团充分利用

"互联网+"理念，在养老机构发展中，将十几种不同功能的智能设备运用到养老服务全过程，有保障安全的，有方便日常生活起居的，还有智慧软件等便于管理者全面照护老人。智能设备的应用，提高了养老服务的质量，实现了智能化的便捷生活，也降低了养老的人力成本。

第七，具有医养结合特征的养老模式。乐年养老与合肥市第一人民医院签订"医联体"协议，利用智能检测终端、物联网和云计算等技术，实现医院和机构之间的"双向转诊"，建立医养协作机制，解决老人养老与医疗分离的难题，为老人提供医疗急救和远程健康管理一站式服务。一站式服务平台，通过养老机构的信息系统与医院的救治系统连接，迅速地实现信息互通，老人的健康数据和用药管理同步互传，提高了双向转诊的效率，更好地保障老人的健康。

二、地方政府购买养老服务模式分析

政府是养老的主要承担者之一，政府购买养老服务的供给方式对满足老人养老需求具有很大作用，如何加强和完善政府购买养老服务的模式，需要从理论与实践方面进行分析和研究。笔者基于对芜湖市的调研，分析其普遍性的特征，进一步完善地方政府购买养老服务方式，从而更好地解决老龄化社会带给我们的养老难题。

第一，分离服务与生产，避免公共服务的垄断。政府是养老服务的主要供给者，在养老保障中起着兜底的作用，服务对象广泛，在巨大的服务供给市场上，容易形成公共服务垄断现象，造成服务成本高，效率低下，服务质量难以满足老人养老需求。政府将养老服务生产环节剥离开，由社会组织来提供，政府通过购买养老服务的形式完成服务老人的供给任务，实现了养老服务与生产的分离，从而避免了政府在公共服务领域的垄断，进而提高了养老服务的水平和效率。

第二，芜湖市政府购买养老服务发展现状。芜湖市是较早进入老龄化社会的地级市，近年来人口老龄化现象更加严重，如弋江区截至2017年底，在33.3万常住人口中，有48080人是60岁以上的老人，占总人口数的14.5%。

为应对老龄化社会的到来，芜湖市大胆探索政府购买养老服务，弋江区、芜湖县等部分县区起步较早，政府购买养老服务的规模迅速扩大。目前弋江区有3所养老服务机构和18家社区日间照料中心，成立了居家养老服务指导中心，政府需要供养的“三无老人”有565人。为快速发展政府购买养老服务，从2014年开始，弋江区加快发展养老类社会组织，现在注册并开展养老服务的社会组织共有8家，承接政府购买服务项目共10项。2018年政府购买服务资金达到100万元，既展示了政府服务老人的支持力度，也为老人提供了更多更好的养老服务，满足了他们多样化的养老需求。2018年，镜湖区为2163人办理了享受居家养老服务手续，并发放服务券27410张。芜湖县民办养老机构有7家，共有养老床位446张，目前入住老人有229人。芜湖市政府购买养老服务发展迅速，初步建立了社会化养老服务体系，为老人提供不同层次、不同类型的养老服务：有医养结合型的，如康达老年护理中心，主要针对养老支付水平较高的老人群体；如六郎梓庭养生园，主要针对高端型老人群体；如永太乡村养老中心，适合普通大众型老人群体，一床难求。

第三，地方政府购买养老服务面临的阻力。一是居家养老服务机制不健全。城市规划和建设不一致，社区养老服务设施没有按照城市规划去做。居家养老服务内容单一、层次低，部分日间照料中心只能为老人提供棋牌、阅览和简单的运动健身服务，日间照料中心的养老服务功能和社会效益没能被充分挖掘出来，难以满足老人多层次、多方位、个性化的养老服务需求。二是居家养老服务的队伍建设还很薄弱。全市目前有护工809人，绝大多数不具有专业化服务水平，仅有200人持有老年护理人员资格证，整体业务能力和服务质量都难以达到老人的要求。由于从事居家养老服务具有较高风险性，比如登高保洁和护理重病老人都容易发生意外风险，因此也导致很多护理人员辞职，养老服务人员流失严重。针对这些问题，有的省份出台了相关扶持政策，为居家养老服务人员购买意外保险，对居家养老服务人员开展专业培训等，进而建立和稳定一支居家养老服务队伍。三是养老服务机构建设滞后。全市现有养老机构99所，公办养老机构占大多数，有86家，民办养老机构仅有13家，公办养老机构也主要是农村敬老院。养老机构整体服务水平低，民办养老机构规模小，入住率低。芜湖市共有72个社区日间照料中心，部分照料中心因为缺少服务人员和资金，无法正常运营。

第四，激发地方政府购买养老服务的着力点。一是加大政策落实力度。近年来，国家和各省市就发展养老服务业先后出台了涉及土地、税收、水电、贷款等方面的扶持政策。但是由于政策的刚性不足，地方政府对之重视不够、认识不清、政策落实不够到位，一定程度上限制了养老服务业发展。二是加快培育养老服务社会组织。尽管芜湖市养老服务社会组织发展迅速，但面对日益加重的养老服务需求，目前的社会组织力量显得较弱，社会组织的数量不多，而且发育不够充分，承接养老服务的能力不足。三是鼓励社会力量参与养老服务发展。目前政府仍然是养老服务最主要的供给主体，全市99家养老服务机构，公办的有86家，占总数的87%；13家民办养老机构从整体上看规模很小，能够提供的养老床位极少，能够承载的养老服务数量有限，难以发挥社会的主体力量，发展养老服务社会组织仍很迫切。四是强化专业管理人员培训。养老服务是专业技术活，这个行业的管理人员更加需要有丰富的专业知识和良好的专业技能。芜湖市公办养老机构中，不仅管理人员缺乏，仅有的管理人员也很少接受过专业知识培训，极大地影响了养老服务的管理，同时也将制约着养老事业的发展。

三、医养结合养老模式分析

随着我国人口老龄化进入发展的快车道，老龄化社会带给人们的困境也越来越多，养老问题成为全社会关注的问题。2013年9月13日发布的《国务院关于加快发展养老服务业的若干意见》明确提出要“积极推进医疗卫生与养老服务相结合”，医养结合成为社会养老的流行趋势。位于安徽省合肥市的安徽静安养亲苑是一家大型的医养结合型养老机构，笔者对其运营特征进行分析，将有利于发展完善全省医养结合养老服务模式。

目前，养亲苑入住老人有228人，平均年龄较高，达到82岁（80岁以上的占70.2%）；其中离退休干部占69%，工人和农民占31%；生活能自理的老人占52%、完全不能自理的占11%、大部分不能自理的占16%、半自理的占21%。据调查，入住老人对服务的满意度达98%，对营养膳食的满意率为97%，政府部门、社会、入住老人及亲属对养亲苑都有很好的评价。养亲苑是中国老龄事业发展基金会评定的“全国爱心护理工程研究和培训基地”。笔者分析发现，医养结合的养亲苑最大的特征就是具有很强的现代性，有现代化的服务设施、现代化的医疗技术、现代化的管理经验，入住老人身心舒适，满意度非常高。

第一，具有现代化的硬件设施。养亲苑于2011年10月开业，建筑面积有10400平方米，能够提供308张床位，整体装修按照星级宾馆和老年建筑规范标准设计和施工。全部楼层提供中央空调，设置有2部电梯，室内采用无障碍设计。全院功能分区明晰，有公寓区、活动区、康复区和休闲区，设有医生办公室、康复治疗室、护士站，配置全面，配有健身房、多功能活动室、棋牌室、阅览室、书画室、楼层餐厅、洗衣房、超市、理发室等设施。每个楼层均配置了餐厅和活动大厅，老人用餐和活动以及接待来访，不需要出楼层就可以实现。普通房间配有电视、电话、网络宽带、紧急呼叫系统以及按照老人实际需求个性化设计的卫生设施等。有部分房间根据老人个体情况按照医院病房标准配置，在床头配置有集中供氧设备。

第二，具有现代化的服务。养亲苑从老人入住开始就提供科学规范的养老服务，为老人进行入院健康体检，中西医结合给予健康评估，建立健康档案。老人入住后，机构为老人制订护理照顾计划和膳食指导计划。机构设置责任制护理小组，按照每位老人的身体、心理和生活习惯制订护理照顾计划，做到个性化养老服务。养亲苑为了提高养老服务质量，给老人更好的养老体验，对所有服务项目从内容、标准、流程和操作都进行了规范。根据老人身体情况，提供不同的服务项目套餐，对完全不能自理的老人设计提供20项服务，对大部分不能自理的老人设计提供18项服务，对半自理老人设计提供16项服务，并要求做到规范服务。养亲苑内医生和护士实行24小时值班制，考虑到老人早晚容易出问题，加强晨晚间护理，包括生活护理、技术护理和精神心理护理等。

第三，具有现代化的技术。养亲苑是一家有自己医院的养老机构，医养结合是其最大特点。安徽静安中西医结合医院、安徽膏方世家科技有限公司与其同为安徽静安健康产业集团的下辖机构。安徽静安中西医结合医院距离养亲苑仅有50米，是一家非营利性的二级综合性医院，具有中西医结合特色，设有老年病科，推崇医疗与养生、康复、养老双重结合。除了随时可以为入住老人提供及时有效的治疗外，2012年，医院为了提高自身医疗技术和管理经验，与解放军第二军医大学上海长海医院合作成立了上海长海医院合肥中西医结合医院，在技术上获得提高。此外，医院与安徽中医药大学附属医院合作，每周邀请两位心血管科和神经内科主任医师进入养亲苑进行查房和健康咨询，使老人可以就近享受名医的贴心服务。在为老人提供先进的技术治疗的同时，对需要进行康复治疗的老人，养亲苑会有专业的康复医生和康复技师为老人做专业的康复性治疗。

第四，具有现代化的管理。养亲苑与安徽静安中西医结合医院、安徽膏方世家科技有限公司同属于安徽静安健康产业集团，三者独立运营、互为依托、相互支撑。养亲苑是集团化运作，参照ISO9000质量管理体系进行制度建设和实施管理，具有现代化的管理经验。养亲苑有自己稳定的工作团队，目前有工作人员102人，医生4人，护士44人。每位新进员工都要接受岗前专业培训，考核合格后才能上岗服务。为了保证服务质量，养亲苑对护理人员不定期地进行“三基”考核，并对考核中发现的问题及时督促改进，对薄弱环节有针对性地进行辅导，加强专业化的内外培训。

第三节　安徽养老服务业面临的挑战

进入21世纪以来，安徽老龄化程度不断加深，呈现出进程早、速度快、未富先老等特征。当前，安徽养老服务产业发展不足，城乡养老服务供给不平衡且老年群体养老支付能力差异性较大，空心村的养老问题突出，深化全省养老供给侧结构性改革，提升整体养老服务质量和水平，面临着较大的挑战。

一、空心村的养老问题

皖南B村，少数土地经营大户承包了本村的90%的土地，土地流转后进行集约化经营，村里从事农业生产的人越来越少，中青年农民都去苏浙沪打工，仅有50岁以上的农民留在村里。村里常见到的是这样一幅画面：门口的巷道旁，一群老人聚在一起，或聊天，或领着孩子玩耍。随着外出打工的子女逐渐在城市定居，村里老人一方面不适应城市生活，一方面也不愿跟随子女，增加儿女负担，大部分老人仍然选择留守在农村。

这个村所在的镇有6家养老机构，有公办敬老院，也有民营养老机构，但是B村老人住养老院的很少，仅有少数生活不能自理的五保户入住了敬老院。一边是人口老龄化的空心村留守老人，一边是农村养老机构的空置，农村养老供需差异性矛盾突出。《安徽省老龄事业发展状况报告（2016）》指出，全省1096.57万老年人口中，农村老年人口有862.76万人，占78.68%。可见，当前安徽全省老年人中近八成在农村。安徽是人口大省，也是人口流动大省，更是农业大省，这样的空心村还有很多，养老问题较城市更复杂、更困难，农村养老问题十分严峻，亟须尽早关注农村老人的养老问题。

第一，农村老人养老看重几个方面。一是要经济也要实惠。笔者通过调研走访发现，农村老人不选择进养老院，一方面是民办养老院价格太高，一般为每月1000~3000元不等，农村老人舍不得花这个钱，宁愿自己在家将就生活；另一方面是农村养老院的服务质量不能够让老人满意，设施条件较差，老人认为服务和价格不等价。二是要养老也要面子。农村老人也不是完全不能接受养老院生活，他们也想过着衣来伸手、饭来张口的不用自己操心的舒适生活，但是受传统养老观念的影响，如果进养老院就意味着子女不孝顺，为了自己和子女的面子，宁愿选择在家自己生活。三是希望能跟着子女生活又不愿离开家乡。部分老人是可以随着子女进城养老，而且也希望跟随子女生活，靠得近点，能够多享受点天伦之乐，但是考虑到进城养老会给子女带来较重的经济负担，他们选择在农村生活，这样生活成本会小很多。

第二，农村需要多样化的养老模式。当前，安徽省农村老人的养老方式主要有4种：农村低保养老、社会保险养老、家庭养老和土地养老。据不完全统计，全省农村大约80%以上的老人是依靠自己的劳动实现自我养老，但依靠从事农业生产或其他副业创造的劳动收入仅能够勉强满足自己的基本生活，以家庭养老为主的模式已经远远不能满足农村老人的养老需求。一是建设经济实惠的养老机构。农村老人勤劳节俭生活了大半辈子，即使子女愿意给予经济上的照顾，他们也不愿花太多钱入住养老院，所以政府在农村养老机构上需要加大扶持力度，让利给百姓。同时，养老机构在服务质量和机构设施条件上需要进行较大改善，让老人觉得钱花得值。农村养老机构与城市相比，普遍存在服务层次较低的问题，民办养老机构仅仅能够做到提供简单的食宿、护理医疗，康复保健及文体娱乐等服务内容基本没有，服务标准低，没有专业服务人员。二是发展农村居家养老模式。农村老人多数都选择在家养老，部分老人不愿入住养老机构，希望有更多的自由空间，因此如同城市一样，建设居家养老模式是农村养老的发展方向。三是建设养老互助团体。农村与城市最大的不同就在于有熟人社会的生活空间，基于地缘和血缘关系建立起来的社会关系网，在养老服务体系建设中要充分发挥其优势。由农村老年协会等社会组织牵头，发展养老互助团体，老人之间互相帮助，为彼此提供舒心、满意的养老服务。

第三，建设农村养老模式需要多方保障。一是强化家庭养老意识。老人养老物质基础较薄弱，个人储蓄少，养老支付能力较弱，需要子女在经济上给予更大的扶持。二是加大公办养老机构建设力度。发展养老服务业需要多方扶持，首先要兼顾事业，发挥政府的托底作用，保障好孤寡、失能、高龄等特殊老年人的养老服务需求。加大公办养老机构资金投入，提高养老机构的服务质量和基础设施条件，扩大敬老院养老服务对象，向更多老人开放，满足更广泛的养老需求。三是加大对民办养老机构的补贴力度。养老服务产业的发展需要养老事业的扶持，同时也需要兼顾产业方面，充分发挥市场在养老资源配置中的决定性作用，引入民间资本，发展民办养老机构，保证人人享有最基本的养老服务。长期以来，农村养老服务设施建设大部分靠政府财政支出，相关部门可提高民办养老机构的补贴标准，鼓励支持更多民间资

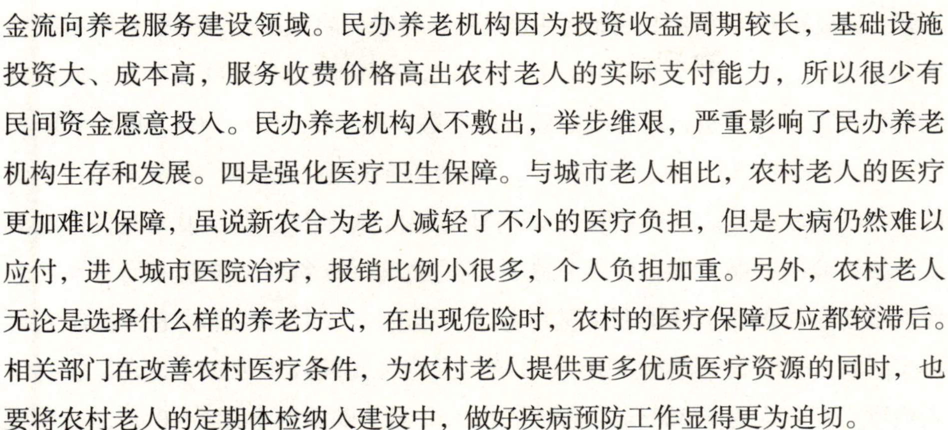

金流向养老服务建设领域。民办养老机构因为投资收益周期较长，基础设施投资大、成本高，服务收费价格高出农村老人的实际支付能力，所以很少有民间资金愿意投入。民办养老机构入不敷出，举步维艰，严重影响了民办养老机构生存和发展。四是强化医疗卫生保障。与城市老人相比，农村老人的医疗更加难以保障，虽说新农合为老人减轻了不小的医疗负担，但是大病仍然难以应付，进入城市医院治疗，报销比例小很多，个人负担加重。另外，农村老人无论是选择什么样的养老方式，在出现危险时，农村的医疗保障反应都较滞后。相关部门在改善农村医疗条件，为农村老人提供更多优质医疗资源的同时，也要将农村老人的定期体检纳入建设中，做好疾病预防工作显得更为迫切。

二、农村养老保险制度问题

2017 年 1 月底，国务院颁发《国家基本公共服务体系“十三五”规划》，明确提出到 2020 年总体实现基本公共服务均等化。社会养老保障作为基本公共服务重要的组成部分，其均等化水平和普惠型程度都将直接影响到人民群众的幸福感获得。从 2014 年开始，国家先后出台了《国务院关于建立统一的城乡居民基本养老保险制度的意见》《城乡养老保险制度衔接暂行办法》等文件，力图打通城乡养老保障的壁垒，推进城乡养老保障一体化进程。安徽是农业大省，长期以来在城乡二元养老保障体制下，形成了城市与农村明显差异的养老保障水平。受到政策倾斜的照顾，城镇职工养老保障起步早，发展快，制度已经趋于完善，而广大的农村地区养老保障则处于滞后的状态。2014 年，安徽省出台了《安徽省城乡居民养老保险实施办法》和《关于进一步完善城乡居民基本养老保险制度的实施意见》，经过几年的运行在基本面上达到均等化，但从实践上看，还暴露出很多不足。据对芜湖、池州两市调研材料分析，笔者总结出目前城乡养老保障制度存在的几个问题。

第一，关于待遇公平性问题。养老保障基本实现城乡一体化后，目前芜湖和池州两市只有城镇职工养老保险和城乡居民养老保险两种制度，这两种保险存在着城镇职工与城乡居民之间的待遇不公平以及城乡居民之间的待遇不公平。2016 年底，芜湖、池州两市城镇职工基本养老保险金人均分别为

1895 元/月和 1402 元/月；而城乡居民基本养老保险金由个人缴费和政府补贴两部分组成，个人缴费部分分为 13 个档次，从 100 元到 3000 元不等；政府补贴部分根据个人缴费，由各级财政逐级补贴，缴 100、200、300、400、500 元以上对照补 30、35、40、50、60 元，缴费越多补贴也越多，缴费不同，享受的养老待遇就不同。这种制度在以前补贴制度基础上已经有很大改善，加大了市级财政的补贴力度，但笔者在计算后发现，城乡居民领取人均基本养老保险金还是显著低于城镇职工基本养老保险金。从个人基础养老金占年人均可支配收入比看，芜湖市 2016 年城镇年人均可支配收入为 32315 元，农村年人均可支配收入为 17308 元，而城镇职工个人基础养老金为 1440 元，城乡居民个人基础养老金为 1020 元，城镇占比为 4.5%，农村占比为 5.8%。2016 年，池州市个人基础养老金与年人均可支配收入比，城镇职工为 5.5%，城乡居民为 8.2%。可见城镇职工养老保险与城乡居民养老保险存在着不公平，城乡居民个人基础养老金占居民个人收入的比值比城镇职工大，也就意味着居民需要花费更多的收入去买养老保险，可用来消费或是存储的收入相对于城镇职工来说较少。同样是居民养老保险，城乡之间也存在着差距。笔者从城乡居民收入差距分析看，芜湖市 2016 年城镇和农村居民人均可支配收入差距比达 1.87，池州市 2016 年城镇和农村居民人均可支配收入差距比更高达 2.12，城乡居民个人养老保险缴费相同（即以上所列从 100～3000 元 13 个档次），但在城乡收入差距大、收入不公平的条件下，却按照统一养老保险标准缴费，从实质上来说也有失公平。

第二，关于发展可持续性问题。一是居民参保意愿不强。因为居民基础养老金的养老保障水平低，所以参保对象的生活改善得并不明显，即使有补贴制度，也难以激励居民参保，城乡居民的参保意愿均较低。二是参保档次低。笔者在对芜湖、池州两市调研中发现，城乡居民养老保险参保率高，基本实现了广覆盖，但缴费档次多集中在最基础档次。据统计，选择最低档次的居民达 87%，人均参保费仅略高于最低参保档次，多缴费多受益对居民的吸引力不强。如果按照最低档 100 元和最高档 3000 元缴费计算，前者能获得政府补贴 30 元，则补贴率为 30%；后者获得政府补贴 60 元，则补贴率仅为 2%。显然，这种缴费标准缺乏弹性，激励作用不足。三是基础养老金从国家到地方层面都没有明确的调整机制，实际工作中很难引导居民增强长期缴费续保的意愿。

第三，关于运营规范性问题。一是任务导向型推广运营模式的弊端。城乡一体化养老保障制度历经多年才得以推广运营，2009 年新型农村养老保险制度开始实施，2011 年推行城镇居民养老保险，直到 2014 年开始并轨，推行城乡一体化养老保障制度。在并轨过程中，为了保证“新农保转城居保”顺利进行，政府采取了任务导向型推广运营模式，即以任务的形式，政府一级级向下分配，为了激励落实任务的动力，部分地区采用任务加奖励的办法来推动这项工作的完成。因此，在完成过程中就出现了各种不规范的行为。笔者在对芜湖、池州两地的调研中就发现，为了吸引居民参保，有的工作人员作出了一些不合实际的口头承诺，有工作人员将不符合条件的居民违规纳入城乡居民养老保障，后来口头承诺没能兑现，影响到居民对政府的信任，后期续保时降低了参保的积极性。二是异地转移和衔接制度不完善。城乡居民养老保险涉及广大农村地区，目前安徽农村有很多外出务工人员，农民工具有高流动性而影响其参保，而且保险转移接续手续比较烦琐，加上实施过程中有很多不规范行为，极大地影响到居民参保续保的意愿。

三、养老服务业发展问题

目前安徽养老服务业整体存在养老服务市场供需不匹配，政府投资建设为主，社会资本涉足较少，养老服务人才队伍不稳定，专业技术人才缺乏等几个方面问题。

第一，养老服务市场需求与市场供给不相匹配。当前，安徽的养老服务刚性需求很大，但如同全国一样，全省养老服务供给相对不足。供给不足表现在两个方面：一方面是养老服务机构不足；另一方面是市场供给的养老服务产品不足，甚至有些养老产品尚未开发。同时，安徽养老服务市场还存在供给和需求错位现象，高端养老服务市场缺乏，老人精神文化服务供给不足，难以满足部分有较高支付水平的老人的养老需求；有的养老机构供给服务质量较低，老人无法寻求到满意的养老机构。例如，安徽养老机构月收费标准主要集中在500～2000元之间，但缺乏收费高、服务好的养老机构。从老年人口数量和养老床位来看，现有养老床位不能满足老年人的养老需求。

第二，政府投资建设为主，社会资本涉足较少。政府是养老服务主要的提供者，起着兜底的作用，养老服务的扶持和投资主体是政府。人口老龄化迅速发展的今天，政府应对养老问题有一定压力，需要更多社会力量参与养老领域中，更大程度地发挥民办养老机构的养老保障补充作用。当前，安徽养老服务机构发展主要以政府投资为主，民间资本投入较少。据统计，全省共有1742家养老机构，政府投资建设的有1593家，占比达到88.6%，可见民间资本投资养老服务领域的积极性不高。原因有二：一方面，养老服务市场的准入门槛高；另一方面，养老服务领域资金投入高，营利周期长，且回报率低，很多投资者因为考虑到风险性而不愿进入养老领域。

第三，养老服务人才队伍不稳定，专业技术人员缺乏。与全国养老服务人才队伍发展状况相同，安徽从事养老服务的专业人才缺乏。一是人才流失严重。养老服务人员工作较辛苦，而且要有耐心，会受到很多委屈，辛苦付出得到的工资报酬却较低，一旦有别的工作机会，服务人员就会离职，养老服务领域难以留住人才。二是养老服务领域工作者社会地位较低。目前养老服务领域工作者绝大多数是年龄较大的中老年人，年轻一代不愿进入养老服务领域工作，因为社会观念和择业观念认为，从事老年服务工作较累，工资待遇低，而且社会地位不高，这些社会刻板印象导致社会人才投身于老年服务行业的意愿不高。

第四节　加快安徽养老服务业的发展

习近平总书记强调："我国是世界上人口老龄化程度比较高的国家之一，老年人口数量最多，老龄化速度最快，应对人口老龄化任务最重。满足数量庞大的老年群众多方面需求、妥善解决人口老龄化带来的社会问题，事关国家发展全局，事关百姓福祉，需要我们下大气力来应对。"在安徽老龄化程度逐年加深的今天，解决好由此引发的各种社会问题，也同样需要我们花大力气去谋划并解决，为全省老人谋福祉。

一、综合施政保障养老服务的供给

当前，安徽养老产业表现出发展不足、服务质量整体不高的特征，深化养老供给侧结构性改革势在必行。要通过推动养老服务“补短板”、产业“补链”、区域“补强”、投融资“加力”，不断提高养老服务的供给，促进全省养老服务业高质量发展。

第一，发展养老服务业，规划先行。2018 年 3 月，安徽省人民政府制定了《安徽省构建多层次养老服务体系（2018—2020 年）行动计划》，建设多层次养老服务体系。全省展开了城市居家养老三级中心建设、农村养老服务体系建设、养老产业发展等七项养老服务建设项目。安徽优越的自然和科教优势，为推进全省养老服务业发展提供了天然条件。安徽省委、省政府高位谋划，先后在旅游业发展、老龄事业发展、健康产业发展三个“十三五”规划中，明确结合皖南国际文化旅游示范区、大别山红色旅游胜地、环巢湖国家旅游休闲区，着力发展全省旅游养老和健康养老。安徽省以建设合芜蚌国家自主创新示范区为契机，加快养老领域的技术创新，研发新的养老科技产品。以规划为引领，同时积极借鉴长三角地区在老年人需求评估体系建设、城市居家养老服务发展、养老行业监管等方面的先进经验，结合全省发展实际，重点发展城市居家养老和农村养老，提升养老机构的质量和服务效力，推动医养结合深入发展，创新智慧养老模式，打牢基础，补齐全省养老服务领域的短板①。

第二，发展养老服务业要有开放的政策保障。安徽养老服务业发展一缺资金投入，二缺人才队伍。为进一步推进全省养老服务业发展，在投资政策方面，将进一步降低门槛、放开市场，为社会资金打开投资大门，创造更好的投资环境，让营利性、非营利性的养老机构都能享受到同等财政

① 夏兴萍．推进安徽养老产业发展的思考［N］．安徽日报，2019－07－16（006）．

扶持政策，对非本地投资者给予相同的养老服务领域同等政策待遇。在人才政策方面，加强专业人才队伍的培养和引进。开展养老人才培养培训“十百千万”工程，规划用三年时间，遴选10所高校培养基地、引进100名高级管理运营人才、培养1000名中级管理人员和师资人员、培训10000名专业从业人员。

第三，多措并举，提升养老服务供给能力。当前养老服务表现出了质与量的双重需求，长期以来政府为提供养老服务供给量而制定和出台很多相关政策，采取了诸多措施，养老服务在量上有了很大的提高。随着养老形势越来越严峻，人口老龄化的速度加快，社会对养老服务的需求也日益表现出质的要求，为了积极应对人口老龄化，关键在于增强和提升养老服务供给的能力。一是大力发展各类养老机构。从国际经验看，政府是养老机构的主要投资主体，承担着养老的兜底作用。我国政府办养老机构占有率达80%以上，政府是投资主体，为了充分发挥公共养老资金的投资效益，必须探索实施多种形式的公办机构，如公办公营、公办民营、公建民营等不同运营模式。社会资本是养老服务的补充力量，鼓励民间资本进入养老服务领域，强化公办民营和公建民营养老服务机构的“造血”功能。二是积极推进农村敬老院转型升级为养老服务中心。目前农村敬老院出现较多空置，原因较多，但是不能将有限的农村养老资源闲置，必须将其升级改造后为更多农村老人服务。面对农村老人对养老的诸多考虑，居家养老是他们愿意选择的养老方式，那么针对养老需求，相关部门可以将农村敬老院改造升级为区域性的养老服务中心，为老人提供更多样、更灵活的养老服务。三是培育发展养老服务社会机构。现在民办养老机构普遍规模较小、层次低、入住率较低。大型高档的民办养老机构入住率较高，医疗和服务质量均能达到老人和社会的认同，也满足了部分老人的养老需求，但数量不多，能够覆盖的面较窄。积极引进国外和省外知名大型民办养老机构，扶持省内一些民办养老机构做大做强，在安徽形成几个大型知名的民办养老机构，通过规模化、连锁化、专业化发展，拓展养老服务功能，在市场竞争条件下，既提升了养老服务的供给质量，更为重要的是可以扩大养老覆盖面，为更多的普通老人提供养老服务。

第四，创新模式，提升养老服务供给质量。养老服务供给质量是当前亟须发展的关键环节，什么样的养老服务质量才算高，要看其是否符合使用服务的老人的需要。因此开发养老服务市场，重点是要找对路子，达到老人的养老需求。目前，家庭、社区和市场化养老格局逐步形成，新的养老模式创新力度不断加大，需要针对不同养老模式供给养老服务。一是继续巩固社区居家养老的基础地位。家庭养老在我国有很好的社会基础，无论农村还是城市，当前居家养老都是老人最愿意选择的养老方式，尤其更加适合农村养老模式，加快城乡社区居家养老服务网络建设，发展“一刻钟”居家养老服务圈，尽快实现社区居家养老服务全覆盖。二是深入推进医养融合发展。医养融合形式多样，根据具体条件，鼓励发展医社一体、医社合作、医院与养老机构合作等形式的医养深入融合发展模式，通过不断整合和运用医养资源，将医疗、护理与康复延伸至居家社区，为家庭、社区和市场化养老提供精准化、个性化、专业化医养结合养老服务。三是提倡互助养老等新型养老模式。笔者从发达地区经验看，有“志愿型”“储蓄型”“市场型”等互助养老模式，互助养老能够帮助老人解决养老服务问题，同时还可以预防老年疾病的发生，减少社会失智失能老人的数量，对于广大的农村老人来说，更加适合互助养老。针对部分有条件的老人，积极探索新型养老模式，如异地养老、以房养老、“候鸟式”养老等①。

第五，发挥资源禀赋，推进养老服务业融合发展。养老产业的产业链长，涉及领域广，能够带动上下游产业联动发展，发展养老服务业，需要形成养老服务全产业链，促进养老与中医保健、旅游文化、房产、培训等产业的融合发展，对传统养老产业进行改造升级，创新附加功能，产生更强的市场竞争力，形成融合型的养老服务产业链。充分发挥安徽自然和科教优势，打造银发产业链②。安徽交通便利，四通八达。安徽沿江通海、居中靠东、承南接北，发达的公路、铁路、航空立体交通网贯通全国。全省整体纳入国家层面

① 夏兴萍．推进安徽养老产业发展的思考［N］．安徽日报，2019－07－16（006）．

② 杨武，李叶西，张振粤，等．安徽养老产业发展现状与对策建议［J］．人口与计划生育，2016（5）：22－24．

推进全面创新改革试验，合芜蚌自主创新示范区建设发展成为国家战略。继上海之后，合肥综合性国家科学中心经国家正式批准建设为第二个综合性国家科学中心。一是开发建设一批老年农产品基地，为老年人提供放心有效的老年保健品。皖北的阜阳、亳州借助药都丰富的中药材，展开“中华药都·养生亳州”行动计划。二是实施一批银发工程，形成一批养老服务集聚区和养老知名品牌。皖南的池州地区依托富山、富水、富硒、富氧的资源优势，建设特色小镇，打造“中国健康养生首选地”。皖北利用中医药资源，建设医养融合发展基地，如阜阳红叶林护理院等一批医养结合示范机构闻名省内外。皖南的黄山地区，开发自然和民俗资源，打造适合老年人居住的住宅和老年社区。淮南和淮北以资源型城市转型为契机，利用天然资源，打造一批高端的健康养老示范基地，如朔西湖健康小镇。三是利用外资，发展养老服务业。马鞍山引进江苏三胞集团，创新发展“互联网+养老服务”，优化线上和线下养老资源，为老人提供更为满意的养老服务。合肥市民政局、科大讯飞、安徽静安养老集团，采取政企院三方合作的模式，依托高新技术资源和互联互通的发展环境，创新养老服务发展新平台，打造智慧养老机构的“安徽样板”。

第六，规划发展方向，推进养老服务区域充分发展。安徽省人口老龄化发展速度快，养老资源城乡和区域配置不均衡，养老服务区域发展不充分。为此，需要针对安徽不同区域人口和社会经济发展情况，规划明确未来养老服务领域的发展方向。针对阜阳、合肥、宿州等地区的老年人口较多的情况，重点加强这些地区的养老机构建设，加大皖北地区养老基础设施投入力度，促进养老服务供给。马鞍山、黄山、芜湖等地区老龄化程度较高，对医疗资源的需求增加，着力加强医养结合的养老机构建设，提高养护型和医护型养老床位的数量。以长三角一体化发展为契机，优势互补，相互开放和交融，推进区域内养老资源共享，养老项目对接，养老政策“通关”，为老人提供更加开放的养老环境，提供更加多样化的养老服务①。发挥长三角资金优势，引

① 于勇．安徽：找准区域定位　发挥资源禀赋　打造长三角区域养老后花园［J］．中国民政，2018（11）：30－31.

进社会资本，对安徽农村空置的敬老院改造升级，从质和量两个方面加快提升安徽农村养老服务设施水平，改善农村老人养老条件。

第七，规范行业准则，加大养老服务业投融资力度。当前，安徽养老服务业存在着行业准则的缺位和不到位现象，养老产业资金紧张，这些都制约着全省养老服务产业的良性发展。相关部门需加快推进养老基础设施、服务技能、老年产品用品等标准建设的试点示范，制定相关的建设标准，定期对养老机构的管理服务情况开展综合性调查，并做出科学有效的评价。针对养老机构资金短缺的问题，鼓励设立养老产业投资基金，引导金融部门加大养老服务业的贷款支持力度，探索政府与社会资本合作模式，吸引外资进驻养老服务领域。安徽省财政厅和商务厅联合设立安徽省健康产业投资基金，由省投资集团专业运营，支持养老产业的创业投资发展，总规模已有30亿元。为发展养老服务体系建设，安徽争取到了世界银行对我国养老服务业贷款支持的首个项目，用于发展六安、宿州等市的基础养老服务体系建设。安徽省级公共财政和省级福彩公益金为加强对养老服务的支持，安排专项扶持资金，用于向社会组织购买养老服务以及扶持社会民办养老服务机构的发展。2018年，全省专项资金使用规模达到1.3亿元。未来几年，为进一步支持养老服务业发展，政府将积极探索化解养老投资的风险渠道，尝试建立养老服务投资风险补偿基金。对养老领域的优秀人才加大奖励力度，设立养老专项奖励资金，用于养老人才的教育培训。

二、创新发展嵌入式智慧养老服务模式

利用完善的社区养老服务设施为社区内老人提供多层次、多形式的养老服务成为未来的一种养老趋势，笔者探讨如何将社会养老资源延伸到社区，集智慧化帮助和家庭自助于一体，并推动社区智慧养老深入发展。

第一，引入社会资源，发展社区居家智慧养老。居家养老已经成为城市社区主要的养老方式，提供养老服务是社区居家智慧养老的关键环节，通过引进社会资源，将社区、机构、社工、社会组织、志愿者等各方社会力量整合发展，发挥公建社区配套设施的使用价值，应用互联网技术，搭建养老综

合信息平台，运用科技智慧设备，实现老人“家门口养老”的愿望。这一社区居家智慧养老，其服务对象主要是社区内的老年群体，服务具有离家近、专业性强等特点，通过与其他社会机构合作，将家政服务、生活照料、文化娱乐、康复护理、精神慰藉等服务项目延伸发展到家庭。这一模式比较适合城市中人口密集度高、养老和医疗等服务需要补充和完善的区域。利用先进的物联网和移动通信技术，使得老人能够在熟悉的家庭生活方式和生活环境下，获得机构服务家庭化和家庭照护专业化的便利。

第二，依托社区养老功能，提供多元化的养老服务。社区嵌入式智慧养老服务模式依托的基础是社区功能，社区是老人集中生活区，政府公办养老设施较全，具有较好的养老功能。随着城市失智失能、高龄、独居以及半自理、轻度失能失智且生活需要照料的特殊老年群体人数的逐年增加，家庭养老功能逐渐减弱，生活在社区中的老人需要大量的多样化养老服务。社区嵌入式智慧养老正是适应社会发展要求出现的一种新型养老模式，是集生活服务、社区照料、医疗保健、文体活动和互联网增值设施于一体的复合型养老服务中心，就近为老人提供多元化的养老服务，服务内容有短期托养、日间照料、康复护理等，同时中心还兼顾到老人的基本生活需要，设有便民理发、助餐、助浴等为老服务。建设智慧化养老服务平台，根据老人需要随时提供上门护理、送餐、家政、健康管理等服务。在家门口提供多种服务模式，满足社区老人各种层次的需求，同时运营管理方在提供服务时收取一定费用，既可以缓解运营压力，也能够减少养老成本，满足老人的获得感和幸福感[①]。

第三，构建“三位一体”的社区居家养老服务体系。三位一体指的是“居家养老+社区养老+机构养老”，“三位一体”模式破解了居家养老存在的各种难题。社区嵌入式智慧养老未来发展趋势是实现养老服务机构的品牌化、连锁化运营，针对老人的需求，分模块为老人提供居家服务、日间照料和老年公寓等。各养老模块根据年龄段不同为老人配置不同的服务方式，如社区

① 王泽强．人口老龄化背景下安徽养老服务产业发展对策建议［J］．中共合肥市委党校学报，2016（5）：61－62.

养老，针对健康老人主要是60岁左右的老人，配备中短期型养老公寓，解决部分家庭对老人的短期生活的照料问题；针对半自理和不能自理的老人，主要是70岁以上的老人，配备长期照料型养老公寓，解决家庭照料老人的难题和满足老人疾病康复的需求，让老人不离家、不离社区就能够享受到优质的养老和医疗服务。

第四，规模化运营模式，提高服务品质。嵌入式智慧养老服务有线上和线下多种服务运营模式，因受到服务范围和人数的限制，养老服务运营方如果要实现盈利，必须采取规模化、连锁化经营，在经营中发挥社会组织、企业、需求对象等的作用，降低运营成本。根据乐年养老的服务经验，如果想为老人提供个性化和多元化的养老服务，同时又具有很高的服务质量和管理水平，且服务对象更大众化，那么只有结合物联网信息技术，采用连锁化经营，才能兼顾到企业生存和服务对象满意。

三、完善地方政府购买养老服务的各项政策

随着我国人口老龄化程度的加剧以及服务型政府的构建，为满足广大老年群体的养老服务需求，政府购买养老服务已成大势所趋。当前安徽政府购买养老服务存在诸多问题和难点，要探索多途径，为发展政府购买养老服务创造条件，将养老公共服务职责委托给各类养老社会组织完成。

第一，以政策为引领，培育壮大养老服务型社会组织。安徽各地对加快发展养老服务业都出台了具体的各类指导性政策，完善和落实养老政策是养老服务业发展和正常运转的关键。民办养老机构的运营在土地使用、资金等方面存在问题，因此需进一步完善养老政策，在土地方面优先安排土地指标供应养老土地使用；财政支持对于民办养老机构非常重要，政策上给予建设补助、运营补助及护理补助；全面放开养老服务市场，引导社会资金参与养老服务业，引进现代化的、符合地方发展实际的大型连锁社会化养老机构和服务载体，深入发展医养结合养老模式。

第二，培育养老服务人才队伍。养老服务人才短缺在全国范围内都是普遍现象，也制约了地方政府购买养老服务的发展，解决好养老服务队伍问题

成为发展养老服务的瓶颈。安徽各地市基本都有自己的教育资源，那么如何利用教育资源培养好养老服务人才，值得各地努力探索，寻找到适合本地方特点的培养养老服务人才队伍的方法。养老从业人员队伍不稳定，流失严重，一部分原因是从业人员的待遇较低，社会地位也不高，而且风险性较大。因此，考虑到养老服务业大多具有公益性质，为了稳定养老服务人员队伍，可建立补贴制度，对于从业达到一定期限且取得护理资格证的，直接给予工资补贴，提高相关待遇。为促进医养结合型养老机构的发展，稳定养老人才队伍，医养结合型养老机构的骨干人员实行编制管理，与公办医疗机构工作人员在注册考核、职称评审、业务培训等方面享受同等待遇，并纳入统一管理体制。志愿者队伍是养老服务领域的补充力量，通过制定业务培训、纠纷处理、意外伤害保障等规章制度，保护志愿者的合法权益，使志愿者活动规范化和长效化，形成一支稳定的养老服务人才队伍。

第三，推进养老服务标准化建设。针对当前医养结合养老发展的趋势，提升养老服务水平，规范养老服务业发展，健全养老服务标准化建设势在必行。制定相应的服务标准，形成一套监督管理、等级评定及退出机制，让标准化走在建设的前方，为全省医养结合养老模式的发展保驾护航，保障养老服务体系的良性运行。

第四，加大市级财政投入，提高基层养老服务体系建设的积极性。当前政府财政系统中，市级财政相对较好，县级财政压力较大，为了支持县级及以下区域养老服务建设，要加大市级财政的投资力度，减轻县（区）财政负担，激励基层部门建设养老服务体系的积极性，特别是对于经济相对落后的县（区），加大养老服务体系建设的支持力度，惠及更广泛的基层老年群体。

四、推动医养结合型养老机构的发展

目前，发展医养结合的养老服务取得了一定的成绩，但还存在着一些不足和发展困境，如医疗卫生资源缺乏、专业养老服务人才不足等问题，难以满足多样化的养老服务需求。随着我国健康中国战略的实施，为应对老龄化社会，必须积极发挥市场作用，整合养老资源，推进医养结合，实现健康老龄化。

第一，提高社会对医养结合养老的公众认识。调查结果显示，民众对养老的期望，有73.4%的人首选“医疗护理等配套服务齐全”[①]。这说明医疗护理服务在将来的养老市场中占有很重要的地位，关系着企业的生存发展。因此，相关部门应顺应形势，积极推进医养融合养老机构发展，引导医疗卫生资源进入养老机构、社区和居民家庭。推行医养融合发展，是应对人口老龄化、发展养老服务业的必然要求，也是我国老龄工作和医药卫生体制改革的重要内容。政府和社会应统一思想认识，充分认识推行医养融合发展的重要性，发挥多方优势，建立合作机制，促进医养结合养老模式的健康良性发展。

第二，发挥政府政策的推进作用。根据《国务院关于加快发展养老服务业的若干意见》，建立促进和规范医养结合养老服务发展的法规与政策，要求确定医养结合养老服务发展规划，明晰医养结合养老机构的服务性质、服务范围、服务对象、服务主体、从业人员标准、机构设置标准，完善医保报销制度，健全医疗保险机制。针对养老机构社会融资难的问题，尽快出台具体措施，鼓励和支持社会力量和民间资本参与养老服务产业的发展中。在区域老龄事业和卫生事业发展规划中加入医养结合养老机构的建设规划，在社区建设和医疗机构建设中，把医养结合养老机构建设纳入养老机构和医疗机构设置规划以及社区建设和投资开发规划，在区域建设规划中超前考虑，尽早布局。

第三，完善医养结合的实现途径。医养结合养老模式的实现可以通过机构进入社区，在社区里实现老人的医疗和养老融合，也可以通过老人入住机构，在机构内获得医疗和养老的服务，或是机构与医院结合，打通医疗和养老分离的通道。为此，为了实现老人医养互通的便捷和效果，鼓励和引导社会力量在符合准入条件的基础上在养老机构中创办医疗机构。鼓励和支持城市中部分公立医疗机构对现有医疗卫生资源进行资源整合、功能调整及重新

① 潘琳．社区嵌入式智慧养老服务模式的创新研究——以安徽乐年长者之家为例［J］．宿州学院学报，2018（3）：31－35.

定位，进而转型为老年康复院和老年护理院等医养结合型的养老服务机构①。对一些综合性专科医院如老年病医院、康复医院、护理院等，支持开设老年病科，并增加老年病床数量，兼顾医疗和养老双重功能。为促进医疗机构和养老机构合作，需要加强两个方面的工作：一方面，建立老年人健康档案以及社区医院与家庭医疗服务契约，及时地开展上门诊视、健康体检、保健咨询等服务，加快推进面向养老机构的远程医疗服务试点；另一方面，在规划医疗机构建设的同时，纳入养老机构建设，实现养老机构和医疗机构近距离规划，在深入合作的基础上，实现医疗救治机构和养老及护理服务机构互通，既解决了养老机构老人看病问题，也解决了医疗机构护理服务和病床短缺问题，为老人提供“老人不动，医院动；病人不动，医生动”的医养结合新模式。

第四，加强医养结合养老机构监管。医养结合养老模式是健康服务业和养老服务业的有效实现形式，拥有良好的政策环境和发展机遇，发展前景广阔。国务院先后发布《关于加快发展养老服务业的若干意见》和《关于促进健康服务业发展的若干意见》，财政部已将健康服务业和养老服务业纳入促进服务业发展专项资金支持范围，用于地方统筹发展健康服务业和养老服务业等公益性服务业发展。在政府政策的大力扶持下，医养结合的养老机构会逐渐增多，同时为确保服务水平和医疗质量的提升，需要加强对医养结合养老机构规范化建设，特别是对医疗和护理服务的质量监管。完善医养结合养老机构监管的质量评估体系，从功能定位、服务范围、人员和设备配备、服务规范和过程等方面加强对医养结合养老机构的服务行为评估和监督，从而提高机构的医疗和服务水平，不断满足老年人持续增长的养老服务和健康服务需求。

五、优化城乡一体化养老保障机制

养老保障一般分为两个方面：一是养老经济支持，二是养老服务保障。

① 宋向东．医养结合养老模式探讨——以安徽静安养亲苑为例［J］．安徽卫生职业技术学院学报，2015（1）：4－6．

养老服务的获取和满足依靠充足的经济后盾，为充分满足老人的养老服务需求，亟须积极拓宽养老的经济支持渠道。

第一，强化顶层制度设计，提高政策的可持续性。目前，养老保障城乡一体化建设是涉及面和覆盖面最为广泛的一项社保惠民制度，在前期运行发展过程中出现了各种问题，也因此影响到民众对这项制度的认可度和参保的积极性。为了改善城乡养老保障运行困境，目前需要在总结前期经验和问题的基础上，根据各地实际情况制定相应的地方性法规办法，尽快统一政策和执行标准，确保政策长效运行的可持续性和发展的稳定性，重点加强养老保障资金的顶层设计。一是合理安排中央与地方财政的补贴分担比例，对经济欠发达地区实行倾斜政策。二是推行横向财政转移，鼓励经济相对发达的地区带动经济较落后地区。三是建立和完善政府间转移支付机制，为保障各级政府的养老保障服务供给能力，适当减轻基层财政的筹资压力，加大市级财政资金的筹资力度，进而保证城乡养老保障一体化制度的可持续发展。

第二，发挥各级财政杠杆调节作用，增强参保的激励效果。目前城乡居民养老保障存在的问题较多，如果想提高居民参保积极性，就要弄清楚居民对参保的缴费水平和未来养老待遇水平的需求，只有提高了制度对居民的吸引力，才能推动居民参保行为。从居民自身利益考虑完善制度的不足，尝试利用各级政府财政杠杆，激发居民的参保意愿。笔者在安徽芜湖和池州两市的调研基础上，认为发挥财政杠杆调节的作用具有可操作性。影响地方基础养老金标准和参保缴费标准的因素很多，首先得考虑本区域人口和经济发展水平及城镇化水平，然后再依据城乡居民的人均收入状况、恩格尔系数、价格消费指数等经济社会发展因素，制定适合本区域的基础养老金标准和参保缴费标准，在保持中央政府统一的基础养老金补贴基础上，为减轻县级基层政府的财政压力，可适当增加市级政府财政对基础养老金的投入比例①。另外，建立养老金动态调整机制，增强激励效果。制定缴费标准差别补贴制，

① 龙长安，苏蔚．安徽淮北城镇居民养老困境及对策探讨［J］．安徽工业大学学报（社会科学版），2016（11）：22－24.

发挥政府财政的杠杆调节作用，提高居民对政府的信任度。还可以建立缴费年限和基础养老金待遇挂钩制度，将缴费年限标准细分，随着缴费年限的增长，基础养老金待遇水平也增长，增强养老保障制度的吸引力，尤其是提高年轻居民参保的期望值，增强他们长期缴费参保的意愿。

第三，创新宣传推广方式，提升基层管理服务水平。在城乡养老保障一体化推行初期，基层工作人员在建保过程中，可能会因为种种原因，对居民做出了不合实际情况的承诺，由此降低了居民对制度的信心，影响居民续保的积极性，也影响到了居民对政府的信任度。笔者通过调研发现，居民对养老保障制度的了解基本是通过街道工作人员和村干部的宣讲获得。这就对基层工作人员提出了更高的要求：一方面要求工作人员自身对制度有很深的认知，而且他们能及时准确地了解政策的变化情况；另一方面，工作人员为了做好这项工作，必须在相关部门的安排下，积极主动地参加专业素养培训，从而提高自己的高效执行力。

为提升基层服务和管理水平，提高养老保障制度宣传效果，减轻基层工作人员的负担，除了传统的入户宣传和发放宣传图册外，可以采取更便捷、高效的宣传方式。随着科技的快速发展，网络深入百姓生活，信息获得渠道越来越宽，将网络与养老保障制度宣传结合，相关部门可通过微信、微博、App 等信息平台，定期给居民推送有关城乡养老保障一体化发展的政策和信息。现代化的宣传方式更加符合年轻群体，让他们真正明白城乡居民养老保险的惠民利民性，也更加能够获得他们的信任与支持，参保的意愿也更加强烈。同时，强有力的宣传只是争取到了居民的信任和参保意愿，真正完成建保任务，还需要“一站式”的办理流程，相关部门需通过制定标准化的办理流程，实现高效、便捷的服务和管理，为参保居民提供优质高效的服务。

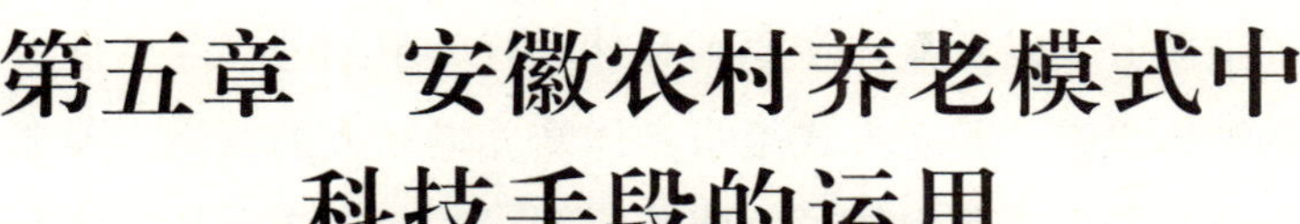

第五章　安徽农村养老模式中科技手段的运用

第一节　我国农村现有养老模式

在养老模式概念的界定上，国内学者从生活服务、居住地、经济资源的供给主体等角度给予了不同的定义。苏保忠认为，养老模式是在长久以来的养老过程中留用并加以改革的模式，其中包括养老的思想、价值观念以及行为方式等；养老方式是在养老模式的实践中，以具体的实施形式和途径表现出来的，经过长期沿用流传为样板后，就会成为养老模式①。孟艳春依据养老的经济资源提供主体不同，将养老模式分为三种基本模式：家庭养老、自我养老和社会养老。她还指出购买服务的主体决定了养老模式的性质，并据此对社会养老、社会化养老进行了区分②。李中秋认为，养老模式是一个国家或者地区的养老体系，包括各种养老方式及相关法律制度和政策措施③。笔者综合以上观点认为：养老模式的界定主要是看由谁为老年人提供经济保障、生活照料、精神慰藉等主要的养老资源保障。按照这一界定，目前我国广大的农村地区，主要养老模式为自我养老、家庭养老、集体养老、机构养老等。

① 苏保忠．中国农村养老问题研究［M］．北京：清华大学出版社，2008.
② 孟艳春．中国养老模式与优化路径探析［J］．河北学刊，2011（1）：129－132.
③ 李中秋．中国人口老龄化背景下的多元化养老模式研究［D］．成都：西南财经大学，2013.

总之，养老模式主要是指养老服务的发展原则和价值理念，养老方式是解决养老问题的具体实施过程。养老模式与养老方式相伴而生，前者是广泛意义上的概括，后者是指养老的具体行为和方式。养老模式与养老方式还可以从整体和布局上区分，以及从内在原则和外在行为上划分。养老模式代表了对养老问题的整体思维，养老方式是指具体赡养老年人的行为；养老模式是由养老方式组成的，为养老规划了范围及原则，养老方式则是这些原则的外在表现①。我国是从20世纪后期开始，借鉴西方的经验来探索社会养老模式。随着社会现代化的演进，家庭养老的负面作用会进一步显露出来，农村养老模式必然也要随着农村经济、政治、文化的发展与时俱进，这就会衍生出社会化养老模式。社会化的养老模式对民主政治、社会文化、人口结构均有着积极的影响，更有利于社会的进步与发展；同时养老模式的社会化要分层次、有步骤地进行，才能更符合我国未富先老的实际情况②。杨翠迎研究农村社会养老保险体制是从经济发展层面剖析问题，通过精确的核算推理出农村社会养老模式的建设要分步骤、分区域地进行③。林毓铭主张从中国社会的实际情况出发，建立与农村的经济、文化等大环境发展相适应的农村社会养老保障制度④。李会、程刚认为，通过农村养老保险制度的实施，有针对性地解决我国农村养老面临的众多问题，必须使农村的养老观念由家庭化向社会化转变；目前应该提高农村养老保障制度的福利性和社会性，否则很难筹措和运营农村社会养老保险金⑤。王国军提倡构建城乡结合的多层次社会保障制度，是从基本生活保障、物质补充保障、生活附加保障这样由低级过渡到高级的养老保障体制：在基本生活保障中，农村居民通过农业税收缴纳养老保障税；在物质补充保障中，劳动者和雇主要按照一定的工资比例缴纳社会保障费用；

① 姚远．中国家庭养老研究述评［J］．人口经济，2001（1）：33－43.

② 钟建华，潘剑峰．农村养老模式比较及中国农村养老之思考［J］．湖南社会科学，2009（4）：58－61.

③ 杨翠迎．中国农村社会保障制度研究［M］．北京：中国农业出版社，2003.

④ 林毓铭．转型期社会保障体制大变革［M］．北京：中国财政经济出版社，1998.

⑤ 李会，程刚．人口老龄化与农村养老保障模式选择的研究——基于对安徽省长丰县的实证分析［J］．中国卫生事业管理，2009（1）：46.

在生活附加保障中，农村居民可以自行参保商业险或其他储蓄险种[①]。安增龙和董银果认为，要结合目前中国农村的实际发展情况去探索和研究农村养老模式，我国农村人口多、底子薄，国家财政对农村事业的支持能力有限，加之我国农村居民群体数目庞大，因此大部分农村地区是不适合实施社会养老保险制度的。他们主张构建自我养老与村集体互助养老模式相结合的方式，再通过社会福利政策加以支持[②]。

一、自我养老

自我养老也叫个人养老，就是老年人主要依靠自己的能力维持自己的生活，并在精神上进行自我照顾[③]。对于农村老人来说，他们通过经营土地获得经济收入维持自己的生活需求，也可以说，农村自我养老主要是靠土地养老。除此之外，农村老年人口实现自我养老的经济来源，很多是外出务工赚取的打工钱。我国农村自我养老模式具有两方面特点：第一，自力性。老人通过自身劳动获得经济收入，在个人经济基础上实现自我养老，自给自足是自我养老区别于其他从外部获得供给的养老模式所具有的突出特点。第二，保障水平低。自我养老的经济基础薄弱，尤其是经济来源不稳定，导致其养老的保障水平比较低。对于农村老年人而言，其身体健康状况不好，一般不能从事重体力劳动，也不太可能在就业市场上获得机会，依靠自我能力难以取得足够的经济收入来满足自我生活的需求。自我养老模式的出现有一定的现实背景。一方面由于长期大量农村劳动力涌入城市，造成广大农村地区出现“空巢老人”现象；另一方面，我国传统家庭观念和家庭结构的变化，使得老年人在家族中的权威日渐式微，在整个社会、家庭的地位逐渐下降。特殊的时代背景下，自我养老现象在农村广泛存在，老人只能依靠自己的有限劳动力来维持自身生活，所以说，自我养老与其说是一种较为稳定的养老模式，

---

① 王国军．社会保障：从二元到三维——中国城乡社会保障制度的比较与统筹［M］．北京：对外经济贸易大学出版社，2005.

② 安增龙，董银果．论中国农村养老模式选择［J］．西北农林科技大学学报（社科版），2002（4）：59－63.

③ 梁鸿，赵德余．人口老龄化与中国农村养老保障制度［M］．上海：上海人民出版社，2008.

不如说是现实背景下的无奈选择。自我养老广泛存在，恰恰也反映出我国农村社会养老体系尚不健全，而低水平的自我养老，则难以保障老人养老的基本需求。

二、家庭养老

家庭养老又称为居家养老，它以血缘关系为基础，以家庭为载体，以感情为纽带，由家庭成员供给基本生活资料，提供物质支持和精神支撑，是我国流传已久并延续至今最理想的养老方式。家庭养老模式主要有三个特点：第一，基础性。家庭养老是社会基础性的养老保障。家庭为老人提供最直接的养老资源，社会养老模式只是通过外部干预实现养老的补充和矫正，很大程度上说，家庭养老是养老体系中最为关键的一根支柱。第二，代际反馈性。家庭不仅是一个经济共同体，更是一个情感的共同体，家庭养老正是下一代人对上一代人的物质资源反馈和情感的代际融合。第三，血缘支撑。与自我养老和政府养老的支撑依据不同，家庭养老是由血缘关系作为支撑，建立在以血缘为纽带的信赖与关联基础上。

当前我国家庭养老模式功能弱化的主要原因如下：第一，农村家庭赡养功能弱化。由于城市在经济收入、生活条件、未来发展方面都优于农村，吸引了农村主要的年轻群体，大量农村劳动力进入城市，并选择长居城市，家庭这一最重要的社会细胞在功能地位上逐步弱化。第二，老人在家庭中的地位弱化。传统的“孝悌”伦理社会中，老人是家庭权威人物，居于家庭优势地位，随着社会经济文化发展的多元性和层次化，老人的地位受到了挑战，年轻一代成长为家庭的领导者、家庭资源的分配者，因此老人成为家庭养老供需关系中弱势的一方。第三，家庭结构养老保障弱化。实行了多年的独生子女政策造成现在出现复杂的家庭结构，一人赡养两位老人或是两人赡养四位老人，而“失独家庭”“空巢老人”的家庭赡养功能已经缺失。现没有完善的综合社会保障体系，单一的家庭养老模式发挥的作用非常有限。

三、集体养老

集体养老模式是中国农村特有的一种养老模式，对年老多病或无子女照

顾的农村老人，由农村集体经济作为主体组织提供老人基本生活资料，满足老人基本生活需求，其养老的形式主要有“五保”供养制度和养老院、敬老院制度。“五保”供养制度是通过基层集体组织和国家财政实现对农村“三无”老人吃、穿、住、医、葬等五方面的物质帮助和生活照料。“五保”供养制度有分散养老和集中养老两种类型，集中养老主要通过福利院、敬老院等养老机构来满足老人最基本的生活照料和医疗帮助。由此可见，农村集体养老存在三方面的问题：一是养老承担主体单一，主要是福利院、敬老院；二是养老保障群体狭窄，只局限于年老多病或无子女照顾的农村老人，广大有养老需求的农村老人无法获得养老满足；三是受经济条件限制，集体养老机构养老保障水平低，只能满足老人最基本的生活需求。

针对集体养老的局限性，目前我国农村正在逐步推广实行社区养老。费孝通先生给社区下的定义是：“若干社会群体（家庭、氏族）或社会组织（机关、团体）聚集在某一地域里，形成一个在生活上相互关联的大集体。”① 这一定义强调了社区的经济文化共同体特性。因此，社区养老注重的是以社区为单位，以农村基层群众自治形式，开展社区活动，建设社区养老硬件配套设施，为农村老人提供物质供养和精神慰藉。社区养老模式的主要特点有：第一，就近养老。老人在自己生活和熟悉的环境中，依靠基层自治组织获取养老资源，不用离开社区，就可以满足养老需求，非常便捷。第二，良好的兼容性。社区养老与家庭内居家养老共生共荣、互为补充，具有良好的兼容性。

当前社区养老模式的困境主要如下：第一，社区养老承担主体的角色地位尴尬。社区是基层群众自治组织，不是政府行政机构，往往存在松散性特征，承接社区养老责任难以做出大的实质性动作。因为社区组织的主要资源来自各级政府的拨款，所以其自治的角色受政府行为的影响，成为政府意志的贯彻者和实行者。农村集体养老由村集体组织承担，低保户、五保户、敬老院、养老院等财政支出由地方民政部门统筹实施，基层群众自治组织负责

① 费孝通．社会学概论［M］．天津：天津人民出版社，1984.

核实信息、任务申报等这样一些配套行动，实际上只是在做政府养老的“帮手”，这些并不是真正意义上的社区养老。第二，农村社区养老机构发展遭遇瓶颈。农村社区内建立养老机构，对老人集中照顾，既弥补家庭养老不足，又让老人的生活更加有保障。但是，农村社区养老院也存在很多的问题。一是社区难以支撑养老机构的运行负担。当前农村养老机构的运行成本较高，对看护人员的业务素质和配套硬件设施方面要求逐步提高，单纯由政府投入，财政负担较重。二是农村社区养老机构管理责权不清晰。由政府投入建设的农村养老机构，政府难以对其直接管理，基层群众自治组织角色地位职责不清，导致很多政府兴办的养老院出现管理混乱、老人所受待遇恶劣等现象。三是传统养老观念限制农村养老机构的发展。一方面子女顾忌“面子”，不同意老人入住养老院；另一方面老人习惯了家庭生活，不愿意去养老院养老。

社区养老模式具有其独特的价值，是对其他几种养老模式不足的有效补充。具体而言，社区养老模式有以下独特价值：第一，社区发挥着政府联系群众的中介作用。社区是非政府组织，与群众生活联系紧密，很多政府不能介入、难以介入、不合适介入的问题，而社区工作人员因为是与当事人共同生活的“熟人”，他们出面进行调处就非常合适。第二，社区关爱对老人具有精神慰藉的作用。社区工作人员因为长期与老人打交道，生活交往方面接触较多，有的甚至有亲缘、血缘关系，所以在社区范围内开展的养老活动更能对老人精神进行抚慰，让他们感受到大家庭的温暖。

四、政府养老

农村社会化养老模式是一种政府引导、居民自愿的方式。它主要是通过缴纳新型农村养老保险，在政府的税收政策和福利政策支持下，将个人、集体、政府这三种资源有效结合起来，从而实现对老年人基本生活的保障。保险金的主要来源是以个人累积缴纳的保费为主、社会和农村集体给予的补助为辅，国家也给予一定程度的经济补贴。政府养老模式是指由国家充当养老主体，为国民提供养老福利，实现在全国范围内的普遍养老保障。在现代国家，政府无疑是养老保障最为关键的养老主体。自社会化养老发展以来，政

府广泛介入社会养老生活中成为必然。政府养老的特点包括三个方面：第一，体现公民基本权利。现代国家倡导以人民为中心，政府为公民建设养老保障体系是国家公民权利的一种体现。第二，提供最低生活保障。政府养老保障水平低，解决的只是公民最低限度的生活保障，比如，我国政府确定的农村基础养老金最低标准为每人每月 55 元。第三，保障覆盖面广。这也是政府养老优越于其他养老模式的最大特点，国家在全社会范围内广泛组织，建设养老保障体系，覆盖面之广是其他养老模式所无法比拟的。

现阶段我国政府养老存在的主要问题如下：第一，政府责任缺失，养老保障水平低。首先，国家用于养老保障财政公共支出较低，难以满足较高的养老需求，养老保障水平明显较低。其次，养老保障服务种类单一。农村老人养老需求较多，目前的养老服务不能满足老人的基本需求，在医疗服务、精神干预等许多方面都还需要完善。第二，社保基金缺口扩大，基金管理落后。目前，我国社保基金缺口日益扩大，其重要原因是人口老龄化程度日益严重，养老金支出金额日益庞大。

五、商业养老

商业养老模式是通过市场化运作以追求利润为目的的一种养老方式。它是通过提供服务来获得报酬，营利是它的主要目的。所以其分工更加专业化，所提供的服务与其他养老模式相比较，品质更加高端和优良。这就决定了商业养老模式的特点有三个方面：一是服务质量好，保障水平高；二是以营利为目的，兼具公益性；三是依据个人情况自愿选择。

商业养老模式存在几个方面的问题。首先，管理较为混乱，缺少具体的行业服务标准和行为规范，内部监管与外部监督尚不到位。其次，商业运营养老机构经营困难，农村老人很少有能力支付商业运营养老机构的服务费用，而城市老人有能力购买，但是又不愿意支付这一笔费用。再次，商业运营养老机构难以吸纳高素质的管理和看护人员，是机构目前最大的现实问题。最后，商业运营养老机构发展还不成熟，立法缺失使得养老机构中出现的一些问题无法可依。

第二节　农村养老模式的变迁和现状

孔子在《论语》中三讲孝道：其一“是谓能养”；其二“和颜悦色”；其三“继志述事”。这三讲阐释了从物质赡养，到精神敬养，再到道义传承的三重境界。我国学者多数认为解决农村养老问题需要政府、社会、家庭等多方面的配合。胥英明从政府职能视角出发，提出在应对农村养老问题上，政府必须在经济、制度方面加大支持力度，在全社会倡导爱老、敬老之风，加大制度保障的力度①。王超从物质保障和精神保障两个方面出发，提出了“双轨并行”的农村养老“双保”模式，在满足老人物质需求的基础上，增强老人晚年生活的幸福感②。郭亚南认为农村养老基本趋势是不断社会化，随着社会转型期的深入，农村养老走向多元化是必然选择；并从家庭、社区、社会保险三个角度，提出构建“家庭+社区服务+社会养老保险”的新型多元组合型养老模式，以满足农村老人多方面多层次的养老需求③。

一、农村养老模式的变迁

新中国成立以来，我国农村养老模式经历了时代的变迁，主要可分为三个阶段。

1. 自我养老和家庭养老为主时期（1957 年前）

这一时期家庭在整个社会秩序中起着最为根本的作用，土地是养老最重要的保障。在以自然经济为核心相对封闭的传统农业社会，家庭的亲情和血缘关系支配着农村社会交往和社会地位。费孝通先生形象地将这种社会比喻为“涟漪”，并将之称为“差序格局”的社会秩序，以“己”为中心，每一

① 胥英明．农村人口老龄化及农村养老对策［J］．理论与改革，2013（5）：82－83.

② 王超．老龄化背景下我国农村养老模式的研究［D］．成都：西南财经大学，2011.

③ 郭亚南．转型期农村养老模式多元化的路径选择［J］．重庆广播电视大学学报，2014（6）：64－68.

个人在社会秩序中的地位、与他人的关系都是依照血缘关系的亲疏来确定[①]。这一时期农村老人不仅拥有农业生产经验，而且还占有土地的支配权，是家庭的权威人物，因此形成以老人为中心的传统养老文化，“养儿防老”“百善孝为先”等传统“孝道”思想，子女对父母的赡养是每个家庭不可推卸的责任[②]。

2. 集体养老为主，家庭养老为辅时期（1957—1978 年）

1958 年，我国建立了人民公社制度，高度集中的计划经济体制保障农村的基本生活，在养老这一问题上，实质是人民公社这一集体来满足老人基本的养老需求[③]。在集体公社的政治基础之上，农村建立了保障“三无”老人吃、穿、住、医、葬需求的“五保”供养救济制度，实行社员退休养老制度，建立敬老院、养老院、福利院，满足农村老人的养老需求。因此，集体养老是这一时期主要的养老模式，同时家庭养老模式仍然发挥着重要作用。

3. 家庭养老为主，多种养老模式共同发展时期（1978 年至今）

这一时期我国农村养老顺应时代发展，家庭养老占据着重要地位，多种养老模式共同发展。1978 年，农村实行家庭联产承包责任制，打破了土地集体经营，建立在土地所有制基础上的养老模式开始由集体养老转向家庭养老，家庭养老模式重新成为农村最主要的养老方式。20 世纪 80 年代改革开放以来，农村生产力获得极大解放，农民生活水平和生活质量随之提高，“五保”供养制度、福利院、敬老院承担着农村养老职能，社区养老、机构养老、商业养老这几种养老模式也开始发挥作用，这个时期养老模式的主要特点是以家庭养老为主、多种养老模式共同发展[④]。

目前，我国农村地区各种养老模式仍未形成一个有效的、完整的、综合协调发展的养老保障体制，这主要是由以下三个原因造成的：第一，社会转型时期，我国各项国家制度构建不完善，立法跟进不及时。第二，农村传统

① 费孝通．乡土中国［M］．上海：上海人民出版社，2007.

② 许照红．我国农村养老模式的历史变革与现实选择［J］．特区经济，2007（6）：114－115.

③ 高明，苏奕杰．农村养老模式的演变线索分析［J］．石家庄经济学院学报，2013（5）：90－93.

④ 连勇．人口老龄化背景下我国农村养老模式研究［D］．石家庄：河北师范大学，2014.

养老观念根深蒂固，新型养老模式难以推广。第三，受农村经济条件限制，养老的物质保障基础薄弱，老人无法选择他们喜欢的养老模式。鉴于以上三点，我国农村需要继续探索和实践不同养老保障模式，积极建构综合性养老保障制度，深入推进农村养老保障体系建设。

二、农村主要养老模式的分析

1. 自我养老模式难以满足老人的多元需求

农村自我养老难以满足老人的多方面需求，其根本原因在于老人经济条件薄弱，较大程度地限制了自我养老模式的发展。自我养老主要是依靠土地经营获取的劳动收入。随着城市化水平的提高，农村土地不断被占用，农村劳动力外出务工，老人无力耕种导致土地撂荒，农业经营收益减少，土地给予农民的养老保障微乎其微。老人青壮年时期收入途径单一，养老节余不足，面对每年不断增长的医疗保健支出，所有经济节余只能满足最基本的吃穿需求，而医疗保障等需求难以实现。

2. 家庭养老模式受到挑战

存续几千年的家庭养老模式为我国农村养老做出了重要贡献。然而，随着社会不断变迁和诸多外在因素冲击，家庭养老模式逐渐失去经济和社会基础支撑，持续、良好的发展受到巨大挑战。2010 年之后，我国老年抚养比呈现持续增长，这就意味着家庭养老负担越来越重。同时，我国家庭结构发生重大变化，农村家庭规模逐渐缩小，家庭养老压力加大。2000 年，我国城镇家庭规模为 3.1 人，农村为 4.2 人，与 1982 年相比，城镇家庭由 4.1 人减少 1 人，农村家庭由 5.5 人减少 1.3 人。国家老龄科研中心的数据显示，农村老人得到子女经济资助的人数占老年人口总数的 60%。尽管目前农村家庭养老仍是老人主要的养老方式，但是老年抚养比不断攀升，极易造成不赡养老人、抛弃或虐待老人等违法事情的发生，极大地伤害老年人的身体和心理健康。

3. 集体养老模式发展滞后

1978 年，我国农村开始实行家庭联产承包责任制后，计划经济逐渐被市场经济取代，集体养老模式失去了经济基础，养老保障功能逐渐式微，一些敬老院、养老院由于村集体经济削弱，加上地方政府的财政拨款难以到位，养老机构基础硬件设施严重缺乏，养老保障能力严重不足，未对农村老人的养老发挥应有的作用。2011—2013 年，安徽农村集中供养“五保”人数变化不大，但是2014 年出现大幅下降，与上一年相比下降了近 10 万人，分散供养“五保”人数总体上也呈下降趋势。根据国家统计局统计数据，2011 年新型农村社会养老保险试点参保人数为 3. 26 亿人，占农村人口的 49. 7%，比 2010 年新农保刚刚试点时的 1. 02 亿增加了 2 亿余人。然而，60 岁以上农村人口的参保人数极少，仅为 8921. 8 万人，只占总参保人数的 27. 3%，与上年相比，仅增加了 6059 人，老人的参保率较低。从整体上看，农村集体养老发展滞后，难以满足农村基本的养老需求。

三、影响农村养老保障的因素

安徽农村养老模式发展存在的问题，是多方面原因综合作用的结果，主要表现在以下几个方面。

第一，农村经济发展水平较低。无论是自我养老、家庭养老，还是集体养老，其养老功能发挥的程度取决于经济资源的支撑力度。村集体自身创造财富的能力较弱，因此地方政府的财政支持是农村养老机构的主要经济来源，但是地方财政已经将很大一部分资金用于农村建设和农村经济发展，养老服务机构的装修房屋、购置床位、医疗设备和雇用服务人员所要消耗的巨大财力，地方政府无力承担。农村社会养老和家庭养老也同样受到经济发展水平的限制，农村社会养老保障体系发展缓慢。

第二，农村养老需求数量大，需求层次提高。目前，农村养老需求具有以下两个特点：一是农村养老需求数量大。近年来，农村人口老龄化速度加快，农村老年人口的总量不断增长，由于农村家庭经济能力弱，家庭成员医疗、护理知识欠缺，仅仅能够保障老人基本养老需求，难以满足成本较高的医疗、护理、娱乐需求。二是农村老人精神层面的需求不断增长。当前农村老人已经不满足于吃、穿、住、医疗等物质方面的养老供给，他们更迫切要求满足精神层面的需求。年纪越大、身体机能越差的老人在心理上越有失落感和自卑感，他们对精神层面的需求也更为强烈，但在自我养老模式和集体养老模式中很难获得这些满足。

第三，养老观念和生活方式转变。“百善孝为先”“孝子之至，莫大乎尊亲”等孝道思想深深扎根于农村家庭，孝文化影响着农村养老格局。但是随着社会开放程度的日益提高，越来越多的新文化、新思想冲击着年轻人，他们崇尚自由、独立的生活方式，不断改变着旧有的家庭结构和生活方式，几世同堂的家庭生活逐渐消失，出现更多的“空巢”家庭，很大程度地削弱了家庭养老功能，弃养、虐待老人等不孝行为时有滋生，单纯依靠家庭养老这一模式来实现“老有所养”的目标显得步履维艰。

第三节　安徽农村养老模式中科技应用及存在问题

自 2018 年 1 月以来，笔者先后赴安徽省蒙城县、桐城市、青阳县、泾县、歙县等地开展调研活动，并通过召开座谈会、考察养老机构、走访老人家庭等形式，调查当前科技手段在安徽养老模式中的应用情况及存在问题。

一、蒙城县养老模式中的科技运用及存在问题

1. 蒙城县人口老龄化及养老情况

2017 年末，蒙城县户籍人口为 142 万人，60 岁以上的老人共有 20.1 万人，老年人口占蒙城县总人口数的 14.01%，早已进入老龄化社会。蒙城县人口老龄化程度逐年递增，并呈快速发展趋势。全县老年人从分布情况看，有 2/3 的老年人居住在农村且居住分散；从居住情况看，随着蒙城县外出务工人数的不断增加，农村大多数老人只能在家与留守儿童在一起生活；从生活状况看，老年人因年龄增长而逐步丧失劳动能力，要靠儿女补给，生活质量处于中下水平。

2017 年，蒙城县开展农村居家养老试点工作，共建设 100 多所居家养老服务中心，覆盖蒙城县约 6 万名老人，享受政府补助 3682 人，已拨付老人生

活补贴127.8422万元。截至2017年底，蒙城县养老机构有34家，其中乡镇敬老院27家，床位数为4880张；社会办老年公寓7家，总床位数为2760张；光荣福利院1家，床位数为50张；总床位数超过7600多张。再加上蒙城县有各类社区养老机构105家，流动床位525张。按照常住老年人口15.5万人计算，蒙城县千名老人床位超过46张。蒙城县在完善社区养老设施建设的同时，积极推进敬老院社会化转型，开展敬老院质量服务提升工作，吸纳更多老年人入住敬老院进行养老。

2. 蒙城县养老模式中的科技应用

社区养老工作中的科技应用。在社区养老设施建设中，蒙城县运用科技手段来推进进度。第一是科学规划布局、分步推进实施。在规划布局上，以老年人人数较多、经济实力较强、硬件基础较好、组织建设较优的社区为主体，并充分考虑这些社区在全区的空间布局和辐射范围。所选的社区都有闲置学校、村办公场所、集体街面等硬件设施，以减少前期投入。蒙城县切实地把居家养老服务中心建设与脱贫攻坚、关爱农村留守儿童及乡村振兴工作相结合。第二是统一建设标准、实行分类管理。按照“七个统一”及分类管理模式，以社区为建设主体，民政会同住建、国土、消防、城管等部门设置统一模式，即“标识统一印制、立面统一规整、设备统一采购、环境统一布置、制度统一上墙、人员统一培训、工作统一推进”。同时，为更好地推进社区居家养老运营工作，开展分类保障制度，确保工作到位。第三是整合服务资源、拓展服务项目。将老人最基本、最关心、最迫切的服务需求作为重点，确保服务中心的三大功能，即便民食堂、医疗保健、文化生活。积极协调卫生、文化等部门，与村卫生室及社区文化站积极合作，确保三大功能不流失。开展居家养老服务功能拓展工作，确保行动不便的老人在家享受养老服务。第四是加强为老服务队伍建设。加大社会化居家养老管理人员与服务人员的培养力度，建设专业化的工作队伍；进一步加强与人社部门协作，对现有的管理人员与服务人员进行有计划的培训；大力发展志愿者队伍，努力造就一支由党员、干部、学生等组成的专兼职人员和志愿者相结合的居家养老服务队伍，提高为老服务水平。

自养模式中的科技推广。蒙城县是种植、养殖业大县，主要养殖黄牛、黑猪、山羊等，既有大中型养殖企业，又有农户在家养殖。这些大牲畜产生的粪便以及种植业的秸秆是沼气的主要原料。自2002年以来，随着农村沼气技术的成熟和国家农村沼气国债建设项目实施力度的加大，蒙城县抓住发展机遇，以科技为先导，以国债户用沼气、大中型沼气项目的实施为依托，以农村可再生能源开发、节能技术推广应用为重点，围绕农民增收、农业增效和农村全面小康建设，把农村沼气建设和发展生态农业、保护生态、改善农村卫生环境和美丽乡村建设相结合，大力推广农村户用沼气、畜禽养殖场大中型规模化沼气项目、秸秆沼气等农村沼气项目技术，促进了蒙城县农村沼气建设的快速发展。农户沼气项目的沼液可用于小麦、玉米等庄稼的农肥灌溉。作物秸秆、畜禽粪等在沼气池中经微生物发酵制取沼气后的沼渣，富含有机质，可制作有机肥或直接供周边农田施肥。这样，不仅解决了农业废弃物污染问题，也促进了资源的循环利用。用沼液、沼渣替代农药、化肥，减少了农药、化肥的使用量，改善了种植业品质，发展了生态农业。蒙城县按照“政府引导、协会搭桥、联合农户、官建民管”的沼气服务管理工作思路，依托乡村沼气服务网点项目的实施，建成了“总会+分会+农户”的农村能源后续服务三级模式，建成乡村沼气服务网点43处，落实农村沼气管护从业人员48人，建成一支懂技术、会维修、责任心强的农村能源后续管护队伍，实现农村沼气后续服务专业化、管理物业化、运行市场化的后续服务目标，使得农村沼气项目建设后续管理服务体系得以运转，从根本上确保农村沼气建设项目持久发挥效益，为农民宜居、农业生态打下坚实基础。蒙城农村沼气建设有效解决了农业废弃物污染，优化了农村环境，节能减排增收效果明显。据测算，每年可为全县农村沼气用户节支增收约140余万元，户均节约1500元左右。

3. 当前存在的主要问题

蒙城县农村社区养老中存在的问题。职能部门、社区管理与服务部门对做好社区养老服务的认识不足，缺乏科学理念，服务意识不强，科学宣传力度不够，导致老年人对社区服务的认识不高。很多老年人没有意识到自己与社区关系的密切性和社区服务对满足自身需求的重要性，同时对社区服务还存有一定的顾虑，总觉得服务人员的服务没有自己儿女照顾得好。这些都影响了老年人参与社区养老的积极性。

自养模式中存在的问题。由于蒙城县农村劳动力外出打工较多，老年人体力、智力逐步下滑，缺乏沼气池运行管理知识，对沼气池配套设备的自查、保养、维修能力较弱，致使沼气综合利用率低，效益未能充分发挥。蒙城县虽建有县、村二级农村沼气后续管护体系，落实了农村沼气管护从业人员，但人员无待遇、机制运转无经费等问题造成了农村能源后续管护队伍的人心波动，影响了农村能源后续服务体系的发展。由于沼气服务组织和人员的有偿服务难以推广，自我发展门路较窄，自负盈亏难以为继。而农户对后续服务认识也存在误区，不愿花钱买服务，致使后续服务跟不上。蒙城县多数农户停留在使用沼气上，尚未掌握沼液浸种、叶面喷洒、沼渣施肥等知识和技能，沼液、沼渣不能充分综合利用。再加上农民生活用品的多元化、快捷化，使部分农户弃用沼气。自 2008 年以来，蒙城县农户沼气使用率呈逐年下降趋势。

二、桐城市养老模式中的科技运用及存在问题

1. 桐城市人口老龄化及农村养老状况

根据桐城市公安部门 2018 年 3 月份提供的数据，桐城市常住人口 754495 人，其中：60 岁以上人口 141691 人，65 岁以上人口 101040 人，70 岁以上人口 63377 人，80 岁以上人口 17642 人，分别占全市人口的 18.8%、13.3%、8.4%、2.3%；百岁以上老人 30 人。老年抚养比在 3∶1 左右。近年来，用于老年人的社会保障支出将持续增长，农村实际居住人口老龄化程度将进一步加深。

桐城市农村养老状况。①加强农村养老服务体系建设。桐城市相继出台《关于印发加快推进养老服务体系建设的实施意见》等一系列文件，大力推动养老服务体系建设，目前，全市已基本建立以居家为基础、社区为依托、机构为支撑、医养相结合的养老服务体系。近年来，全市共投入资金近 6000 万

元，新建、改扩建农村敬老院18所，共有床位4725张。农村敬老院规模、基础设施以及服务等全面改善，较好解决了农村“五保对象”“重点优抚对象”等特困人群的养老服务问题。同时，支持社会力量兴办养老机构，共兴建社会办养老机构5家，床位2873张，其中“家和尊养老年护理院”被安徽省民政厅、省卫健委批准为省级医养结合示范单位。还建有吕亭、孔城红庙、青草梅城3个日间照料中心，27个农村社区养老服务站，63个农村幸福院，主要面向农村老人提供养老服务。②加大农村敬老院的改革力度。近年来，为进一步加强农村敬老院的管理，提高集中供养率，桐城市加大了农村敬老院的改革力度。市民政、财政共同会商，出台了《关于“公建民营”农村敬老院经营管理方案》（桐民字〔2015〕26号），加快推进具备向社会提供养老服务条件的农村敬老院公建民营。目前已有吕亭、大关、新渡、范岗、双港等7家敬老院通过公开招标方式，引进社会力量开展公建民营。③强化农村老人福利保障措施。认真落实老年优待政策，为全市3万多农村老年人发放了《老年人优待证》，自2013年10月1日起，全市70周岁以上老年人凭证免费坐公交。实施高龄津贴制度，自2014年7月1日起，全市80周岁以上老人发放津贴，每人每年300元；100岁以上老年人发放津贴，每人每年3600元。推行医疗护理保险，市财政按每人每年150元、共约104万元为全市6899名农村特困供养人员购买医疗护理保险，较好地解决了特困供养人员住院“护理难”问题。根据安徽省政府、安庆市政府的统一部署，桐城市大力开展“银龄安康保险行动”，动员年龄在50至80周岁的老年人，参加老年人意外伤害综合保险。2017年全市近8万农村老年人参加了此项保险，承保面达到48.5%，有7267人得到了赔付，理赔金额338.9万元。“银龄安康保险行动”的开展，取得了良好的社会效益，进一步增强了农村老年困难群众抵御意外风险能力，为全市农村老年人构筑了一道牢固的安全屏障。④大力倡导爱老敬老风尚。大力开展“敬老月”宣传和“敬老文明号”创建活动，全力营造敬老爱老助老社会氛围。大力开展农村老年文化体育活动，实现老有所乐。在桐城市体育局及老年大学的支持指导下，全市农村成立了40多个老年舞蹈队及老年兴趣班，极大地丰富了农村老年人的业余生活。

2. 养老模式中的科技应用

①积极推进居家养老服务智慧化。2017 年 10 月 19 日，桐城市政府常务会议研究同意，建设居家养老服务呼叫中心平台，由市政府为城乡困难老年人购买居家养老服务。本市 70 周岁以上身边无人照料的城区、农村低保老人每人每月可分别享受 100 元、50 元居家养老服务补贴。建成后的平台主要有紧急呼救、来电弹屏、智能定位、智能工单服务跟踪、主动关怀等技术功能要求，是运用“互联网+”思维，整合多方养老资源，实现基础数据、服务渠道、服务终端等资源共享。对接餐饮、家政、健康等为老服务主体，提供助餐、助医、助急等服务，实现智慧养老。在平台订购的任何服务和商品，从订单确认、订单派发、出发路线、上门服务到服务点评，实行全程跟踪监督，使老人真正感受到贴心的服务。平台还开辟亲情互动圈子交友专区，子女可以与父母分享生活中的点点滴滴，老人可以结识住所周边的“玩伴”，组成活动圈子，让老人真正感受到家庭的温馨和晚年生活的乐趣。②探索智慧养老和“物联网+”养老。全市各敬老院和社会办养老机构均配置安全监控系统，为老年人的活动监测、行为智能分析、亲情视频沟通、门禁系统联动等提供智慧养老服务。部分敬老院为老人配备床头呼叫器，方便老人应急服务。“家和尊养老年护理院”实施智慧养老创建工程，在入住老年人中推广应用适老智能化产品、健康监测可穿戴设备等，为老年人护理、康复、餐饮等提供个性化服务，还开发应用为老年人提供亲情陪护、康复理疗等服务的人工智能产品和设备，使老人住得开心、顺心和安心。③推动养老服务信息化。建立完善老龄信息管理系统，及时更新、维护老年信息系统数据，共录入 156908 名 55 周岁以上老人基本信息。蓝天救援队发起志愿者行动，为城乡特困老年群体配备“黄手环”“老人机”或智能穿戴设备。④推进医养融合有序开展。桐城市政府出台了《桐城市人民政府办公室关于印发桐城市推进医疗卫生与养老服务相结合实施办法的通知》（桐政办发〔2016〕95 号），积极推进医疗与养老服务相结合，促进医养融合发展。全市各敬老院已与所在地卫生医疗机构签订了医养结合协议，医疗卫生机构为协议养老机构老年人开展健康管理服务，为老年人就医提供优先优惠服务。“家和尊养老年护理院”投资

2700万元在院内建成“美德医院”，集医疗、康复、养老和护理于一体，为老年人提供治疗期住院、康复期护理、稳定期生活照料以及临终关怀一体化服务。

3. 当前存在的主要问题

①老龄事业体制机制有待进一步健全。桐城市委、市政府历来高度重视老龄事业，市、镇（街道）均成立了老龄工作机构。但由于事务较多，部分镇街均无专职老龄工作人员，因而无法有效推动老年工作，基层老龄组织发展缓慢，村（居）老年人协会或老年群众自治组织部分未成立，未能形成完整的老年服务工作网络。农村老年人社会参与不充分，敬老爱老助老氛围还不够浓厚。②老年社会保障有待进一步加强。医疗护理保险虽然较好地解决了农村特困供养人员住院“护理难”问题，但一些失能半失能农村特困供养人员及其他困难群体长期护理问题未能得到有效解决。“银龄安康保险行动”推动难，一些农村老年人对这一惠民工程不理解，认为是商业行为，抵触情绪较大。③养老机构服务质量有待进一步提升。农村敬老院重点面向特困供养人员提供吃住和看护等基本照料服务，科技养老、智慧养老基本缺乏，未广泛开展康复保健、文化娱乐、心理咨询等丰富多样的养老爱老服务，服务层次处于较低水平、服务内容单一，没有真正将养老院建设成为老年人安度幸福晚年的乐园。医养融合发展缓慢。一些敬老院不具备养护失能、半失能老年人及患有慢性病的老年人的护理条件，难以满足入住老年人看病和护理的需求。服务人员素质不高、专业人才短缺，基本上是50~60岁人员，年轻人少有从事老年护理工作。聘用的管理服务人员仅接受过初步专业培训，护理能力偏弱，只能对老年人进行最基本的生活照料，难于提供更专业的康复护理、医疗保健、精神慰藉等养老服务。由于老年人照护工作量大、责任重，且聘用人员工资待遇偏低，因而工作积极性不高，造成养老服务人员队伍远远不能满足养老服务发展的需求。入住率偏低，农村敬老院有床位4725张，入住仅有700余人，“家和尊养老年护理院”有床位2300张，入住仅有50余人。④农村居家养老基础有待进一步筑牢。农村社区养老服务设施未按标准要求配建。根据《安徽省人民政府关于加快发展养老服务业的实施意见》要

求，到2020年，符合标准的社区养老服务设施覆盖所有城市社区，90%以上的乡镇和80%以上的农村社区建立包括养老服务在内的社区综合服务设施和站点。到目前为止，农村社区服务公共用房特别是养老服务基础设施匮乏。现有的农村日间照料中心和农村社区养老服务站，提供的养老服务内容较为单一，基本上只为老人提供一些休闲娱乐服务。随着农村青壮年大量外出务工，农村“空巢”、留守老人日渐增多，日托、短托、日间照料、上门探视等为老服务问题急待解决，科技养老、智慧养老服务能力急需提升。

三、歙县养老模式中的科技运用及存在问题

1. 歙县人口老龄化及农村养老状况

歙县是进入人口老龄化社会较早的地区之一，总人口近47.8万。截至2017年底，全县60岁以上老人有10.6万人，占全县总人口数的22%。其中，65岁以上老人有6.5万人，70岁以上有4.2万人，80岁以上有1.3万人，90岁以上有1055人，100岁以上有9人。随着歙县经济社会的进一步发展，老龄化问题愈加突出。

当前，歙县的社会养老服务体系主要由机构养老、社区居家养老、社区老年活动中心等三部分组成。全县已建成社会办养老机构12所，农村敬老院16所，公办民营养老机构1所，社区居家养老服务中心2所，村级老年活动中心（农村幸福院）52所，合计总床位为2154张。为提升农村老人日常生活照料和文娱活动的品质，歙县加大资源整合力度，将闲置厂房、校舍、农村集体空余用房、社区活动办公用房等优先安排养老服务布局，累计新建村级老年活动中心50所。歙县通过整合改造闲置社会资源，有效增加供给量，推动养老服务业发展提质升级，满足社会日益增长的养老服务需求。歙县还通过各种媒体，宣传弘扬孝道文化，引导群众把养老、孝老、敬老深入到家庭中。开展帮扶结对，对散居的“五保”老人和聋、哑、傻、病、残等特殊群体，乡镇和村组落实包保责任到位，督促独居老人的赡养人和监护人履行赡养和监管义务。为了不断丰富老年文体活动和精神文化生活，农村社区老年活动中心和老年协会对辖区内老人基本信息和结构进行摸底，分类提供服

务和日常管护。在制度上优抚农村特殊困难老人，建立80周岁以上老年人高龄津贴制度、医疗保险制度、农村计划生育家庭奖励扶助和特别扶助制度、城乡最低生活保障和特困人员救助供养制度，确保困难人群人人能够享有基本养老服务。

2. 当前存在的主要问题

①养老服务设施配置率较低。居家养老仍然是当前农村主要的养老方式，社区养老服务中心能够为老人们提供专业化的居家照料服务，解决了老人生活中的很多难题。目前已建成的社区养老服务中心床位数量很难满足农村老人养老需求。农村老年协会是农村留守老人关爱服务工作中的一支重要力量，不仅能为农村老人创造参与农村社区事务的机会，而且还能够督促子女落实对老人的家庭赡养和抚养责任。但是歙县农村老年协会发展不足，全县老年协会已登记的不足20个。②养老工程缺乏人才队伍支撑。社区老年服务中心缺乏管理服务人才，难以开展丰富多彩的社区活动。目前歙县已建成的社区老年服务中心，大都是健康老年人休闲娱乐的场所，难以为社区独居老人、残疾和困难老人提供送餐、洗衣和家居清洁等服务，而且服务形式单一，尚未形成集互助、健身、学习、娱乐于一体的养老服务模式。③养老服务建设资金投入不足。目前歙县社区老年服务中心建设补助资金为3万元，难以满足房屋装修、设备添置的需要。在管理和工作费用、设施设备维护、服务项目拓展等方面，没有持续明确的运转经费保障。建设资金投入不足，养老服务体系的设施、组织、人才和技术等要素环节运转难以保障，老年人的基本生活照料、护理康复、精神关爱、紧急救助和社会参与等需求也难以得到满足，提升老年人生活质量就难以实现。④养老机构入住率不高。目前歙县已建成的养老机构平均入住率不足30%，资源使用率不高。入住率是养老机构的命脉，是经济来源的基础，入住率低，机构运营成本大，难以维持运转，导致各种服务质量达不到老人需求，形成恶性循环。而老人传统养老观念也限制了入住养老机构养老的打算。⑤农村老人缺少精神慰藉。大批农村青年劳动力外出务工，不仅无法照料老人，而且将孩子和土地交付给老人照料。子女在外地就业的农村老人占比很高，他们与子女缺乏感情交流，难免孤单

和寂寞。歙县农村老人有90%以上是居家养老，老人寿命延长，患病率、伤残率上升，农村养老问题日益凸显。

笔者从以上调研中可以看出：安徽农村养老模式中，家庭养老模式仍占主流。同时，科技手段服务养老需进行改进、机构养老模式中科技应用不够、社区养老模式中科技投入不足以及农村老人文化程度低对科技认知与应用存在障碍等现象凸显。

第四节　国内外农村养老模式的借鉴与启示

国外对社会养老保障模式的研究主要分为三种：社会保险型模式、福利保险型模式和储蓄保险型模式。

一、国外农村养老模式及启示

1. 国外农村养老的主要模式

德国的社会保险型模式。德国关于社会保障事业探索得比较早，最早形成的是具有法律保护的社会保险型模式。实施的社会保障途径都是“先覆盖城市，再向农村推进”。德国的社会保险型模式是以社会保险为主，社会救助与社会福利为辅。它的救助对象主要是生活贫苦的家庭、受到自然灾害的农民、伤残者等，主要的社会福利有老年福利补助、儿童福利补助、教育福利救济、家庭最低生活补助等。其法律法规健全，适用范围广泛。在1886年德国颁布的《关于农业企业中被雇佣人员工伤事故保险法》中，为农业从业人员设立了法律保护，1957年颁布的《农民老年援助法》对退休的农场主实施政策补助，都显示出德国对那些独立经营者和共同从事农业生产的家庭成员实行老年保障。1995年后，德国对农村居民的养老保险制度做了调整，将农村养老保险加入社会保险范围。德国的社会保险模式特征有：一是必须以国家法律规定的社会保险为主，个人和企业可根据自身情况缴纳其他险种；二是保险金的来源主要是个人和企业累积缴费，国家给予财政辅助；三是保险金的支付形式为现收现付，支付的标准与个人工资和宏观经济调控相关；四是保险机构的管理由政府和地区组织共同负责。

英国的农村高福利养老模式。英国政府对全体国民实行统一的高福利养老保障，设置专门的“老年人医院”，让老人享受公费医疗，满足老人医疗需求。政府鼓励社区养老，倡导医疗机构与社区结合，定期为老人和家庭成员在治疗、康复、营养等方面给予指导和建议；开设老年人俱乐部，丰富社区内老人的晚年生活；建设社区食堂，由家庭服务员为老人专门提供饮食服务。英国高福利的全民养老模式在很长一段时期满足了本国国民的养老需求，巩固了国家和社会的稳定。但随着外来人口流入和本国人口老龄化加快，国家难以承受越来越重的养老负担，高福利的全民养老模式难以维持。对于中国而言，高福利的养老模式并不适合我国的经济发展水平和人口状况。我国仍属于发展中国家，人口基数大，农村老年人口增长迅速，无力承担高水平的养老模式。

瑞典普惠制养老模式。瑞典是崇尚平等福利的国家，是北欧的发达资本主义国家，其社会福利保障模式是北欧的典型代表，被誉为拥有“从摇篮到坟墓”的福利体系。这种福利保险制度建立于20世纪中期，在社会的持续稳定发展、消除贫富差距方面做了很大贡献。1913年，瑞典就提出了要构建无差别的社会养老福利保障，对全体民众实施全面、普遍的养老福利保障体系。1999年，大力改进了养老金制度，将全部的养老责任毫无保留地转到政府，使瑞典的民众永无后顾之忧。这种制度的养老保险金大部分来源于政府的税收，主要包括：基本养老金、辅助养老金和企业资助的企业年金。其中，基本养老金和辅助养老金主要由瑞典政府承担，是整个养老保障制度的基础。这种福利保险体制于2003年进行了改革，新制度的改革主要有两个特点：一是个人不能事先知道自己退休时能领取的退休金的具体数额，国家统计局会根据经济增长和物价的调整进行核算；二是新制度鼓励国民延长工作年限，法定的退休年龄是65岁，但在61岁后就可自愿退休，若继续参加工作就能获得较多的养老金。

新加坡的农村储蓄保险养老模式。新加坡采用的模式是强制储蓄型养老

保险中的一种公积金模式。这种模式发起于市场经济国家，主要特点是提倡自我保障的原则，投保者每人建立一个账户，实行基金形式的累计制，保险金储蓄由在职劳动者和雇主共同承担，待劳动者退休后，可以从个人账户按时领取养老金，政府只给予一定的政策扶持，不给予任何形式的养老金补贴。另外，为了维护这种公积金储蓄保险型模式的安全运行，新加坡政府出台了以《中央公积金法》为基础的一系列法律措施，为今后实施强制型养老保险奠定了良好的法律根基。新加坡还在1955年成立了中央公积金局，是由专门工作人员进行管理的专业养老保险机构，负责制定养老保险的方针政策和办理养老保险业务，确保养老保险基金的稳定增值。每一个投保雇员都拥有自己的老年保险卡，用来记录雇主为雇员缴纳的保险费、缴费年数以及雇员的姓名、年龄、工作单位。为了增加养老保险的透明度，雇员可随时在中央公积金局查阅自己的保险卡。同时政府可以根据个人工资和收益的增长，逐渐地升高总投保费率，为养老保险金的缴纳奠定了坚实的基础。新加坡强制储蓄型养老保险制度良好运行依赖于三个方面的保障：一是设立专门机构负责养老金的运作。该机构通过运作个人养老公积金账户，实现资金保值增值，保障劳动者退休后定期从个人账户领取足额养老金，政府财政不再对个人发放养老补贴。二是政府重视家庭养老并立法。受儒家思想的影响，新加坡政府将“忠孝仁爱礼义廉耻”作为治国之纲，重视并倡导家庭养老，是首个将“赡养父母”立法的国家。1995年颁布的《赡养父母法》中明确规定父母可以向法院起诉拒绝赡养或资助贫困年迈父母的子女，法律对其严厉制裁。政府推出12个“公积金填补计划”，其中设立4个专门的“敬老保健金计划”，通过补贴政策鼓励子女主动为老人填补养老金户头。三是政府推出“三代同堂花红”税收优惠政策。子女与年迈父母同住，即可享有5000元扣税额；为祖父母填补公积金退休户头的，也可扣除税额①。目前，中国人口老龄化趋势不断加剧，养老问题在农村表现得更加突出，受传统儒家文化影响更为深远的中国，需要借鉴新加坡，重视家庭养老，完善养老立法，推动养老事业

① 戴卫东. 家庭养老的可持续性分析［J］. 现代经济探讨，2010（2）：22-26.

发展。

日本农村的养老模式。早在20世纪70年代，日本就已经进入老龄化社会，经过不断的改良和完善，如今已经建立起一套适合其国情的、较为完备的养老服务体系。一方面，制定实施规范化的养老保障法律体系。日本政府向来重视依法养老，在人口老龄化到来之前，颁布《国民年金法》，对符合参保条件的人强制要求参加国民年金体系，为满足老人养老需求，提高老年生活质量，日本政府颁布《老人福利法》，保障老年人的权益和利益。随着老龄化社会的到来，日本政府做好了充分的法律保障，颁布和实施《老人保健法》《护理保险法》等。另一方面，建立农村居民两种养老制度：共济制和国民年金制。共济制实质是一种村民互帮互济制度。同区域内居民分成不同共济小组，小组内筹措保障基金，保障成员年老生病时资金补助。共济制在日本农村覆盖面广，普及率高，极大地提高了农村老人的生活质量。日本政府为了应对老龄化社会，建立了多层次、多支柱的国民年金制，资金由政府、企业、个人、社区四方承担①，包括公共养老金、企业补充养老金、个人养老金和社区护理养老保险四个组成部分。我们可以借鉴日本政府的共济制，发展家庭养老和集体养老。我国农村是一个熟人社会，乡民有强烈的“离家不离邻、离户不离村、离土不离乡”观念。因此，家庭养老和集体养老更加适合农村老人，形成互帮互助的养老氛围，不仅满足了他们的物质和精神需求，也实现了他们追求健康幸福晚年生活的梦想。

2. 国外农村养老模式对我国的启示

从上述国外政府应对农村养老问题的举措中，我们得到一些有益的经验借鉴。

第一，制定和完善养老的相关法律法规。德国作为关注农村养老制度建设的先行者，于1883年颁布《医疗保险法》、1938年颁布《手工艺者养老金法》，使社会保障制度进一步向法制化发展；二战以后相继出台了《农民老年救济法》《劳动促进法》《健康改革法》，构建了一个完备的社会养老保障法

---

① 张国军．人口老龄化背景下青岛市农村养老模式研究［D］．青岛：中国海洋大学，2013.

律体系。瑞典于1913年制定了《全国养老保险法》，1998年和2003年分别对《全国养老保险法》进行了改革和完善。这些社会保障法律的颁布与实施，对当时建设社会保障制度起到了关键作用。我国应对老龄化危机，政府必须加快制定和完善相关的法律法规。家庭养老建立在“孝道”“尊老”等传统道德基础上，依靠道德约束来保障养老需求，这种约束力效果无法与法律的强制性相比。我国20世纪80年代建立的农村社会养老保险（简称“老农保”），由于缺乏法律保障，最终无法运行下去。

第二，加大政府投入和引导。政府在社会保障投入中占主要比重。政府存在的法理基础即为公民提供基本的公共服务保障。因此，在社会保障制度建设中，政府必须在政策、财力等各方面予以最大支持。在发达国家中，政府都是社会保障制度创建的主导者，在资源、财力、人力等方面都给予持续稳定的支持并随着经济的发展逐年增加。我国农村人口老龄化程度高，老年人口比重大，满足农村养老需求需要强大的财政支持。一方面需要加大政府投入力度。我国政府与西方发达国家相比在养老保障上的投入比例较低，随着我国老龄人口越来越多，政府需要加大财政投入力度解决养老问题。另一方面，要鼓励和引导全社会力量参与养老事业。我国可借鉴新加坡以法律条文形式强制赡养老人，弘扬“尊老、敬老、爱老”的社会道德风尚，鼓励对供养老人家庭予以税收优惠和贷款帮助。

第三，重视家庭养老。从国外经验来看，多数国家经历经济快速发展后，都会陷入人口老龄化难题。面对困境，西方发达国家采取了各种措施，英国以强大的经济实力做后盾，实施高福利养老政策，为满足老人的养老需求，承受了巨大的财政压力。进入老龄化社会较早的日本和新加坡，为应对养老挑战，通过完善立法保障家庭养老，建立国家养老保险制度，履行国家公共服务职能。我国是“未富先老”的国家，目前经济发展水平和人口结构决定了政府财政养老有限，家庭养老是未来一段时期重要的养老模式。我国具有几千年的儒家传统文化根基，这是构建家庭养老模式的先天优势。此外，家庭能够为老人提供生活照料和情感慰藉，是老人最理想的养老场所。

第四，构建多元化养老模式。根据老人年龄、身体状况及经济能力，建立养老服务供给和养老需求对等关系，提供多层次养老服务，避免养老资源浪费。对年龄较轻、身体健康条件较好的老人可以选择家庭养老和社会养老相结合；对身体健康状况较差的老人更倾向于机构养老；对兴趣爱好广泛和经济条件较好的老人可以提供多元化的养老服务，建立多元化的养老模式。

二、国内农村养老模式的经验与启示

自农村养老保险制度实施以来，在我国苏南、胶东及浙江等沿海地区集体经济比较发达的农村，农村养老工作的开展取得了丰富的经验。

1. 国内农村养老模式的实践经验

第一，青岛的社区养老与城乡一体化模式。青岛市实施的农村养老模式为社区养老与城乡一体化模式，主要结合自身良好的经济基础和城乡差距小的优势，探索从城市覆盖农村的社区养老模式。青岛市农村养老模式的成功开展，得益于政府早期培育的一批社会公益力量和社区民间组织，它们为社区养老提供了可靠的服务保障。2001 年青岛农村的社会组织中，有近 85% 的会员是公益性社会服务组织或老年服务组织者。目前，有 3500 多家民间社区组织在青岛乡镇政府有登记备案，其中有 2300 家服务组织专门为社会养老和农村孤寡老人服务。另外，青岛基层政府在农村养老事业方面投入大量的财政支持。当地的乡镇政府从 2006 年坚持为农村 80 岁以上的老人每年发放体检补助基金 150 元，八年累积共发送体检补助 2.7 亿元。2007 年青岛市农村乡镇政府共融资 1300 多万元社会资金对 1800 户“三无老人”的“危房”进行了维修，改善了老人的生活和居住环境。青岛市、区、镇三级政府共同融资 1.2 亿元，对农村敬老院翻新、扩建，近 1 万名“五保”老人从中受益。目前，青岛市农村已经达到了“镇镇都有养老院”的良好态势。

第二，浙江的民间集体养老模式。浙江省面对人口老龄化程度逐年增加的问题，政府一方面对养老服务事业出台福利政策，引导社会、企业、集体加大融资力度；另一方面，缩小城乡差距，加快养老服务体系的创建。目前浙江大部分农村养老事业发展较好，主要实施的农村养老模式为民间集体养老，是由各级政府鼓励社会事业单位、工商企业、爱心人士积极投身到农村

养老服务的队伍中去。在嘉善县农村养老服务中，由社区老年协会组织共同建立社区志愿者服务基地，并对服务基地的志愿者实行会员注册制，每一名服务人员必须持有养老服务资格证书并服从基地的管理制度，这个服务基地的宗旨是“服务今天，享受明天”，即参与农村社区养老服务的志愿者在晚年都可无偿地享受到生活照料和经济补助。由于浙江的民间资本富足、民营经济比较发达，政府基于这一优势的前提下，出台相关政策大力支持社会集体以民办公助、公建民营、企业购买、政府补贴的多种形式，出资构建养老服务机构，对出资建设集体养老院的企业给予一定的税收优惠政策和财政扶持，积极推进养老服务融资主体的多元化。同时，集合农村的独居老人、留守老人和无自理能力的老人，通过民间集资完全脱离国家规定的集体养老体制，利用闲置的乡镇政府大院、生产厂房、农家院落构建民间集体养老场所。以嵊州市农村为例，乡镇政府引导社会民间资金参与养老服务事业，2006 年以来兴建了 4000 多所生活条件优越、设施齐全，有老年文体室、文化宣传室、医疗保健室等功能齐全的“星光老年之家”，有效解决了当地“空巢”老人的养老问题。

第三，乌镇智慧养老服务模式。2016 年，随着互联网技术的成熟，乌镇的智慧养老有了新的发展，乌镇的老人们享受到了互联网带来的更多便利。一是推行老人照料计划。每个月月初，居家养老服务照料中心会对镇上老人进行一次体检，健康云平台分析体检数据后，会为每位老人制订一份适合的照料计划，照料中心按照计划为老人提供订制服务。二是在社区探索“医养结合”新模式。照料中心有全科医生坐诊，为老人提供医疗服务。同时，引进互联网技术，省里的十家医院上百位医生在网上可以开展多名医生会诊。三是探索线上的智慧养老综合平台、远程医疗平台和线下照料中心、卫生服务站结合的“医养结合二加二”新模式。在社区照料中心，设有医疗和康复综合门诊，老人可以使用医保卡支付服务费。对于行动不便的老人，志愿者提供电话或者网上预约，上门进行医疗保健服务，居家老人的健康信息会同步录入智慧养老综合平台。针对独居老人的特殊状况，照料中心为他们配有智能穿戴设备，及时接收信息，随时掌握老人的健康情况。智能机器人的配备，不仅能帮老人做些家务，与老人交流，解除独居老人孤单寂寞的困扰，还能通过系统连接，一旦老人有意外发生，系统会自动通过手机向子女报警。乌镇的智慧养老已经实现了全覆盖，小镇的1.57万老人都能享受这样的养老服务。

第四，江苏的多元化农村养老模式。江苏农村的养老保障模式的特点是由家庭和社会共同承担起养老责任。这种养老模式在资金筹集上来源于经济实力较强的乡镇企业。同时，政府对参加养老保险的农村居民也提供较高的经济补贴。因此，农村社会养老保险在当地有比较高的覆盖率。在推进农村社会养老制度建设的同时，各基层单位大力建设多元化的农村养老服务体系，发展志愿者服务队伍，为农村的困难老人提供周到、及时的生活照料。以江苏省太仓市为例，根据政府颁布的《社会福利事业发展专项规划》，构建以“爱心护理”工程、“关爱老人”志愿团队为核心支撑的正规集体养老服务模式。以无锡市农村为例，建设“三位一体化”的家庭养老服务模式，这种服务模式的主要结构是：由民政部门作为该模式的宏观调控和政策制定者，属于服务网络的指挥者；由村集体对养老服务人员进行培训考核并负责人员调配，隶属服务网络的组织者；而当地的养老中心、敬老院、托管站作为基层的服务机构。无锡市农村在当地设立了一所“时间银行”来储蓄服务人员的劳动时间，由党员、爱心人士组织的志愿者团队鼓励农村的青年群体、健康老人为高龄老人和空巢老人送温暖、提供义务帮助，最后将他们的服务时间共同累计，待他们晚年时可享受同等时间和同等质量的养老服务。

2. 国内农村养老模式的实践启示

在我国青岛、浙江、江苏这样的沿海经济发达地区，区位的优越条件及农村的发展水平是无法复制到安徽的，但是通过这些发达地区农村养老模式的成功实践，我们可以从中得到一些启示。

第一，发展农村集体经济，缩小城乡差距。我们从以上经济较发达地区的成功经验来看，经济发展水平与该地区的农村养老模式密切相关。农村工业化和集体经济的快速发展，将为该地区农村养老保障和农村养老服务体系的建设提供巨大的经济支持。以发展乡镇企业为核心，实现单一农业向多元

化产业发展，在当地乡镇政府的扶持下发展集体经济，鼓励农民齐心协力投入乡镇企业的建设中，使发展农村集体经济成为农村养老事业顺利发展的根本保障。

第二，发挥基层政府的主导作用。政府在农村养老事业方面必须起主导和监管作用，政府的一项重要公共管理职能即为社会提供基础保障，主要包括制定、规划和实施各项养老制度，从法律上加以规定，从资金上加以支持。通过各地区社会保障的发展历程，我们了解到任何一个社会保障项目都离不开当地政府的参与和资助，每一个农村养老模式发展成功的地区背后，必定有当地基层政府的大力扶持。鉴于当前安徽省农村养老供给不足的情形，政府在人力、物力和财力上的支持显得尤为重要，当前农村老年人群体的实际情况也决定了政府在农村的养老事业构建中应当发挥主导作用。

第三，创造条件，动员社会力量。无论是在我国经济发达地区还是发展中地区，农村养老模式的成功开展都需要有多样化的社会民间组织、专业化的志愿者服务队伍作支撑，这是促进养老事业顺利发展的重要基础。另外，在政府的宣传和引导下，建立农村贫困老年人救济基金，发动社会集体爱心捐助或发行老年福利彩票，实行多管齐下来解决农村养老的核心问题——资金筹集。由此，农村养老模式的发展，一定要大力发挥民间社会组织的作用，建立适应农村居民养老服务需求的服务网络和志愿者队伍①。

三、安徽农村养老模式的选择

我国农村人口基数大，且我国人口老龄化发展速度快，不久后中国将要面临人口老龄化的高峰期。为了更好地应对人口老龄化高峰期带来的养老问题，目前就应该从现实情况出发，探讨适合安徽农村实际的养老模式。与城市相比，农村仍然深受传统文化和习惯的影响，家庭养老仍将是农村最主要的养老模式。随着安徽农村社会经济各方面的发展，家庭养老模式可以适时进行调整，以农村集体为依托构建居家养老模式。城镇化的不断发展及家庭

① 柳艾玲．辽宁省农村养老模式问题研究［D］．沈阳：沈阳工业大学，2015.

结构的变化决定了单纯依靠居家养老模式实现农村老人的养老已经不太现实，这就意味着安徽农村的养老模式还要向多元化发展。伴随老人的多元化需求，多样化发展、专业化运营、精细化服务的养老服务新模式已逐渐探索起来，未来还将通过增建专门服务于失能失智老人的养老机构、加大对农村养老服务设施建设倾斜力度等举措，让越来越多的老年人感受到夕阳红的美好。

1. 多元化养老模式体系选择的现实依据

第一，安徽经济实力不足以支撑全民养老。安徽省既是人口大省，也是老年人口大省。截至 2016 年 12 月 31 日，全省户籍总人口为 7026.25 万人。根据安徽省老龄基本信息库中的数据，60 周岁及以上户籍老年人口 1096.57 万人，占户籍总人口数的 15.61%；其中 65 周岁及以上户籍老年人口 811.52 万人，占户籍总人口数的 11.55%。据预测，我省人口老龄化发展形势目前处于快速老龄化阶段。从 2046 年开始，我省正式步入重度老龄化阶段，届时将比全国平均水平提前 5 年进入重度老龄化阶段。而安徽人口老龄化呈现出进入老龄化社会早、老年人口比例高、老龄化进程快、农村老年人口比重大、超前于经济社会发展水平等突出问题。在全省 1096.57 万老年人口中，城镇老年人口 233.81 万人，占 21.32%；农村老年人口 862.76 万人，占 78.68%。面对越来越多的老年人口及必要的养老供给，在安徽“未富先老”的现实状况下，仅仅依靠省级以下财政供养全省的老年人口显得力不从心。

第二，农村家庭结构发生改变。20 世纪 80 年代推行的计划生育政策导致人口生育率大幅度下降，加上医疗技术的不断进步，老人的平均寿命逐年延长。根据第五次和第六次全国人口普查的调查数据，安徽人口平均预期寿命由 2000 年的 71.4 岁增长到 2010 年的 74.8 岁，10 年间平均寿命增长了 3.4 岁。在人口出生率和死亡率双重下降的大环境下，安徽人口结构和家庭结构也发生了重大变化。根据我国人口普查数据，2000 年安徽家庭平均每户规模为 3.44 人，到第六次全国人口普查的 2010 年，户均规模减少到 3.1 人。与此同时，安徽农村家庭规模显现出不断缩小的趋势。安徽农村家庭平均每户常住人口和平均每户劳动力人口逐步下降，“4-2-1”“6-2-1”家庭结构模式开始逐步在农村形成，即一对青年夫妇可能要同时照顾 4 ~ 6 位老人，今后有

可能要同时照顾8位老人。近年来，农村家庭收入逐步增长，老人的物质生活水平得到了较大提高，但由于子女外出务工，农村老人的持续生活照料和精神慰藉难以保证，实现“老有所养、老有所乐”的家庭养老目标已经步履维艰。安徽每年外出务工的农村青壮年近千万，他们一年只回家一次或者几次，难以顾及老人日常的生活。在安徽城镇化水平不断提高、农村劳动力加速外流的境况下，亟须探索建立多元化的养老模式。

2. 多元化养老模式体系的具体内容

人口老龄化不断加剧的严峻形势下，安徽适合选择以居家养老为主、多种新型养老模式为补充的多元化养老模式。

第一，稳定家庭养老的基础地位。现阶段，安徽农村人口老龄化程度不断加重，农村老人的养老需求急剧增长。而农村的现实情况却是自我养老模式无法持续、集体养老模式逐渐衰退、机构养老发展不成熟、农村养老保障体系还不完善，甚至传统家庭养老模式也面临弱化的趋势，老人养老陷入困境。目前安徽农村实行的养老模式中，农村家庭养老模式仍然具有不可比拟的优势，并会在今后相当长的一段时期内居于主导地位。首先，家庭养老模式具有“群众基础”。农村老人最理想的养老模式是家庭养老，在家庭中他们不仅可以获得物质满足，更可以获得精神慰藉。其次，传统养老观念和养老行为仍然盛行。当前传统“血缘亲情”“养儿防老”等养老观念具有较强的道德约束力，能够保障老人获得生活照料和物质满足，尤其在农村“熟人社会”中，不养老的行为会受到邻里指责，一般情况下农村养老不会出现恶劣的不道德行为。因此，只要农村集体存在，传统伦理道德观念影响存在，家庭养老仍将持续很长一段时间。最后，政府财力有限需要其他养老主体补充。安徽是中部欠发达省份，财政能力有限，难以保障不断增加的老年人口养老需求。尽管政府可以尽力增加养老财政支出，但是面对严峻的养老形势，仍难以供给充足的养老资源和服务。家庭是最主要的养老资源补充主体，政府可以在有限的财力上，对家庭养老给予经济支持，建立政府与家庭养老联合体，共同承担养老社会保障责任。

第二，发展农村社区养老。农村社区养老是指在农村社区建立专门的养老机构，老人居家生活，从养老机构购买日常生活照料和医疗护理等服务。社区养老模式兼具家庭养老和机构养老的特点，两者结合，扬长避短，是一种理想的养老方式。其优越之处表现为：一方面，可以减轻子女的身体和心理负担。高龄老人是主要养老服务对象，他们一般体弱多病甚至没有自理能力，其家庭结构经常是四代同堂，子女将步入老年，并承担着繁重的农活和照顾孙子及老人的重担。社区养老可发挥它的便捷特点，满足老人养老需求，极大地减轻子女的身体和心理负担。另一方面，有益于老人的身心健康。社区养老兼具家庭养老和机构养老的特点，老人既能够生活在自己熟悉的区域和亲人身边，心情愉悦，又可以接受专业化的养老护理服务，生活舒适，因此，老人从心理上感觉安心。

第三，探索新型养老模式。基于安徽农村现有养老模式遭遇的各种困境，单纯依赖任何一种养老模式都无法应对日益严峻的养老趋势。探索新型养老模式，在一定程度上不仅可以缓解政府的财政压力，还可以满足老龄化形势下不断增长的养老需求。与传统的家庭养老、集体养老、商业养老相比，互助养老、“家庭+社区”养老、专业合作社养老、以“房”养老等是较为新型且适用于当今农村现状的新型养老模式。①互助养老模式。互助养老是指以村庄或社区为单位，依据区域内老人的年龄、健康状况，根据年轻照顾年老、健康照顾病弱的原则，对老人进行分组，以互助形式满足各自的养老需求。这种低成本相互帮扶的养老形式，既可以减轻子女负担，也能够缓解政府的养老压力。互助养老模式可以采取居家式和集中式两种，老人既可以居住在家获得养老服务，也可以通过居住在照料中心实现养老保障。现阶段，安徽城镇化不断发展，农村劳动力不断涌向城镇和大城市，老弱妇孺成为乡村主要人口，农村空心化、“空巢化”现象严重，因此，以村集体为组织基础推行互助养老模式，是适应客观条件的选择。这种模式下，老人之间互相熟悉，具有相似的生活习惯和生活方式，老人能够获得最满意的养老服务。目前，互助养老模式已经在多地实施，但要在安徽各地农村有效推广，需要从两个方面多做努力：第一，多方筹集养老资金。实现互助养老需要大量资金支撑，子女、村委会、政府三方是主要的承担主体，以保障村照料中心的良好运营。

互助养老使子女脱离了繁重的照顾任务，可以全身心投入工作中，作为回报，子女应该支付部分资金购买养老服务。为此，村委会作为第三方，可以与子女签订养老协议，督促子女定期支付老人养老费，用于购买养老服务。互助养老离不开政府大力支持，需要加大财政转移支付力度，用于老人照料中心和村集体引进专业人才，购买医疗设备、锻炼设施、娱乐项目等。第二，加强专业护工培训。农村互助养老对象是一群特殊人群，需要专业护工人员提供护理服务，但是目前农村照料中心护工多来自农村，文化水平普遍偏低，缺少专业的护工培训，在服务老人时会力不从心。因此，应积极探索农村护工队伍培训途径，由村委会牵头，组织医疗志愿者团队定期对具备条件的护工人员进行培训①。互助养老模式在农村“熟人社会”环境下，依靠亲情关系和邻里之间互帮互助，满足老人的物质照料和精神慰藉，减轻了自身、子女、政府的养老负担，给老人带来了生活和心理上的舒适和满足，具有很好的养老效果。②专业合作社养老模式。专业合作社养老模式建立在合作社基础上。合作社吸引本村农民按照入社自愿、平等互利、退社自由的原则持有资金或土地入股，通过开发特色农产品或特色旅游获得利润收益，将收益一部分用作入股社员的利润分配，另一部分按照一定的比例划拨到本村的养老事业上。安徽歙县在田园综合体项目中引入专业合作社养老模式，老人将资金和土地入股合作社发展特色农业，合作社承担养老院的基础设施建设以及老人的日常生活开销，老年社员可自愿入住养老院得到免费的养老服务。合作社在田园综合体社区设立养老院，满足老人吃、穿、住等基本养老需求；建卫生所，配备完善的医疗基础设施，为入社老人建立个人健康档案，定期体检，满足老人医疗卫生服务需求；开设娱乐室，丰富老人业余生活，使老人获得精神上的满足②。与家庭养老、居家养老模式相比，合作社养老更具有优越性，将老人的资金和土地盘活利用，不仅增加了老人的经济收入，也大大减轻了子女的养老负担，对解决农村养老难题具有重要的借鉴意义。

---

① 王昭．农村互助养老模式研究［D］．舟山：浙江海洋学院，2014.

② 汲朋飞，王健，张彦立．借力农民专业合作社打造新型农村养老模式［J］．中国集体经济，2015（13）：157－159.

③“家庭+社区”养老模式。安徽省黄山市中心城区创新推行了“家庭+社区”养老模式，聘请下岗女职工为贫困或无子女老人有偿服务，既解决了下岗女工的就业，又解决了特殊老人的养老难题。政府出资聘用下岗女工，为“三无”“五保”老人购买每周7小时或5小时养老服务。在近两年的试点期间内，12个社区和5个乡镇共聘用下岗女工14人，满足了62名贫困无子女老人的养老服务需求。这种养老模式比较适合当前老人、小孩、妇女留守农村的人口状况，可以大力试行和推广。④以“房”养老模式。目前农村存在大量空置宅基地，不仅形成了土地资源的浪费，还因年久失修威胁到住户的人身安全。农村中有房产的失独、孤寡或者不愿增加子女养老负担的老人，可以将自己的宅基地使用权交还给村集体，换取养老保障。村集体取得老人让出的宅基地，整理复垦，重新规划村镇建设，建设老年公寓，为老人提供永久的居住权，同时还对老人进行一定的经济补偿，保障老人的生活来源。以“房”养老模式既减轻了子女的养老负担，又有利于政府规划建设，老人集体居住在公寓，互相熟悉，相互照顾，生活上得到了照料，精神上得到了慰藉，可以在城郊接合部加以推广①。中国农村有根深蒂固的祖宅传承传统，以“房”养老模式在观念较保守的地区难以被接受，但从安徽农村的现实人口状况、房产状况、土地状况来看，以“房”养老模式对于农村老人和子女是一种较为现实的养老选择，可以适当在安徽农村加以试点和推行。

第五节　科技支撑安徽农村养老模式的政策建议

全国老龄工作委员会办公室数据显示，截至2017年末，全国60岁及以上老年人口达2.41亿，占总人口数的17.3%。预计到2050年前后，老年人口数量将达到4.87亿的峰值，占总人口数的34.9%。这意味着30年后，每3个人中就有1个老年人。诸多专家表示，鉴于我国国情和世界养老经验，未

① 张晓伟．中国农村养老模式研究［D］．长春：吉林大学，2015.

来居家养老仍是我国主要的养老方式。但是，我国家庭规模小型化和“4-2-1”结构家庭日益增多，传统意义上的居家养老模式难以适应当前养老环境的重大变化，需要借助社区服务和专业化养老服务机构，满足老人长期照料、精神慰藉、临终关怀等养老需求。安徽人口老龄化程度高于全国平均水平，各地农村养老保障水平及养老模式不尽相同，安徽农村养老中要充分应用科技手段来推进多元化养老模式发展。

一、科学规划和合理布局，充分发挥政府的引领作用

安徽要结合乡村振兴战略，尽快编制农村养老事业发展和养老体系建设规划，高起点、广视野统筹谋划未来农村老年事业发展和养老体系建设，分解任务，明确责任，强力推进。同时，强化保障措施。进一步加强老龄组织建设，市、镇（街道）配齐必要的专兼职老龄工作人员。加快基层老龄组织发展，建立健全村（居）老年人协会或老年群众自治组织，形成完整的老龄工作网络，有效推动农村老年工作开展，使农村养老事业有人抓、有人管、有人负责。强化考核监督，将农村老年工作和养老服务体系建设纳入各级政府的重要议事日程，列入政府目标管理绩效考核范围。优化财政支持，加大政府购买服务力度，将养老建设资金向农村居家养老和智慧养老倾斜。加快构建养老、孝老、敬老的法律政策体系和社会环境，完善养老服务体系建设，整合服务信息数据。发挥公办养老机构托底保障作用，做好人才储备，推进养老行业规范化和职业化建设，培养专业服务人才，提高机构养老服务水平。安徽要大力培育养老服务人才队伍，根据经济发展水平，各级财政要加大对养老管护人员奖补力度。加大财政投入，推进失能失智特困人员养护院或特护区建设。制定奖补措施，提高集中供养率。严格落实农村社区养老服务设施配建要求，根据老年人口数量和服务半径，规划设置农村养老服务设施和站点。依托配建设施，抓好“三级中心”（市县养老服务指导中心、镇街养老服务指导中心、村居社区养老服务站）建设，形成兼具行业监管、资源整合、直接服务功能的农村社区居家养老服务网络。通过大力发展“日间照料中心”和“社区助餐工程”，打造20分钟居家养老服务圈，为老年人提供就近照护

和就餐送餐服务。着力补齐农村养老服务短板。发展农村居家养老互助服务，开展老年人集中照护服务，提高农村失能失智老年人照护服务能力。开展老年人联系走访，对农村高龄、“空巢”、留守等老年人进行定期探视走访。

二、推进医养结合，建立新型、多元、立体的农村养老模式

各级政府深入推进医养结合，做强医养服务供给主体，简化医养结合服务机构许可程序。财政资金加大奖补力度，支持养老机构内设医务室或护理站，支持部分闲置床位较多的医院转型为老年人护理院，支持医疗机构举办养老机构，支持建设安全疗护试点。推进居家养老服务智慧化，探索智慧养老和“物联网+”养老，提高农村敬老院科技养老、智慧养老含量。完善居家养老服务平台，大力宣传推广 12349 养老公益服务热线，积极为农村“空巢”、留守老人等老年群体提供更加优质便捷的服务。推动农村老人“银龄安康行动”，努力提高保险覆盖率。探索解决失能半失能特困供养人员及其他困难群体长期护理问题。在农村社区建设、美丽乡村建设和乡村振兴战略中，合理规划配置老年人文体活动场所和设施，开展各类面向老年人的文化娱乐和体育健身活动。持续加强老年权益保障工作，着力构建养老、敬老、孝老的政策体系和社会环境。一是推动三级养老服务中心建设，完成市县养老服务指导中心、镇街养老服务指导中心、村居社区养老服务站建设任务，为农村老年人提供助餐、日托、文化娱乐等服务。二是推动农村敬老院转型升级为农村养老机构。在保障“五保”集中住养需求的前提下，统筹整合资源，将农村敬老院转型为农村养老机构，利用闲置床位，重点向农村高龄、失能失智等老年群体提供养老服务。三是推动政策资金向农村养老服务体系建设倾斜。政府要加大投入，用于养老服务的财政性资金应重点向农村倾斜，支持农村养老服务体系建设。鼓励城市资金、资产和资源投向农村养老服务。通过完善扶持政策，吸引更多民间资本，培育和扶持农村养老服务机构和养老相关企业发展。

三、强化依法赡养意识，运用科技手段强化养老保障

推行签订家庭赡养协议，夯实农村居家养老基础。现代化和城市化发展

过程中，家庭养老功能越来越弱化，但居家养老仍将是安徽农村养老的重要组成部分，因此要通过多种手段鼓励家庭履行赡养老人的义务，发挥家庭对老年人的重要支持作用。各级政府在广大农村推行签订家庭赡养协议，督促子女履行赡养义务。一是统一文本，规范签订。以市县为单位统一印制《家庭赡养协议书》，主要在经济供养、生活照料、精神慰藉三个方面签订赡养协议，各镇、村根据经济条件和子女承担能力，具体规定经济供养、生活照料、居住条件、医疗保障等养老细则。二是由村委会统一领导签订，村老年人协会具体组织实施。协议签订后，由镇司法办进行鉴证，免收鉴证费。三是详细规定违反协议的情形、处罚主体及标准。例如：子女违反协议，村民委员会等单位可以应要求进行调解，批评教育，责令改正；以暴力或其他方法侮辱、虐待老年人，诽谤老年人，情节较轻的提交公安机关依照《治安处罚条例》规定处罚，构成犯罪的依法追究刑事责任，切实维护老年人合法权益。同时，运用科技手段，推进农村居家养老服务智慧化。一是统筹整合各级养老服务信息平台，实现基础数据、服务渠道、服务终端等资源共享，对接餐饮、家政、健康等为老服务主体，提供助餐助医助急等服务。物联网技术的引进，将现有养老资源进行科学整合，根据不同老年人的需求提供全方位、无时无刻的养老服务。科技化手段极大地延伸养老服务供给的广度与深度，改善了养老服务供需的矛盾。二是依托乡村社区，引入健康管理理念，探索农村居家养老新业态、新模式。国家于 2017 年开始试点示范的田园综合体，是集现代农业、休闲旅游、田园社区于一体的特色小镇和乡村综合发展模式，其中田园社区将是农村居家养老未来发展的新领地和新亮点。例如：歙县溪头镇田园综合体规划辖两个行政村，融合一、二、三产业，追求生产、生活、生态“三生”同步发展，设立三个田园社区，引入健康管理理念和新型智慧化养老模式，满足社区老人多样化的养老服务需求。

四、完善法规体系，鼓励社会和企业为农村养老提供科技支持

科学建立农村社会化养老制度要立法先行。当前要尽快制定农村养老的基本法，名称可称为《农村养老保障法》，也可作为《社会保障法》的部门

法，对农村养老的原则、形式、种类、性质，基金的筹集、管理、发放、法律责任等做出规定。逐步健全农村养老部门法和农村社会养老行政法规等体系，并与其他法律相互协调，对农村社会养老的重大问题做出具体规定，增强法律的适用性和可操作性。同时，完善农村社会养老保险的地方性法规，既要符合宪法和法律的立法精神和立法原则，又要紧密结合当地农村社会进步和经济发展以及农民的价值观念、法律意识状况，还要具有可操作性。完善农村养老法规体系之目的在于鼓励企业和社会组织参加农村养老事业，为农村养老模式多样化提供法律支撑。各级政府在开展社区养老服务时，依据法规政策，积极与企业、社会组织合作，采取外包、公开招标的方式，以政府为导向，企业、社会组织协作开展农村社区养老服务。在法规、政策允许范围内，适当地给予企业、社会组织税收优惠、减免政策，使农村居家养老模式在广大农村规范地运行。各级政府有关部门做好监管工作，促进农村养老服务体系可持续发展，最大限度满足社区老年人的服务需求，提高老年人生活水平。

五、发挥农村老年人协会作用，提升农民自我养老能力

安徽农村当前在基础设施、资金保障、人才支持和养老观念上还存在一些问题和困难，难以全面实现农村老人机构养老和社区养老，农村老人绝大多数是居家养老。由于青壮年劳动力大多外出务工，农村老人自我养老现象较普遍。针对这一状况，歙县利用有限的资源和条件，充分发挥老年人协会能够办实事、办好事的作用，探索出了一条保障农民自我养老，过上美好生活的养老路径。一是党支部引领协会工作。歙县富褐镇老年人协会是歙县特色品牌协会，富褐镇“夕阳红”党支部在老年人协会各项工作中起到了至关重要的作用，老年人协会十二位理事中，支部成员就占了三分之二，形成了一个坚强的领导核心，将老年人协会工作纳入议事日程，统一谋划，组织开展活动。二是调动和整合社区资源开展活动。富褐镇将“夕阳红”党支部、富褐村老年活动中心、富褐老年人协会和富褐老年大学几个机构整合到一起，发挥合力作用，协助推动居家养老服务工作。根据老年人不同的年龄阶段、

家庭结构现状、具体的身体状况与家庭经济水平等现状，将其需求建议整理入册，细致划分，规划整理做成表格，以此保障服务对象的个人需求。同时还开通热线服务等电话专线，及时了解老年人的需求，以此应对突发情况或者事件，从而保障老年人生活需求。农村老年人协会通过争取社会上有名望的有识之士、当地企业和个体老板赞助支持协会工作，加强协会软硬件建设，有效地组织开展文体活动，丰富老年人的精神文化生活，促进老年人的“老有所养”和“老有所乐”。三是老年人协会坚持“自治、德治、法治”方针加强建设和发展。歙县富褐镇老年人协会本着自治原则，自 2012 年成立以来，坚持坐班制度并填写坐班日志，到目前已经有厚厚的三大本日志。协会内部组织完善，内设社会事务协调、舞蹈、书画、棋牌、后勤、财务六个组，由理事根据自身特长分工负责。老年人协会围绕“五个老有”目标组织开展活动，打造重阳节庆典品牌，组织送戏下乡，为幼儿园送服务，出宣传栏，宣传各项惠农政策，使农村老年人体会到归属感、快乐感和幸福获得感。

第六章　推动安徽老龄产业的发展

我国拥有世界上最大的老年消费群体，安徽随着老年人口比重的不断提高，也将迎来发展老龄产业的战略机遇期。这对于不断扩大内需、创造就业机会从而刺激安徽经济平稳、快速、可持续增长是一个有利的因素。而安徽老龄产业发展相对滞后，这种状况与安徽老龄事业的发展不相协调。随着社会主义市场经济体制的完善，目前在满足老年人日益增长的物质需求、精神文化需求、养老服务的社会需求以及消费需求方面的供需矛盾日渐突出，加快老龄产业发展势在必行。

第一节　老龄产业的兴起与特征

我国1992年至2009年人均年退休费用开支由1651.5元增长到15347.7元，在忽略物价变动的情况下增长近10倍。中国老年人消费需求总量由2003年的近3100亿元上升至2009年的1.2万亿元，消费总额稳速上升。在消费比重上，老年人口消费占总消费的比重由2000年的9.67%上升为2009年的11.1%[①]。老年人的退休费用的大幅增长和消费能力的逐年提高为老龄产业发展提供了巨大空间。

---

① 国家统计局人口和就业统计司．中国人口和就业统计年鉴2010［M］．北京：中国统计出版社，2010.

一、老龄产业的概念及相关理论

1. 老龄产业的定性问题

产业是社会分工的产物，是社会生产力发展的必然结果，是具有某种同类属性的经济活动集合。“产业”一词在不同历史时期和不同研究领域有不尽相同的含义，而且随着社会生产力水平的不断提高，产业的内涵将不断充实和丰富，其外延也将不断扩展。经济学意义上的产业，是指“国民经济中按照一定的社会分工原则，为满足社会某种需要而划分的、从事产品和服务生产及经营的各部门”。在经济理论研究中，多数经济学者谈到的产业，多数是指具有投入产出活动的经济单位。在产业经济学理论中，产业是指具有某些共同特征的企业经济活动组成的集合①。关于老龄产业概念的界定仍有争议，学界一般认为老龄产业不是传统意义上的一个独立的实体产业部门，而是包括不同实体行业的综合产业体系，是以年龄以及由年龄决定的消费特征为标志而划分的产业，它包括所有有关老年人物质和精神以及其他特殊需求的商品生产和服务②。从这个概念看，老龄产业不是一个独立的产业部门，而是跨行业、部门的综合产业群。而且，这是一个非经济学角度的定义。抽象地说，一个产业就是具有某种同一属性的经济活动的集合；从企业层次上说，就是同类企业的结合体。因此，按照现今国际社会较为通用的三次产业分类标准，老龄产业的称谓较为“特殊”。简单地理解，老龄产业可以说是一种锁定服务对象在年龄上属于老年人的专门产业，其划分的基础和依据是人口老龄化趋势的加强和老年人口数量的增长，以及随之而来的对老年产品和服务的需求。此外，老龄产业概念的提出具有中国特色，因为在国外没有老龄产业的提法，只有“银色产业”或“健康产业”的概念。在西方经济发达国家，通常社会化服务的程度非常高，向老年人提供的社会服务也是多种多样的。同时，各种专门针对老年人喜好的商品也很丰富。

---

① 苏东水．产业经济学［M］．北京：高等教育出版社，2000：3.

② 顾鉴塘，谢蔼，张群．要扶植老年经济实体——上海市退管老年经济实体发展的启示［J］．市场与人口分析，2001（5）：61－65.

老龄产业概念的不清晰，表现在没有把握老龄事业和老龄产业的区别和联系。老龄事业是指老龄工作体系，具体为一系列的工作计划、目标和任务；而老龄产业是社会化、产业化的经济活动。时任国务院副总理、全国老龄工作委员会主任的李岚清同志曾强调，老龄事业是一项新型的社会事业，也是一项大有可为的新兴产业。对这一表述，现在学术界和实际工作者在理解上存在歧义：有学者认为，老龄事业和老龄产业都是以老年群体为服务对象，它为老龄群体提供与生活保障相关的各种制度、设施、物品、服务等老龄产品。当这些老龄产品的提供主要由政府承担时，我们称之为老龄事业；当这些产品主要通过市场提供时，我们称之为老龄产业。当老龄事业逐步脱离政府包办的局面，越来越具有企业化经营特征后，老龄事业就转变为老龄产业，老龄产业是老龄事业适应市场经济的表现形式。老龄事业性质上是社会公共管理的政府行为活动，而老龄产业性质上是指经济单位的市场交易活动。我国大力发展老龄产业，实际上是政府转变职能的需要，在应对人口老龄化迅速发展的大趋势下，借助社会资金的参与，满足不断增加的老年人口物质和精神文化方面的需求，提高老年人口生活质量的宏观管理模式的改革行为。这种体制的改革最终缓解了在计划经济体制下由政府大包大揽的老年福利制度给国家造成的巨大经济压力。

有部分学者坚持认为，福利性和微利性是老龄产业的显著特征，是老龄产业和其他产业的主要区别。因为，任何企业都以营利为目的，不营利的企业，或不以营利为目的的企业，在市场经济的大潮中是没有立足之地的。老龄产业也不例外。在社会主义市场经济条件下，要促进老龄产业健康、稳定、持续地发展，必须既要强调它的福利性，又要保持它的微利性。有些学者认为老年群体在社会中处于相对弱势的地位，这决定了老龄产业是一个带有公共性、福利性特征的领域。在这种思想的指导下，目前相当一部分优惠政策和法规只给予福利性的、非营利的老龄产业（如养老服务机构），而将那些以纯粹民间资本涉足老龄产业（包括老年产品、老年住宅、老年旅游、老年服务等）的企业排除在政府的扶持及优惠政策之外。实际上，老年群体是个消费需求多样化、多层次的消费群体。不同年龄段、不同收入的老年人，在老年产品的需求和消费能力上差异很大。处于老年阶段的老年人与将要进入老年阶段的老年人，在消费理念、消费习惯上也存在较大的差异。目前，各地政府的老龄产业政策侧重扶持为老年人提供基本生活保障的产品和服务的企业、机构，这对老龄产业的起步及可持续的健康发展是十分有利的。

近几年来，在经济发达地区出现了越来越多的民营资本积极参与老龄产业领域的现象，并且已经出现不少成功经营老年产品和服务的企业、机构。实践证明，走市场化运作模式也是可行的。有些学者在比较社会办的养老机构和政府办的福利养老机构在管理能力、盈利水平及提供养老服务质量上的差异时，发现社会办养老机构比政府办福利养老机构更具竞争能力，入住老人对社会办养老机构的满意程度比政府办养老机构要高。

老龄产业的定性问题还表现在老龄产业“产品”性质的分类上。从经济学角度看，任何产品在产品性质上，一般可分为三种类型，即“公共品”“私人品”和“准公共品”。老年“产品”应该主要指老龄产业部门所提供的产品，这类产品主要是为老年人所消费或为老年人服务。简单地说，老年公共产品和服务是指由政府财政和民政等部门免费给老年人提供的设施和服务；私人用品是老年人通过市场按照市场价格而获得的产品和服务；准公共用品是指老年人以低于“市场价格”获得的由特定组织或团体提供的用品和服务。由于资源的有限性，老年人实际能享受的老年产品主要是由老年人自身特征、家庭状况及所在地区的社会经济发展水平决定的。而一般意义上，发展老龄产业主要在于鼓励市场提供更多的老年“私人用品”。因此，认同老龄产业的“产业”性质，在一定程度上弱化了老年产品的福利性。至少现阶段对于刺激更多的商业资本介入老龄产业领域，形成老龄产业的规模发展是必要的。

另外，老年经济实体主要是指以老年人为主体创办的企业单位。有些学者认为，老年经济实体涵盖在老龄产业范畴内，是具有中国老龄产业的特殊性表现。多数学者则认为，老龄产业既然称为产业，按照产业的基本含义，老年经济实体应该属于老龄产业的具体表现形式之一，而且不能包括那些不为老年人提供产品和服务的老年经济实体。老年经济实体属于老龄产业的范畴，首次出现是在第一次提出老龄产业正式概念的第一届老龄产业讨论会上。

以后，随着对老龄产业认识的加深，老年经济实体大部分被排斥出老龄产业的范畴。但是如果老年经济实体生产或提供的服务是针对老年消费者的，则其仍然属于老龄产业的范畴。

可见，老龄产业是专门为老年人提供产品或服务、满足其衣食住行等方面需求的各种行业的统称，不仅向老年人提供产品及服务，还对老年人力资源进行开发和利用。它包括生产、经营及服务三大方面所有专门为老人提供产品、服务和就业机会的营利性经营实体，涉及第一、第二、第三产业范畴。

2. 老龄产业的理论基础

到目前为止，大多数学者在论述老龄产业时，都认同老龄产业的兴起是人口老龄化发展的必然结果，是适应老龄化社会到来的产物。人口老龄化相关理论认为，老年群体的日益增加，既是社会进步的一个重要标志，也是人类社会面临的新的挑战和难题。老龄化社会与以往人类所经历的年轻型或成年型人口结构社会，最显著的区别在于养老问题更加凸显。传统的家庭养老模式或国家福利性集中养老模式已很难适应现代社会经济发展的需要。社会化养老——一种通过市场整合和优化社会资源的模式，不仅是西方发达国家在总结经验教训的基础上作出的明智选择，也是大多数不发达国家——通常是那些保持着传统家庭养老模式的国家或地区改革社会保障制度的必然选择。按照人口老龄化理论，随着人口老龄化趋势的加剧以及家庭功能的外移，家庭成员为老年人提供的支持和资源越来越不能满足老年人的需求，因此寻求社会支持将成为必然趋势。发展老龄产业实质上是老龄化社会中社会资源倾向老年群体，或者说随着人口年龄结构的变化，日益增加的老年群体的需求将影响整个社会需求结构的变化，老龄产业也是适应这一趋势而必然产生与发展的产业。因此，发展老龄产业必须考虑老龄化的社会背景。而老年人口增多、老年人需求的多元化是老龄产业赖以发展的最基本的社会基础。

从经济学的原理看，需求是市场存在的前提，而市场是人口、购买力（需求）和购买愿望（需要）三因素的统一体。产业的产生和发展是以市场的需求为原动力的，即市场需求刺激产业的发展。当市场发展到一定规模即形成一定市场体系时，一个产业就形成了。老龄产业的产生与发展取决于由老年人口规模、老年人的购买力水平和购买欲望所决定的市场需求。因此，老龄产业实质上是一个以老年消费品——老年商品和服务为主体的市场体系。由于老年需求的特殊性，老龄产业与其他产业相比较会更加复杂，但主要以老年照顾服务和满足老年人生理、心理特殊需求的用品为典型特征。发展老龄产业就是借助产业形式，利用市场机制高效配置社会、家庭与个人的养老资源，满足老年群体的养老和日常生活的需求。依据市场规律和产业理论推导，老龄产业并不是人口老龄化出现之后才产生的，而是老年群体存在时就开始了。在市场经济比较发达的国家和地区，商人很早就开始为那些少数富裕的老年人提供服务，尽管规模和范围不如现在明显，但已经属于老龄产业的雏形。从市场的角度看，老龄产业是以年龄为标志划分消费群体的产业。

而发展老龄产业的根本目的在于提高老年人的生活质量。以人为本的可持续发展观认为，社会文明的进步标志是“不分年龄，人人共享”社会经济发展成果。因此，发展老龄产业不仅是老年人的需要，也是社会经济健康有序、可持续发展及实现小康社会的要求。以人为本意味着老龄产业存在的合理性在于为老年群体提供符合老年人特殊需要的产品和服务。我们必须承认老年群体是社会的特殊群体，也是社会不可缺少的部分，而且他们将在老龄化社会中发挥越来越显著的社会作用。老龄化社会的到来，要求我们必须改变以往对老年人的任何偏见和歧视，正视他们合理的需求，发展老龄产业正是适合这一社会发展趋势的市场经济手段和方式。

二、老龄产业的特点及相关政策

1. 老龄产业的特点

老龄产业作为一种以老年群体为服务对象的新兴产业，有以下四个主要特征：一是特殊性。老龄产业是以60岁及以上老年人口为服务对象，为满足老年人特殊需求，根据老年人特征提供的老年产品和服务，区别于其他产业，因此具有特殊性。二是综合性。老龄产业是一个囊括第一、二、三产业的综合性产业体系和综合性市场体系。它涵盖老年日常生活用品业、老年教育业、老年金融业、老年文化娱乐业等多个市场。三是微利性。提供老龄产品和老龄服务的企业平均利润较低，这是由其服务的特殊群体所决定的。四是福利性。政府部门和其他非营利机构提供的部分公共老龄产品和服务具有福利性。因为如果老龄产业完全以“利润最大化”的市场原则运作的话，将有很大一部分老年人没有经济能力去负担，所以需要政府提供福利性的照顾，这也是老龄产业独有的特征。

近年来，我国老龄产业发展很快，突破了养老事业的格局，允许社会各界进入老年服务领域兴办老年服务机构和从事老年服务业，更是把老龄产业作为朝阳产业来抓。市场机制的引入为老龄产业的发展带来了新的生机和活力，出现了过去不曾有过的一些新现象。一是服务主体多元化。由社区、企业、个人、合资、集资联办养老服务设施。二是资金来源多元化。有国家和地方政府财政拨款、个人和企业投资、社会捐款等多渠道筹集资金，从而扩大了资金来源。三是服务对象社会化。过去老年福利设施收养的对象主要是民政部门管辖的“三无”老人，现在招收的对象范围扩大了，不仅招收“三无”老人，而且对社会开放，只要需要和愿意，每位老人都可以自费进入各种养老服务设施来接受服务。

2. 老龄产业的相关政策

1996 年我国颁布的《中华人民共和国老年人权益保障法》，2000 年中共中央、国务院下发的《关于加强老龄工作的决定》和 2001 年国务院制定的《中国老龄事业发展“十五”计划纲要》，对我国发展老龄产业提出了大政方针。其后，有关部委和安徽省政府相继出台了推进老龄产业发展的优惠政策。2014 年以来，《安徽省人民政府关于加快发展养老服务业的实施意见》（皖政〔2014〕60 号）等政策文件陆续制定实施，2016 年《安徽省实施〈中华人民共和国老年人权益保障法〉办法》修订，老龄事业法规政策体系更加完备。2017 年发布的《安徽省老龄事业发展和养老体系建设第十三个五年规划》中，就发展安徽老龄产业明确了实施路径与方案。

当然，老龄产业在安徽尚处在起步阶段，行业指导和行业管理十分重要。目前，安徽老龄产业相关的行业协会还不多。企业基本上主要靠自己的力量面对市场，上边没有行业管理组织，中间缺乏沟通和交流，下边服务对象信息反馈渠道不畅通。如果有了适应需要的各类行业协会，就可以面向企业发布市场信息，为企业和老年消费者提供信息咨询服务，帮助企业解决它们遇到的突出问题。

3. 老龄产业的分类

从国内外研究看，老龄产业主要包括养老服务业、老年卫生保健业、老年日常生活用品业、老年金融业、老年保险业、老年房地产业、老年文化娱乐业、老年教育产业、老年咨询服务业及其他相关特殊产业等类型。从类别看，老龄产业具有三方面的属性：一是它既包括有形的产品，也包括无形的产品、服务；二是它不但包括物质方面的商品和服务，也涵盖精神文化生活的商品和服务；三是老龄产业所涵盖的领域是多方面的，不仅包括生产领域，也包括流通领域及相关的服务领域。老龄产业并不是传统意义上一个独立的产业部门，它的产业链条很长，涵盖的产品种类众多，包含的行业门类齐全，是从第一、二、三产业中派生出来的满足老年人需求的一种特殊产业①。现实中，老龄产业主要包括养老服务业、老年卫生保健、老年旅游、老年娱乐服务业、老年金融保险业以及老年用品和老年服务产品制造业等。学术界对老龄产业进行分类所采取的方法也不尽相同，趋于一致的看法是：老龄产业不是孤立存在的，它是集合了不同经济门类，其中包含了很多传统行业的综合性产业。老龄产业从宏观层面大致可以分为制造业、建筑业、服务业以及特殊行业等几种类型。不同的行业各自拥有自身的行业特点。根据这些特点，每个行业在老龄产业的大框架内再进行产品或服务的细分。除了各个行业自身特点之外，老龄产业作为一个综合性产业，其还有一个突出特点，那就是它打破了传统行业的界限，成为集多项功能于一身的多功能产品或多功能服务。

从某种意义上来说，老龄产业与老龄事业之间存在着属性上的不同。简而言之，两者之间分别属于两个不同的领域。老龄事业属于非营利性公益事业，而老龄产业则是以营利为目的的经济活动。另外，两者之间也存在一个

① 艾慧．中国老龄产业研究现状与展望［J］．经济纵横，2007（2）：30－33.

共同点。不论是发展老龄事业抑或是老龄产业，其目标群体都是老年人，这一点是毋庸置疑的。陈叔红等在《养老服务与产业发展》一书中指出："在目前的养老产业研究中，依然存在着养老事业与养老产业相混淆的现象。一些学者一谈到养老产业，往往就爱与养老事业混在其中一并阐述。虽然养老事业和养老产业都是以老年群体为服务对象，为老龄群体提供与生活保障相关的各种制度、设施、物品、服务等老龄产品，但实际上养老事业与养老产业存在着根本的区别。"①

三、老年消费市场

从产业经济角度看，有如此庞大的消费群体期待着通过市场获得他们所需要的各类商品和服务，对于企业界（更确切地说是涉老企业）来说的确是一个千载难逢的商机。在21世纪，随着安徽老龄化比重的提高，由老年消费者形成的消费市场的规模将呈现出不断扩大的趋势。此外，由于近年来国家的富民政策在全国各地得到贯彻落实，让越来越多的城市和农村老年人的收入得到不同幅度的提高，他们的购买力也正在逐渐增强。

1. 老年消费的主要市场

第一是老年辅助设备的消费。老年人健康状况的下降，使得他们的听力、视力、腿脚活动能力都在不同程度上发生功能衰退，使用辅助工具将帮助他们提高日常生活自理能力及生活质量。在老年人口中，老花镜的使用率最高，其次是拐杖，助听器与轮椅较少。一般而言，老年辅助设备的使用率上是城市高于农村，高龄老人辅助设备使用率较低龄老人高，男性较女性使用率高，但是女性拐杖使用率较男性高。第二是老年保健品的消费。随着经济发展，生活水平提高后，老年人对保持和增进身体健康的追求更加迫切，保健品会更受到老年人的青睐。向老年人口提供适销对路、有利于健康、安全无害的保健品，是老年产业发展的一个重要领域，但需要规范发展。第三是老年烟酒消费。吸烟喝酒不仅是年轻人的嗜好，许多老年人也有这种嗜好。吸烟喝

① 陈叔红．养老服务与产业发展［M］．长沙：湖南人民出版社，2007.

酒不仅是男性的消费内容，而且也是一部分女性老年人口的消费内容。老年人烟酒消费的比例随年龄下降，表明低龄老人是烟酒的主要消费群体。

2. *老年消费市场的发展趋势*

老年消费市场的需求趋势主要表现在以下几个方面：第一是老年人整体购买力在整个社会购买力中的重要性越来越重要，总和购买力可观。我国人口基数大，老年人口规模也是世界上所有国家中最大的，而且远远超过其他任何国家可能达到的老年人口规模。如果中国经济社会发展趋势正如预期的那样，那么中国老年人口所形成的市场购买力在未来很可能会超过同期发达国家的水平。第二是未来的老年人就是今天的年轻人，他们在经济上将比现在的老年人更为宽裕。同时，他们在行为选择上也更为自主，他们的消费观念与现在的老年人有着明显的差别，也就是消费的能力和欲望更加强烈。

无论城乡，男性在烟酒、人际交往方面的支出都多于女性。文化娱乐虽然少，也是男性多于女性。从具体的消费构成来看，除其他消费之外，烟酒、衣着、人际交往是城乡老年人口的三大消费主题。在城市，人际交往消费占第一位，其次是衣着消费，烟酒消费占第三位①。

第二节　安徽老龄产业发展状况与存在问题

一、安徽老龄产业发展状况

老龄产业不仅为老龄人群学习生活提供便利的条件，也为国家经济的发展带来了积极的效益，同时还能解决部分就业问题，对促进全面小康社会的建设有一定的推动作用。近年来，安徽老龄产业发展较快，但由于安徽整体上处于欠发达省份，安徽老龄产业发展呈现出以下特征。

① 麻凤利．中国老龄产业发展的机遇与挑战［M］．北京：中国社会出版社，2010.

1. 安徽总体经济增长较快，老龄产业增速不大

据安徽省统计局资料，2005—2009 年，安徽省每年规模以上工业增加值以 22% 左右的速度增长。近年来，安徽规模以上工业增加值的增长速度有所回落，仍保持两位数的增长率。虽然安徽经济一直取得较为稳定的增长，但老龄产业增加的幅度并不很大。而老龄产业与环保产业都属于 21 世纪的新兴产业，未来必定有很好的发展前景。同时，安徽是人口大省，老年化程度高于全国平均水平，大力发展老龄产业已成为安徽经济社会全面发展的不可或缺的一个方面。

2. 老龄产品种类少，层次较低

随着老龄产业的不断发展，老龄消费市场潜力巨大。在老龄产业发展较早的西方发达国家，其老龄产品市场已经相当发达，企业在开发产品时除了着重质量优异、方便、实用外，最重要的一点就是生产符合老龄人特点的产品。西方发达国家在老龄住宅市场、老龄教育方面都有不同程度的发展。国外商家对老龄产品市场进行深度开发，创新研发出符合老龄人特点的特种消费品。而目前安徽老龄产品主要以保健营养品为主，其他老龄专用品开发很少。从省内大型超市看，老龄用品主要分为老龄生活助用品，如轮椅、拐杖、升降设备及其他交通和助走器材，专用通信设备、视听读写用品用具等；老龄营养保健品，如营养滋补品、养颜美容保健食品、保健酒、保健茶、土特产等；老龄生活用品，如老龄服装、鞋帽等。大商场中的老龄产品大部分由省外厂商生产，如老龄生活助用品和保健器材多为上海市、福建省、浙江省生产；老龄营养保健品主要由上海市、江苏省生产，老龄服装多为北京市、上海市、浙江省生产。可见，安徽省拥有自主知识产权的老年产品太少，各行各业对老龄产品的开发存在严重不足，老龄产品生产处于初级层次，对老龄人的精神需求产品开发欠缺①。

3. 老龄产业市场需求大，供给不足

张纯元是较早关注人口老化与老年市场关系的学者之一。他提出，中国

① 章林. 人口老龄化背景下安徽省老龄产业发展的研究［J］. 经济研究导刊，2011（16）：97－98.

人口的急剧老化，会给未来消费带来重大的变化，尤其老年人口需求构成市场的变化是人口老龄化逐步加快的必然结果①。随着中国人均 GDP 达到 3000 美元，居民消费能量逐渐释放，老年产业市场潜力巨大。据专家预测，目前中国老年人市场需求大约为 7000 亿元～8000 亿元，而实际提供的产品和服务的总价值不到 1000 亿元②。从安徽省目前情况来看，老龄物质产品多由外省生产，本省开发创新的老龄产品极少。此外，中国老年教育市场孕育着无限商机，将会有越来越多的老年人为了提高自己的生活质量和生命质量，为了能让自己融入现代生活，而加入书画、养生、保健、英语、计算机、理论研讨等学习行列③。安徽省的 16 个市虽都有老年大学，但师资力量不强、基础设施不完善、受益的老龄群体狭小，而各市的老年活动中心所提供的服务种类也很少。可见，安徽省老龄产业的供给远远跟不上老龄群体的消费需求，一些公共老年服务设施仍需要不断完善。

4. 投资项目涉及领域广，行业众多

安徽老龄产业包括建筑业、制造业、服务业和其他很多相关行业。从这个意义上说，老龄产业是在众多传统行业中衍生出来的新兴产业。目前，建筑业项目主要有老年公寓、老年社区、养老机构等；制造业主要包括日常生活用品、营养食品、保健品、健身器材、生活辅具、康复器具、文化用品等；服务行业主要包括老年生活照料（包括日常照料、日间照料）、家政服务、社区服务等。

5. 民营企业积极投入，希望政策扶持

安徽涉老企业中大多为民营企业，而且大部分企业是完成了资金的原始积累，在二次创业阶段开始开发涉老项目。这类企业虽然积累了一定的资金基础，但开辟新的投资项目由于缺乏技术性指导，加上自身经验不足，使原本很好的投资理念得不到落实，不少项目最终成为空谈或无法维持下去。很

---

① 张纯元．老龄产业有着良好的发展前景［J］．市场与人口分析，1997（4）：14－16.

② 杨宏，谭博．西方发达国家老龄产业的发展经验及启示［J］．经济纵横，2006（13）：65－66.

③ 林文彬．发展老龄产业的几点思考［J］．经济研究导刊，2008（5）：204－205.

多企业负责人在不花国家一分钱的前提下，投资老龄产业项目，他们希望得到党和政府的政策以及专业技术方面的支持。

二、安徽老龄产业发展中存在问题

随着安徽省老龄化程度日趋严重，人口老龄化对经济社会的影响也将越来越明显。老年人对养老服务需求主要集中在老年设施、护理服务、医疗服务、文化娱乐设施、日常生活用品和生活照料的需求等方面。近年来，安徽老龄产业发展较好，但仍存在一些问题。

1. 养老服务设施总量不足，供需矛盾突出

随着老年人口的迅速增长，以及计划经济向市场经济的过渡，仅靠政府和集体经济已经无法包揽和完全解决养老问题。有些养老设施陈旧、条件差，满足不了老年人生活起居、医疗护理等高层次的需求，与老年人的实际需求相差甚远。养老、照料服务模式需要出台新的政策，才能够促进养老产品和服务的大幅度发展。

2. 资金来源渠道少，投入资金严重不足

近年来，随着安徽人口老龄化发展速度越来越快，各级政府部门和社会力量对老龄事业投入也在不断增加。但是人口老龄化发展的速度和老年人不断增长的需求比例要大大高于老龄产业资金投入增长的比例，这就造成了老龄产业资金上存在严重的缺口和不足。因此，如果完全依靠政府的投入，老龄产业就不能获得长期、稳定和足够的发展资金的支持。民办老龄产业虽然近年来有了较大的发展，但是大多数民办老龄产业都因缺乏政策和资金支持而面临困境。

3. 地域分布不合理，城乡发展比例失衡

养老服务设施由于缺乏政府的统一规划，城乡比例失调，缺乏以老年人口动态发展为基础的科学规划和指导。安徽许多城市出现了城乡养老服务设施布局不均，远郊县发展不足，近、远郊区又过度集中的局面。各级政府虽然提倡福利社会化，但是有些民政部门还没有把民办社会养老服务机构的发展纳入本地区的规划中，对民办养老服务机构的布局、规模、服务结构、法

律咨询等方面未能进行有效的引导，对它们的服务质量、服务水平也未进行评估。合肥市城区大多数是以街道居委会为主兴办的养老服务机构，床位少、规模小，入住率却是全市最高的。由于分布上的不合理，城区老年人入住养老服务机构难，而入住收费较低、条件好、交通方便的政府办养老机构就更难了。全市大部分的社会办的养老服务机构和多数的社会集资兴办的养老服务机构集中在远郊，下辖县大多数是以乡镇办的养老服务机构为主，规模小且设备差，对社会开放程度低，入住率低，空床率高，服务质量不高，服务人员素质低。这些因素直接影响着养老服务机构的入住率。由于入住率低，经济效益低，亏损面广，因而政府和社会投入的有效回报率降低，投入效益得不到实现。社会办、个人办的养老服务机构投入高，回报率更低，严重亏损局面长期存在，导致大量的民办养老服务机构维持下去较难。

4. 规模小，影响整体服务功能的发挥

全省不到30%的养老服务机构的床位超过100张，大部分机构的床位低于50张。小型的养老服务机构和大型的养老服务机构相对集中；中型规模的养老服务机构发展不平衡，数量过少；小型的养老服务机构设备简陋，入住率低，无规模效应，而且抗风险的能力弱；大型养老服务机构由于机构庞大，其管理、经营难度大，机构自身运营成本上升，服务效率低。许多民办养老服务机构难于实行统一的规范化服务标准和管理标准，因此难以提高服务水平，入住率必然低，直接影响其经济效益。

5. 服务项目单一，服务功能简单

养老服务机构尤其是民办的养老服务机构，大多数服务项目不多，服务水平低，仅能够满足老年人的吃、住、医等基本生活需求，服务模式雷同，缺乏特色和个性服务，如对老年人心理慰藉、精神赡养、文化娱乐、身体康复等更高层次的需求缺乏服务，缺乏对高龄老人专业护理指导的高层次的培训服务项目。许多养老服务机构服务意识不强，不能以老年人为本，而是把方便服务机构自身管理运营作为中心。许多城乡公办的养老服务机构建设年代较早，房屋陈旧，结构不合理，而且附属设施不配套，缺乏卫生设施和医疗室、活动室等。

6. 养老产业政策不配套，管理服务落后

与安徽养老服务机构尤其是民办的养老服务机构发展速度相比，各级政府在相关的管理体制、管理制度、管理措施、法规、组织机构建设和业务指导上明显滞后，对养老产业政策尚未实现法制化、规范化、专业化管理。各级政府的管理部门仍主要按照旧体制、旧制度实行管理。养老服务产业的迅速发展迫切需要进行机制和体制的改革，提高政府的管理水平，实现“公助民办”“公办民营”的老龄产业发展新机制和新模式，这都需要产业政策的配套。

内部管理体制不顺、管理水平需要提高也是制约老龄产业发展的羁绊。民政部提出福利社会化的目标，但是管理体制并没有同步实现社会化，社会化的具体体现应该是养老服务的产业化、市场化、规范化。国家兴办的养老服务机构无论是管理体制、经营模式、收费标准仍然是计划经济体制下的社会福利事业的旧模式，养老服务机构无独立经营权，人、财、物均直接由上级主管部门配置，管理体制与服务性质相矛盾，经营权与经营责任、利益与责任相分离，养老服务机构内部工作人员积极性不高，服务不主动，缺少活力。另外，在开发建设其他老龄产业项目上，征、租用土地时价格优惠政策未能全面落实；办证时程序和关卡太多；民办养老服务机构经营过程中税费减免和政策扶持力度不够也是制约老龄产业发展的羁绊。

7. 从业人员素质低，知识结构不合理，人员亟待培训

许多养老服务机构内部的工作人员和管理人员没有经过相关专业培训，大多数工作人员学历是初中或初中以下文化程度，即使像省会合肥这样的大城市，一些养老服务机构内半数以上工作人员的学历水平也仅仅是初中或初中以下文化程度，大学文化程度或者是专门学校毕业的人员所占比例较低。民办的养老服务机构中大多数从事护理工作的人员为下岗女工或农民工，其学历较低，专业护理水平较低。大部分的民办养老服务机构管理人员没有意识到配备相关专业护理人才的重要性。因此，机构内日常服务无法满足老年人多方面的需求，其服务质量、管理水平也难上更高的档次。

8. 缺乏针对性的扶持政策，相关优惠政策难以落实

老年人对社区服务、养老设施、生活照料、老年用品、老年旅游等总需

求量呈迅速增长趋势，但是目前乃至今后相当长的时间内，老年人能够向养老机构支付的费用十分有限。由于民办养老服务机构的服务人员工资自理、房屋设施自建、设备自筹，与政府兴办的养老服务机构相比，缺乏政府和社会各界的资助和扶持，缺乏良好的外部环境。民办养老服务机构在实际运营中往往会遇到比政府办的机构更多的问题和困难。老龄产业涉及国民经济的各个行业，包括生产、流通经营、消费等各个环节，涉及工商、民政、财政、劳动、社会保障、发改委、国税、地税、物价、银行等许多部门，但缺乏统一协调部门。其费用征收、银行贷款、财政资金支持等具体政策在实施过程中难以落实，社会企业或个人兴办老龄产业投资审批手续繁杂，投资者在金融、税务、信贷等方面较难得到有针对性的支持。

9. 政策不完善，缺乏市场规范和行业标准

虽然近年来国家和安徽省出台了不少相关的法律法规，如《中华人民共和国老年人权益保障法》，但直接与养老服务相关的法律法规并不健全。尽管民政部出台了《老年人社会福利机构基本规范》，但养老服务机构本身并未形成质量管理体系，养老服务机构内部规章制度不完善，入住老年人常感到不舒心，合同纠纷时有发生。入住老人与养老服务机构发生服务纠纷时，投诉渠道不通畅，常常采取社交媒体曝光的方式来解决纠纷。同时，由于仲裁机构或行业协会不健全，服务纠纷的性质和所造成的侵害难以确定，使得服务纠纷得不到及时正确的处理，媒体的不正当炒作也给养老服务机构的整体形象带来不利影响。

10. 老龄产业规模小，发展不平衡

老年用品市场的现状也不容乐观，远远不能满足老年人的需求，老年人普遍感到需要的商品难以买到。市场上老年产品品种单一、数量少，针对老年人衣食、医疗、养生等方面的产品开发研制相对多一些，针对老年人文化娱乐和精神享受的产品则比较少，一些没有特色的老年商品由于过于陈旧过时，积压滞销成为清仓处理品。全省各地老年旅游虽然已初具规模，但是老年旅游市场在旅游路线、时间安排、收费标准、交通工具、饮食住宿、文化娱乐等方面还没有充分考虑老年人的生理、心理特点。在旅游市场竞争日趋

激烈的情况下，不讲信誉、不履行协议、欺骗老年旅游者的现象也时有发生。

第三节　安徽老龄产业发展缓慢的原因

政府对老龄产业发展的支持主要体现在两个方面：一是各级财政对老龄产业的直接投入；二是通过制定相关政策对老龄产业进行引导和扶持。在发展老龄产业的方向上，有些人认为产业化就应该走市场化的道路，让企业自主发展，通过市场运行机制自行调解，政府部门不应该干涉；而有些人则认为要考虑老龄产业的公益性，政府要加大投入，扶持涉老企业。从安徽老龄产业发展现实看，导致老龄产业发展缓慢的因素主要分为以下几点。

一、政府未理顺老龄产业的行业管理与政策落实

作为老年福利服务设施的主管部门，安徽各级民政部门在民办老年福利机构的咨询、登记、审批业务指导和监督过程中，缺乏详细规范的政策依据。大部分的民办养老服务设施简陋，管理不规范，属粗放型。此外，由于缺乏政府的指导，一些养老设施建设没有做到无障碍设计，在防火、安全方面都存在着大量的隐患。

民政部在1999年12月发布的《社会福利机构管理暂行办法》中规定："社会福利机构是指国家、社会组织和个人举办的，为老年人、残疾人、孤儿和弃婴提供养护、康复、托管等服务的机构"，"社会福利机构享受国家有关优惠政策"。尽管安徽提倡发展社会福利，鼓励社会团体和个人兴办养老服务机构，但落实到基层的具体事情上，相关的优惠政策还不能及时到位，许多民办养老服务机构并不知道政府有优惠政策，导致民办养老服务机构发展迟缓、数量少。民政部门对于政府兴办的养老服务机构不但有资金投入，而且有一套严格的管理措施和办法，对民办的养老服务机构缺乏政策上的指导和资金方面的支持，大多数个人兴办的老年福利机构还没有被纳入政府有关部门的管理指导的范围。

尽管老龄产业是21世纪的朝阳产业，老年市场发展空间非常广阔，但由于老年人收入有限，老龄产业的许多行业主要是面向低收入的老年群体，主要是微利或非营利行业。对于这项特殊的产业，要促成其实现社会化、产业化，政府的激励政策十分重要。老龄产业由于服务对象的特殊性，要特别强调其社会效益。老龄产业在产业化过程中，除了必须考虑自身的利益外，还要重视其向老年人所提供产品和服务的公益性。因此，老龄产业的发展初期阶段，需要政府的扶持政策。尤其是对于那些经济效益低却是老年人迫切需要的老龄产业，政府要给予适当的政策性贷款、贴息贷款及必要的资金支持。

二、老年商品开发周期长、利润低

老龄产业是一个新兴的领域，全社会对老龄产业了解较少，认识上不太一致。社会和企业一般考虑老年服务机构投资大、周期长、回报率低，常持消极和观望的态度。而在市场经济条件下，企业和社会力量、个人投入是老龄产业投资的主体，它们的投资积极性对老龄产业的发展至关重要。安徽老龄产业发展缓慢滞后和企业、其他社会力量、个人缺乏投资的积极性有很大关系。社会上缺乏对老年人特殊需求的市场调查，将直接影响企业的投资趋向。而影响企业和各种社会力量投入的一个重要因素是长期以来老年人群体被看成是收入低、缺乏购买欲望和购买能力的群体，是企业产品、服务的非重点营销对象。企业没有意识到随着老龄化的发展所引起的消费市场需求结构的变化，没有看到老年市场的巨大发展空间和潜力。对老年市场的片面认识影响了企业对老龄产业的直接参与和投入，导致企业对老年人的特殊需求及老年市场不够重视，对开发和生产老年用品缺乏积极性。企业、其他社会力量和个人在发展老龄产业上存在的另一个问题，就是生产的产品不符合老年人的需要，老年人不愿意购买。养老服务机构的服务不到位，设施、设备不符合老年人心理、生理的需求。一些养老服务机构缺乏家庭气氛，日常生活太程序化，甚至一些养老服务机构像“兵营”、像“医院”，缺少人文关怀和个性化服务，老年人不愿意入住。养老机构入住率低，导致经营亏损，投资人的经营积极性自然也就受到打击。不少企业对老年产品的认识存在误区，以为老年用品就等于式样陈旧、档次低下的产品，没有能够根据老年人的心理需求和消费特点来开发研制老年用品。

三、未能满足不同老年群体的差异化需求

在老年人消费群体中，低龄老人与高龄老人的消费需求在内容上有很大的差别。一般来说，低龄老人是以休闲性消费为主，高龄老人是以服务性、照料性消费为主。不能针对老年人心理、生理需求特点和消费观念开发的产品和服务是得不到老年消费者的认可的，在老年群体中就没有市场。在开发、研制老年产品的同时，企业和服务机构也要引导老年人树立新的消费观念。老年人的消费观念既成熟又相对保守，他们对新型的老年用品、养老服务往往开始会感到陌生，认同或接受会有一个过程，需要社会和市场的积极引导。从年龄上分，高龄老人和低龄老人需要的用品和服务的内容也不尽相同。高龄老人更需要一些生活辅助用品和日常生活照料服务。另外，老年人的收入水平、文化程度和职业及生活阅历等方面都存在着相当大的差别，这些都决定了老年人消费需求的个性化和多样化特点。也就是说，老年群体存在着不同层次、不同内容的需求，企业和服务机构应该根据老年人的不同需求，开发生产不同层次的产品，提供不同层次的服务。

四、养老机构的管理水平与服务能力尚待提升

从我们的调查来看：一方面政府兴办的养老服务机构由于条件好、设备齐全，老年人居住的环境好，大多数入住率高，并且供不应求；另一方面却是民办的养老服务机构多数入住率低，有的不到50%。多数服务人员没有接受过专门的业务技能和岗位培训，严重地影响了老年服务机构的发展。入住在社会组织或个人兴办的养老服务机构中的老人，大多数是生活不能自理老人、半自理老人、高龄老人、痴呆老人。多数老年公寓管理人员对国家的社会福利机构相关规定和养老服务机构的行业标准知之较少，不少养老服务机构在管理上无章可循，随意性大，常采取家庭式的管理与服务方式，对老年人的服务和管理还停留在低层次、低水平上。一些老年公寓，经营上采取养

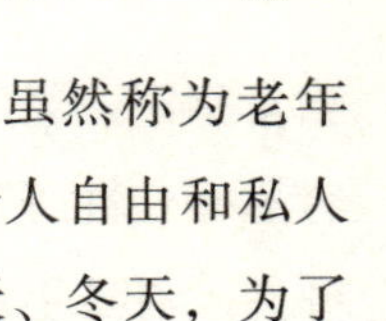

老院、敬老院的管理模式，集体住宿、集体伙食、集体生活，虽然称为老年公寓，但缺乏家庭生活的气氛，更缺乏个性化服务，老人的个人自由和私人空间很小。一些养老服务机构缩小了经营规模，尤其是在夏天、冬天，为了降低运营费用，将老人移至其他养老服务机构。有些民营资本办的养老服务机构在和老人签订入院合同时存在法律漏洞，经常发生老人与养老服务机构之间、家属与养老服务机构之间的矛盾和民事纠纷，这些因素也直接或间接地影响了养老服务机构的发展。

五、未能及时跟上老年人消费观念的变化

从老年人的消费观念上看，老年人传统习惯的影响不容忽视，大多数老年人是重积累轻消费，重子女轻自己，重物质轻精神的“节衣缩食型”“将就型”和“俭朴求廉型”。勤俭节约，节衣缩食，舍不得为自己花钱，这实际上是自给自足的自然经济和计划经济条件下长期处于物质匮乏的环境而形成的一种观念。老年人经历了一生的消费经验积累后，他们的消费经验和习惯已经形成，生活习惯和消费方式基本已经定型。由于实行计划生育政策，安徽许多老年家庭的子女数量大大减少，独生子女家庭在增加，两代人分居的倾向使大多数老年人身边将没有子女或很少有子女陪伴。在家庭功能弱化和外移的情况下，他们更需要社会提供周到、细致、耐心的服务，更渴望市场能够提供生活辅助设备和商品，提供更好的服务。另外，传统的消费观念又大大限制了老年人的消费。与老年人自己舍不得花钱相对照，老年人在儿孙们身上却舍得花钱，只要可能，老人们总是会在经济上对子女给予支持。特别是在关系到儿女成长、前途方面，老人们从不吝啬钱财。消费上这种重子女轻自己的倾向，必然会削弱老年人自己的消费水平，从而影响老年人自己的消费能力。

当前的老年人，他们的消费观念与新时代青年人的消费观念相比，显得相对保守，老年人对消费新潮的反应也会显得较迟钝，他们不跟时髦，讲究实惠，兼顾家庭。老年人的这种消费观念又会形成相对稳定的需求市场，一旦形成消费倾向，就会带来较为稳定的商机，会使老年商品、服务市场变得

相对稳定。老年人是一个特殊的消费群体，他们对商品的实用性、安全性和容易操作性等商品特性有着更高的要求，他们对耐心细致的、和蔼周到的服务态度有着更高的要求。尤其是高龄老人表现为行动不便、耳朵不灵、视线不清、反应迟钝，他们更渴望优质的人性化服务。我们注意到，老年人传统消费习惯会随着我国的经济发展、人们生活水平的提高而悄悄地发生变化，也在由“节衣缩食型”“将就型”和“俭朴求廉型”向“标新立异型”“追求时尚型”“求全求好型”转化。经济条件好的老年人往往会更看重现实生活，对时尚消费、新潮消费同样像年轻人一样感兴趣，为了提高晚年生活质量和健康质量，他们愿意花钱买高兴，花钱买长寿，花钱买年轻。保健化、方便化、舒适化的老年消费趋势已经开始渗透老年人的衣食住行和娱乐、旅游、保健等生活的方方面面。老年群体的消费结构、消费观念、消费意向和消费行为的变化也将为市场创造无限商机。

第四节　发展安徽老龄产业的建议

党的十八大以来，“共享”理念深入人心，增进人民福祉，让人民共享经济社会发展成果。新时代，我国老龄产业的发展要求政府不断优化职能，健全社会养老服务体系，以政府采购服务形式支持非营利社会组织或服务企业为符合条件的老年人提供养老服务。2015 年国务院提出，到 2020 年全面建成功能完善、规模适度、覆盖城乡的养老服务体系的目标。财政部会同有关部门通过各种方式加以引导，制定政府向社会力量购买养老服务的政策、建立经济困难老年人补贴制度、出台对事业性养老机构收费减免政策、支持以市场化方式发展养老服务业试点等。2014 年教育部等九大部门发布《关于加快推进养老服务业人才培养的意见》，建立现代职业教育体系，促进产学研结合，引导老年大学与企业合作，优化学科布局和人才培养机制，将具备条件的普通本科高校向应用型高校转变。到 2020 年，我国全面建成小康社会，对于养老困难的老人在广覆盖、保基本的原则上提高福利待遇，建立保基本、兜底线的机制，将政府抚养对象扩大到高龄、失智、空巢、低收入等老年群体。引导老龄产业向农村地区倾斜，推动基础设施和公共服务向农村延伸。全面开放养老服务市场，通过购买服务、股权合作等方式支持各类市场主体增加养老服务和产品供给，如2014年商务部、财政部联合发文，下拨15亿元支持市场化养老试点工作，鼓励社会资本介入养老服务业。在移动互联网时代，智慧养老成为未来发展的趋势，应该更加重视“互联网+”养老。以物联网、云计算、大数据为基础的智慧养老取代传统养老是大势所趋，如2015年国务院办公厅转发卫生计生委等九个部门《关于推进医疗卫生与养老服务相结合的指导意见》，要求积极开展养老服务、社区服务等信息惠民试点，通过老年人基本信息档案、电子健康档案、电子病历等多种方式促进社区养老服务信息平台对接的区域卫生信息平台，使信息资源共享，为开展医养结合服务提供信息和技术支持。组织医疗机构开展老年人远程医疗服务，鼓励探索基于互联网的新型医疗模式，提高服务的便捷性和针对性。安徽省要贯彻落实好这些国家层面的政策措施，进一步加大老龄产业发展的支持力度。

一、明确政府职责，理清老龄产业发展思路

政府主导、社会支持、企业参与、市场推动是发展老龄产业的基本思路。鼓励和引导社会各方面力量积极参与、共同发展，逐步形成政府宏观管理、社会力量兴办、企业或机构按市场化要求自主管理的体制和运行机制。通过财政投入、信贷、税收、投资、营销和流通等方面给予老龄产业必要的优惠政策和一定的资金支持，鼓励国内外机构和个人参与老龄产业发展。建议由各级市场监督管理部门或成立专门行业协会，制定出老龄产业专业化标准，在老年服务机构推行持证上岗制度，并建立定期的岗位培训制度。设立老龄产业专项发展基金，专门用于老年生活用品和社区服务项目的研制、开发，建议从社会福利彩票中划出一部分资金用于老龄产业的发展。安徽老龄工作的重点在社区，通过整合社会服务资源，利用现代化的通信网络和互联网及直接营销技术，形成一个覆盖本地区的综合服务体系，以社区为依托，大力发展社区为老年人服务的设施和网点，开展社区为老服务和便民服务，从而

全面提高老年人的生活质量。这种全新的现代化养老服务体系的建立需要“政府投资组织、商家参与、社区承办”的支撑。

各级政府要改变目前对养老规划的制定、实施多头负责或无机构专责的状况，指定相应的管理机构，根据各地的实际情况，完善、落实中长期规划，通过直接或间接的方式管理老龄产业的发展。还需明确老龄事业和老龄产业的界限，一方面从社会福利的角度发展老龄事业，满足老年人的基本养老需求；另一方面从社会化和产业化的角度发展老龄产业，运用市场机制满足老年人的部分需求，推动老龄事业和老龄产业共同发展。政府扶持老龄产业的发展，可以通过专项拨款、补贴、税收减免等措施适当给予老龄企业一定的优惠政策，吸引更多的企业进入、发展老龄产业，也可以直接购买产品（劳务）发放给一些老人。老年人作为一个相对弱势的群体，其消费权益时常得不到保障，所以政府应加快研究制定老龄产业的管理办法和行业标准，颁布相关的法律法规对老龄产业的发展予以引导与监管。

安徽老龄产业起步较晚，养老服务相对落后，在服务质量的评估、监督与管理方面，还没有形成一个较为完善的体系。一方面是缺乏相应的评估标准和规范；另一方面是没有一个专门的机构或者组织来负责整个养老服务的监管、评价。可以指定某一个部门来牵头负责，从政府角度对老龄产业的发展进行监管；也可委托民间社会组织来负责对养老服务机构的评估与检查等。政府监管和民间监督相结合，可以发现养老服务发展中存在的问题，并及时、有效地解决问题。虽然安徽已经初步形成了以职工养老、医疗和失业保险及居民最低生活保障为重点的社会保障体系，但总体而言，安徽的社会保障体系还不够健全和完善。要抓紧完善养老、医疗等社会保障和社会福利制度，努力实现安徽省“十三五”规划建议中确定的城乡社会保障总目标，是应对安徽老龄化高峰到来的当务之急，也是发展老龄产业的重要条件之一。

二、完善相关政策，扶持老龄产业发展

各级政府要明确发展老龄产业的综合协调机构，优先发展养老服务产业、社区服务产业、老年护理产业、老年生活用品产业、老年旅游产业等领域，

制定相关发展政策，协调和促进有关部门各司其职、分工合作。建议出台《安徽老龄产业发展管理办法》，为老龄产业的发展提供法律依据，使老龄产业的发展步入法制化、规范化的管理轨道。这些政策包括产业发展导向、投资政策取向、优先发展老龄产业的优惠政策、老年生活用品的研制与开发办法、行业规范与管理办法等。各地政府要制定好地区性老龄产业发展规划，并将其纳入当地国民经济和社会发展总体规划之中。政府作为市场经济宏观调控的主体，在老龄产业发展中发挥着重要作用。安徽老龄抚养比的上升给社会经济发展带来了压力，这就要求政府和社会加快发展，为抚养老龄群体创造经济基础，结合城乡一体化建设的大好时机，大力引进资本，对发展老龄产品的企业给予一些税收优惠或补贴，对发展老龄产品的企业加以辅助与支持，促使老龄企业产业化。

老龄产业与社会保障、社会福利是相辅相成、相互促进的关系。发展老龄产业和对产业结构进行调整的整体思路是一致的，相关部门要给予政策扶持。制定老龄产业政策可以考虑从五个方面着手：一是大胆清除阻碍非公有资本参与营利性养老服务机构的体制性障碍，取消对民办养老服务机构的一些限制。以市场为导向，建立公平竞争机制，让民办养老服务机构和公有制养老服务机构一样享受政府的补贴和政策优惠等待遇，并进行公平竞争。二是给予税赋政策优惠。要适时出台养老服务机构、社区老年服务机构用地优惠政策，进一步落实民办养老服务机构和企业税赋减免政策以及用水、用电、燃气、电信全国统一优惠政策，确定全国旅游景点实行对老年人的统一优惠标准。三是积极推广由政府对养老服务机构实行补贴的养老模式及“政府引导主体化、举办单位多元化、资金筹集多样化、城乡联动一体化”的“温州养老模式”。养老服务产业是安徽社会保障、社会福利的有机组成部分，投入大，利润少，各级政府应给予从事养老服务机构和老年生活用品研制、开发的企业适当补贴，促进养老服务产业和老年生活用品产业的发展。四是鼓励社会对养老服务机构的捐助，以及制定捐助、慈善事业荣誉褒奖的政策，鼓励全社会关爱、关注老年人，支持老龄产业的发展。五是“尊重群众的首创精神”，鼓励探索公有制养老服务机构的改革，实现多种形式兴办，如公办民营、公助民营、股份制、合资等，以适应市场化不断发展的趋势，使国家已经投入的养老服务机构发挥更大的经济效能和社会效应，给广大老年人带来更大的实惠。

三、着力培育老年产品市场，不断丰富养老产品

安徽老龄产业的发展需要有相关的法律法规予以保障。应加快研究制定老龄产业管理办法和有关的配套法规，使老龄产业能够有章可循、规范发展，有效培育老年产品市场。从法律和产业政策上保护从事老龄产业的企业和事业单位的生产、经营权利和经济利益，促进其健康发展。安徽省首先要做好老年人最为需要的、与他们生活最贴近的产业项目的研制与开发，制定优先发展产业的优惠政策和发展规划，再带动老龄产业的整体发展。其次是为满足老年人生活需要的特殊用品，包括老年人饮食、起居、衣着、旅游、文化娱乐相关的生活用品。涉老企业要重视老年人的需求结构和需求层次的差别，进行合理的市场划分，不断开发人性化的新产品和服务项目。积极更新产业观念，特别是企业界要从全社会及其长远发展的角度来认识老龄产业的重要性，克服急功近利和只顾眼前利益的思想。加大老龄产业的舆论宣传，提供老龄产业发展必要的信息和服务内容，促使全社会了解和认识发展老龄产业的重要性，提高各级政府、企业界和消费者参与和发展老龄产业的自觉性。随着生活水平的普遍提高和信息产业的迅速发展，改变老年人的陈旧消费观，引导老年人树立新的消费观。在舆论上要加强宣传和引导，企业和商家要恰当定位其宣传战略和营销战略，树立品牌意识和市场信誉。尊重老年人的消费习惯，帮助老年人形成科学的消费观念。涉老企业要抓住机遇，积极参与老龄产品的研发，根据自身企业产品生产出特色的老龄产品。例如，开发老龄房地产不仅满足了老年群体对小户型房屋的需求，而且又节约了资源，同时老年人入住后又会带来老年家具及其他生活用品的消费。

安徽省作为长三角一体化示范区的成员，要积极引进长三角其他省市的老龄企业，依托示范区内较为成熟的老龄产业基础，开拓创新本省的品牌。合肥、芜湖这些经济较发达的城市在今后发展老龄产业的时候，要注意差异

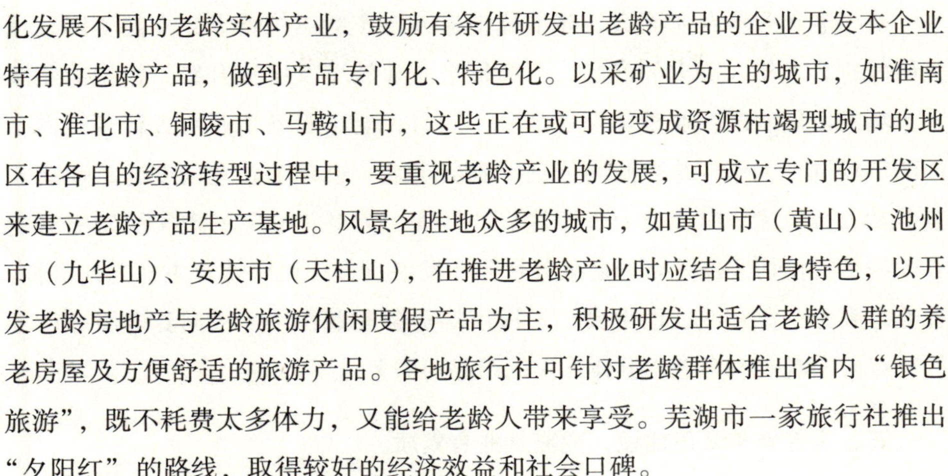

化发展不同的老龄实体产业，鼓励有条件研发出老龄产品的企业开发本企业特有的老龄产品，做到产品专门化、特色化。以采矿业为主的城市，如淮南市、淮北市、铜陵市、马鞍山市，这些正在或可能变成资源枯竭型城市的地区在各自的经济转型过程中，要重视老龄产业的发展，可成立专门的开发区来建立老龄产品生产基地。风景名胜地众多的城市，如黄山市（黄山）、池州市（九华山）、安庆市（天柱山），在推进老龄产业时应结合自身特色，以开发老龄房地产与老龄旅游休闲度假产品为主，积极研发出适合老龄人群的养老房屋及方便舒适的旅游产品。各地旅行社可针对老龄群体推出省内“银色旅游”，既不耗费太多体力，又能给老龄人带来享受。芜湖市一家旅行社推出“夕阳红”的路线，取得较好的经济效益和社会口碑。

四、加强老龄产业的相互合作，优化配置各种资源

鼓励国内外经济实体和个人投资老龄产业，积极与省内经济组织或个人合作投资老龄产业，研制、开发老年生活产品。对于合资、合作及独资兴办的养老服务机构和企业，除享受一切优惠政策外，还应在用地、收费、税收等方面给予其更大的优惠。在网络信息系统中增加老龄产业的内容，利用现代化信息技术为老年人服务，促进信息的沟通和信息的共享，科学利用一切社会资源和信息资源为发展老龄产业服务。而加快老龄产业的发展，全省经济的蓬勃发展是基础。只有经济协调快速发展，才能从根本上提高老年人的收入水平，继而提高老年人的消费水平，加快老龄产业发展的步伐。老龄产业的发展还要适应改革开放的形势，适应经济全球化发展的需求，适时进行产业结构的调整。目前，发达国家及国内先进省份老龄产业发展已经有相当的规模，老年服务和老年生活用品丰富多彩。安徽要学习借鉴国内外老龄产业发展的经验，加强相互交流与合作，引进和开发适合老年人需求的高科技产品，促进安徽老龄产业的发展。同时，发展老龄产业可以有效地扩大内需，增强抗御经济周期的能力，促进安徽地方经济的健康发展。安徽要及时抓住老龄产业发展机遇，充分发挥自身优势，切实采取有效措施，加快老龄产业发展步伐，实现经济与社会的协调发展。

对于老年服务企业而言，要准确把握人口年龄结构特点，立足实际，积极研发符合老年人需求的产品，不断推进企业转型及结构升级，根据老年服务市场的发展制定企业整体发展战略。同时，老年服务企业要进行客观而全面的市场调查工作，并以此为依据准确界定老年群体消费意向变化，促进安徽劳动力数量优势向劳动力资源优势的转变，为老年群体的现实消费需求的有效满足提供切实保障。养老服务企业在发展过程中要保持自主性与自决性，在养老服务产业发展过程中真正发挥市场资源配置作用，根据养老服务市场的特点研发真正符合老年群体需求的产品与服务。

五、完善老年队伍建设，提高从业者素质

老龄产业是一个新型产业，发展老龄产业是一个系统工程，涉及诸多领域与各行各业。要加大财政支持力度，通过设立老龄科学研究基金，支持老龄产业发展机制、政策的研究，为政府制定老龄产业政策提供科学依据。老龄产业协会主要功能在于研究制定老龄产业“行规行约”并监督执行，建立行业自律机制，提高行业整体素质，依法维护会员合法权益和行业整体利益；参与制定国家老龄产业发展规划，向政府部门提出有关产业政策、经济立法等建议；建立老龄产业信息网络，按照规定编发行业刊物；组织会员研发老年产品，引进、推介国外优质同类产品；开展从业单位、社会组织间的国内外合作交流活动，考察、借鉴先进经营模式及管理经验；根据需要举办交易会、展览会；组织从业人员的各类培训等；受政府部门或其他有关单位委托，承办与老龄产业有关的工作。因此，安徽省可在省级老年协会的基础上，各地根据实际情况成立老龄产业协会，促进老龄产业健康稳定有序发展。

安徽要对老龄学科教育和专业人才培养加大投入，在高校中增加相应专业、课程，鼓励专家学者对老龄事业和老龄产业等相关领域进行深入研究，从而可在宏观上为老龄产业的健康发展提出相应的政策建议。拓宽老龄产业人才培训的渠道，鼓励社会培训机构加强对家庭服务人员、老年人专业护理人员的培训，提高从业人员的职业道德、服务意识和业务能力。

建立持证上岗制度和相应的职称制度，积极引导人才流向、调节人才分布结构。建立科学合理的养老机构工作人员薪酬制度，可将其薪酬标准定位在不低于当地中小学教师的平均薪酬。在养老机构，尤其是公办机构确因条件限制，其工作人员薪酬的实际发放额少于当地中小学教师的平均薪酬时，地方政府可补足二者差额部分。加强志愿服务团队建设，增加志愿者和社会工作者梯队，形成一支专业技术人员和志愿服务团队相结合的养老服务队伍。

第七章 构建新型养老社会服务体系

20 世纪 80 年代，上海市启动公办养老机构建设。针对老年人群体特点和国际经验，2005 年上海在全国率先提出构建“9073 格局”的目标，即 3% 的老年人接受机构养老服务，7% 的老年人可得到政府福利政策支持的社区养老服务，90% 的老年人在家以自助或家庭成员照顾为主，按照老人意愿自主选择各类社会服务资源。上海市鼓励有一定规模的养老机构设置医疗机构，至 2017 年底，上海 703 家养老机构中，设有医疗机构的共 283 家，占养老机构总数的 40.26%。同时鼓励养老设施与医疗设施整合设置，在社区综合为老服务中心选址时，考虑到与社区卫生服务站或护理站综合设置、邻近设置。对无法内设医疗机构，也无法与医疗机构邻近设置的养老机构、社区托养机构，由社区卫生服务中心或者其他医疗机构与其签约服务，提供医疗保障，2017 年底已经实现签约服务全覆盖。“十三五”时期是全面建成小康社会的决胜阶段，也是安徽养老体系建设的重要时期，需及时科学综合应对人口老龄化，深入推进养老社会服务业改革，构筑起安徽新型养老社会服务体系。

第一节 安徽推进养老社会服务体系的建设

“十三五”时期是安徽人口老龄化快速发展期。预计到 2020 年底，全省 60 周岁以上年龄人口占常住人口比例为 18.4% 左右；高龄老人将接近 270 万人，独居和空巢老年人将超过600万人，老年抚养比将提高到30%左右；用于老年人的社会保障支出将持续增长；农村实际居住人口老龄化程度可能进一步加深。积极应对人口老龄化，加快发展养老服务业，不断满足老年人持续增长的养老服务需求，是安徽全面建成小康社会的一项紧迫任务，将有利于保障老年人权益，共享改革发展成果，有利于拉动消费、扩大就业，有利于保障和改善民生，促进社会和谐，推进经济社会持续健康发展。为应对安徽人口老龄化的严峻形势，政府及相关部门要结合安徽欠发达的省情，构建安徽养老社会服务的原则与目标，加快推进安徽养老服务体系建设，切实满足老年人养老服务需求。要以习近平新时代中国特色社会主义思想为指导，深入贯彻党的十九大精神，践行以人民为中心的发展思想，积极应对人口老龄化，加快老龄事业和养老服务业发展，聚焦养老服务发展不平衡不充分，构建养老、孝老、敬老政策体系和社会环境，不断优化以居家为基础、社区为依托、机构为补充、医养相结合的养老服务供给，着力补齐城市居家养老和农村养老服务短板，大力推动养老机构提质增效和医养结合深入发展，积极发展智慧养老和养老产业，加快完善多层次养老服务体系，使老年人养老服务获得感、幸福感不断增强。

一、安徽养老社会服务体系的建构原则与目标

安徽各级党委、政府深入贯彻习近平新时代中国特色社会主义思想，认真落实党中央、国务院决策部署，统筹推进“五位一体”总体布局和协调推进“四个全面”战略布局，牢固树立和贯彻落实创新、协调、绿色、开放、共享的发展理念，坚持党委领导、政府主导、社会参与、全民行动相结合，把老年群体同步进入全面小康社会作为发展养老社会服务体系的出发点和落脚点，挖掘人口老龄化给全省发展带来的活力和机遇，着力加强全社会积极应对人口老龄化的各方面工作，着力完善养老社会服务体系政策制度，着力加强老年人民生保障和服务供给，着力发挥老年人的积极作用，着力改善养老体系建设支撑条件，努力满足老年人日益增长的物质文化需求，确保全省老年人共享全面建成小康社会新成果。

1. 安徽社会养老服务体系建设的基本原则

按照《“十三五”安徽省老龄事业发展和养老体系建设规划》要求，确立安徽社会养老服务体系建设的基本原则如下：

第一，以人为本，共建共享。坚持保障和改善老年人民生，逐步增进老年人福祉，大力弘扬敬老养老助老的优秀传统文化，尊重老年人社会主体地位，为老年人参与社会发展，社会力量参与老龄事业发展、养老体系建设提供更多更好支持，实现不分年龄、人人共建共享。

第二，改革创新，激发活力。坚持政府引导、市场驱动，充分发挥市场在资源配置中的决定性作用，深化简政放权、放管结合、优化服务改革，不断增强政府依法履职能力，加快形成统一开放、竞争有序的市场体系，保障公平竞争，改善营商环境，支持创业创新，激发市场活力。

第三，补齐短板，提质增效。坚持目标导向和问题导向相统一，着力保基本、兜底线、补短板、调结构，强化老龄事业发展的重点领域和薄弱环节，不断健全完善社会保障制度体系，促进资源合理优化配置，加大投入力度，有效保障面向老年人的基本公共服务供给。

第四，统筹发展，突出特点。紧紧围绕全面建成小康社会的中心任务，把老龄事业发展融入经济社会发展全局。坚持从省情出发，找准老龄事业发展的切入点和着力点，重点打造安徽老龄工作品牌，促进老龄事业发展和养老体系建设城乡协调、区域协调、事业产业协调，统筹做好老年人经济保障、服务保障和精神关爱等制度安排，推动老龄事业全面协调可持续发展。

2. 安徽社会养老服务体系建设的发展目标

《“十三五”安徽省老龄事业发展和养老体系建设规划》确定了如下发展目标：到2020年，老龄事业发展整体水平明显提升，养老体系更加健全完善，及时应对、科学应对、综合应对人口老龄化的社会基础更加牢固，. 全省老年人同步进入全面小康。多支柱、全覆盖、更加公平、更可持续的社会保障体系更加完善。城镇职工和城乡居民基本养老保险参保率稳定在95%以上，基本医疗保险参保率稳定在95%以上，社会保险、社会福利、社会救助等社会保障制度和公益慈善事业有效衔接，老年人的基本生活、基本医疗、基本照护等需求得到切实保障。

居家为基础、社区为依托、机构为补充、医养相结合的养老服务体系更加健全。养老服务供给能力大幅提高、质量明显改善、结构更加合理，多层次、多样化的养老服务更加方便可及，居家养老基础地位更加扎实。符合标准的社区养老服务设施覆盖所有城市社区，乡镇社区养老服务设施覆盖率稳定在90%以上，农村社区养老服务设施覆盖率稳定在80%以上，政府运营的养老床位数占当地养老床位总数的比例不超过30%，护理型床位占养老床位总数的比例不低于30%，65周岁以上老年人健康管理率力争达到80%。

有利于政府和市场作用充分发挥的制度体系更加完备。老龄事业发展和养老体系建设的法治化、信息化、标准化、规范化程度明显提高。政府职能转变、“放管服”改革、行政效能提升成效显著。市场活力和社会创造力得到充分激发，养老服务和产品供给主体更加多元、内容更加丰富、质量更加优良，以信用为核心的新型市场监管机制建立完善。

支持老龄事业发展和养老体系建设的社会环境更加友好。全社会积极应对人口老龄化、自觉支持老龄事业发展和养老体系建设的意识意愿显著增强，老龄事业法治化水平显著提高，敬老养老助老社会风尚更加浓厚，安全绿色便利舒适的老年宜居环境建设扎实推进，老年文化体育教育事业更加繁荣发展，老年人精神文化生活更加丰富，老年人参与社会发展的条件持续改善。

二、安徽建构养老服务体系的主要任务

《“十三五”安徽省老龄事业发展和养老体系建设规划》规定了安徽建构养老服务体系的主要任务。

1. 巩固家庭养老传统社会基础

加强家庭建设，引导家庭成员尊重、关心和照料老年人，自觉承担家庭责任，树立良好家风，巩固家庭养老传统社会基础。强化赡养责任，强化成年子女以及其他依法负有赡养义务的人履行对老年人经济供养、生活照料、精神慰藉的义务，照顾老年人的特殊需要。鼓励签订家庭赡养协议书。发挥老年人优良品行在家庭教育中的潜移默化作用。逐步建立支持家庭养老的政

策体系。鼓励开发老年宜居住宅和代际亲情住宅，鼓励家庭成员与老年人共同生活或者就近居住，鼓励制定完善带薪休假政策，为子女照顾父母提供条件。鼓励养老机构和社区居家服务平台，为照顾老年人的家庭成员或家政人员提供技能培训。鼓励养老机构和社区养老服务设施提供老年人短期入住床位，为照顾老年人的家庭成员提供支持性服务。

2. *夯实居家社区养老服务基础*

大力发展居家社区养老服务。支持城乡社区发挥供需对接、服务引导等作用，加强居家养老服务信息汇集，引导社区日间照料中心等养老服务机构，依托社区综合服务设施和社区公共服务综合信息平台，创新服务模式，提高质量效率，为老年人提供精准化个性化专业化服务。鼓励居家养老服务企业和社会组织上门为居家老年人提供定制服务。积极培育专业居家养老服务企业和机构，大力开发养老服务公益创投项目，探索建立虚拟养老院。支持居民委员会、村民委员会和城乡社区建立日常联系、巡访制度，及时了解老年人特别是困难家庭和单独居住老年人的生活状况，帮助老年人解决实际困难。鼓励老年人参加社区自助互助养老。鼓励有条件的地方推动扶持残疾、失能、高龄等老年人家庭开展适应老年人生活特点和安全需要的家庭住宅装修、家具设施、辅助设备等建设、配备、改造工作，对其中的经济困难老年人家庭给予适当补助。大力推行政府购买服务，完善政府购买服务目录，规范政府购买服务行为，推动专业化居家社区养老机构发展。到 2020 年，打造 10 个规模化、品牌化、连锁化的居家养老服务公司（社会组织），推动养老机构、养老服务供应商走进社区、服务家庭。

健全社区居家养老服务网络。建立老年人需求评估体系，全面开展老年人需求评估。到 2020 年，全省普遍建立老年人能力和需求评估体系。以需求为导向：在城镇，推进县区居家养老服务指导中心、街道居家养老服务资源整合中心、社区为老服务中心“三个中心”建设；在农村，建立高龄、留守等老年人探视走访网络、居家老年人互助服务网络、不能自理老年人集中住养和照料护理网络“三个网络”。以老年人需求评估体系建设为核心，以“三个中心（网络）”为依托，广泛建立与居家老年人实际需求相适应、与我省居家和社区养老基本公共服务供给能力相匹配的20分钟居家养老服务圈。

加强社区养老服务设施建设。统筹规划发展城乡社区养老服务设施，新建城区和新建居住（小）区要将城乡社区养老服务设施同步规划、同步建设、同步验收、同步交付使用。老城区和已建成居住（小）区无养老服务设施或现有设施未达到规划要求的，通过购置、置换、租赁等方式建设。到2020年，符合标准的社区养老服务设施覆盖所有城市社区，90%以上的乡镇和80%以上的农村社区建立包括养老服务在内的社区综合服务设施和站点。加强社区养老服务设施与社区综合服务设施的整合利用。支持在社区养老服务设施配备康复护理设施设备和器材。鼓励有条件的地方通过委托管理等方式，将社区养老服务设施无偿或低偿交由专业化的居家社区养老服务项目团队运营。

3. 推动机构养老服务提质增效

加快公办养老机构改革。强化公办保障性养老机构托底保障功能，实行老年人入住评估制度，优先保障特困供养人员集中供养需求和其他经济困难的失能失智、失独、“空巢”、留守、高龄等老年人的服务需求。有条件的公办养老机构应设置专护区，优先保障政府供养对象中的失能失智老年人、计划生育特殊困难家庭老年人和老年残疾人集中养护需求。加强残疾人抚养服务机构建设，保障经济困难的重度残疾老年人的托养需求。加快推进具备向社会提供养老服务条件的公办养老机构转制为企业或开展公建民营。制定社会力量运营公办养老机构管理办法，积极推进公建民营。允许公办养老机构以设施设备等作价入股，与社会力量共同建设和运营养老机构。探索以县区为单位的公办养老机构资产统一管理和运营模式。政府投资建设和购置的养老设施、新建居住（小）区按规定配建并移交给民政部门的养老设施、党政机关和国有企事业单位培训疗养机构等改建的养老设施，均可实施公建民营。

支持社会力量兴办养老机构。探索养老机构“一照多址”“先照后证”经营，取消注册资金限制，简化设立许可手续，放宽社区社会组织备案条件。落实全面放开养老服务市场、提升养老服务质量的有关政策要求，加快推进养老服务业“放管服”改革。对民间资本和社会力量申请兴办养老机构进一步放宽准入条件，加强开办支持和服务指导。鼓励采取特许经营、政府购买服务、政府和社会资本合作等方式支持社会力量举办养老机构。允许养老机构依法依规设立多个服务网点，实现规模化、连锁化、品牌化运营。鼓励整合改造企业厂房、商业设施、存量商品房等用于养老服务。

提升养老机构服务质量。开展养老院服务质量建设专项行动。加快制定养老机构管理运营相关规范、标准，推动科技助老新技术、新方法、新产品在养老机构的应用，提高养老机构运营管理和为老服务水平，为入住老年人提供符合标准的多样化、个性化的养老服务，逐步兼具为居家养老提供服务支持的能力。继续规范属地管理、民政牵头、部门协管的养老机构设立许可和监督管理机制，推进不符合条件养老机构限期整改、关停工作，保障入住老年人权益。建立健全养老机构分类管理和养老服务评估制度，引入第三方评估，全面公开第三方评估相关信息。全面施行养老机构综合责任险制度，提升养老机构抗风险能力。

4. 加强农村养老服务

推动农村特困人员供养服务机构服务设施和服务质量达标，在保障农村特困人员集中供养需求的前提下，积极推进农村敬老院转型成为区域性养老服务中心，为当地高龄、“空巢”、留守、失能失智老年人提供集中养护服务。着力提升农村敬老院入住率，到2020年底，农村敬老院床位利用率达到80%。支持人口聚集地、中心村建设养老服务设施，支持行政村、较大自然村建设互助性养老服务设施，鼓励整合利用农村社区服务中心、党建活动室、医疗卫生机构、文化教育单位等公共资源，增加为老服务功能，为留守、孤寡、独居、贫困、残疾等老年人提供多种形式的关爱服务。通过各类志愿服务组织和社区邻里互助组、亲友相助、志愿服务等模式和举办农村幸福院、养老大院等方式，大力发展农村互助养老服务。发挥农村基层党组织、村委会、老年协会等作用，积极培育为老服务社会组织。鼓励务工人员回乡创业，参与、培育和发展养老服务，对符合条件的养老服务从业人员，实行就业创业扶持。依托“三农”信息服务站、农村电商平台等，拓展农村养老服务，

培育农村养老服务新的增长点。

三、安徽推进医养结合服务体系的主要任务

《“十三五”安徽省老龄事业发展和养老体系建设规划》规定了安徽推进医养结合服务体系的主要任务。

1. 完善医养结合机制

统筹落实好医养结合优惠扶持政策，打通医疗机构与养老机构融合通道，建立养老机构内设医疗机构与合作医院间双向转诊绿色通道。鼓励养老机构申办医疗机构执业许可证、医疗机构申办养老机构设立许可证，积极构建养老、医护、康复、临终关怀服务相互衔接的服务模式，实现老年人卫生健康服务在养老机构和医疗卫生机构之间的便捷对接。通过建设医疗养老联合体等多种方式，整合医疗、康复、养老和护理资源，为老年人提供治疗期住院、康复期护理、稳定期生活照料以及临终关怀一体化服务。大力发展中医药健康养老服务相结合的系列服务产品，鼓励新建以中医药健康养老为特色的护理院、疗养院。鼓励社会力量举办医养结合机构。

2. 支持养老机构开展医疗服务

支持养老机构按规定开办老年病医院、康复医院、护理院、中医医院、临终关怀机构等，也可内设医务室、护理站等。养老机构内设医疗机构的，应及时纳入当地医疗机构规划布局。鼓励执业医师到养老机构设置的医疗机构多点执业，支持有相关专业特长的医师及专业人员在养老机构规范开展疾病预防、营养、中医调理养生等非诊疗行为的健康服务。养老机构设置的医疗机构，符合条件的应按规定纳入基本医疗保险定点范围。

3. 发展老年医疗与康复护理服务

加强老年康复医院、护理院、临终关怀机构和综合医院老年病科建设。有条件的二级以上综合医院要开设老年病科、老年病门诊，增加老年病床数量，到2020年，35%以上的二级以上综合医院设立老年病科。支持部分一、二级医院和专科医院转型为老年人护理院。提高基层医疗卫生机构康复护理床位占比，引导乡镇卫生院、敬老院设立养护型老年医疗护理服务特色科室，开设护理型床位或病区。落实老年人医疗服务优待政策，为老年人特别是高龄、重病、失能、残疾老年人挂号（退换号）、就诊、转诊、综合诊疗提供优先服务。鼓励各级医疗卫生机构和医务工作志愿者为老年人开展义诊。加强康复医师、康复治疗师、康复辅助器具配置人才培养。落实好将偏瘫肢体综合训练、认知知觉功能康复训练、日常生活能力评定等医疗康复项目纳入基本医疗保障范围的政策，为失能、部分失能老年人治疗性康复提供相应保障。

第二节　加快发展新时代养老服务体系

2016 年 5 月 27 日，习近平同志在主持中共中央政治局就我国人口老龄化的形势和对策举行的第三十二次集体学习时指出：“要着力健全老龄工作体制机制。要适应时代要求创新思路，推动老龄工作向主动应对转变，向统筹协调转变，向加强人们全生命周期养老准备转变，向同时注重老年人物质文化需求、全面提升老年人生活质量转变。要完善党委统一领导、政府依法行政、部门密切配合、群团组织积极参与、上下左右协同联动的老龄工作机制，形成老龄工作大格局。要保证城乡社区老龄工作有人抓、老年人事情有人管、老年人困难有人帮。要健全社会参与机制，发挥有关社会组织作用，发展为老志愿服务和慈善事业。”这为安徽省委、省政府在新时代构建养老社会服务体系确立了方略。2019 年 3 月，《国务院办公厅关于推进养老服务发展的意见》提出了六个方面共 28 条具体政策措施。一是深化放管服改革。主要包括建立养老服务综合监管制度，继续深化公办养老机构改革，通过提高审批效能解决好养老机构消防审验问题，减轻养老服务税费负担，提升政府投入精准化水平，支持养老机构规模化、连锁化发展，做好养老服务领域信息公开和政策指引等 7 项措施。二是拓展养老服务投融资渠道。主要包括推动解决养老服务机构融资问题，扩大养老服务产业相关企业债券发行规模，全面落实外资举办养老服务机构国民待遇等 3 项措施。三是扩大养老服务就业创业。

主要包括建立完善养老护理员职业技能等级认定和教育培训制度，大力推进养老服务业吸纳就业，建立养老服务褒扬机制等3项措施。四是扩大养老服务消费。主要包括建立健全长期照护服务体系，发展养老普惠金融，促进老年人消费增长，加强老年人消费权益保护和养老服务领域非法集资整治工作等4项措施。五是促进养老服务高质量发展。主要包括提升医养结合服务能力，推动居家、社区和机构养老融合发展，持续开展养老院服务质量建设专项行动，实施"互联网+养老"行动，完善老年人关爱服务体系，大力发展老年教育等6项措施。六是促进养老服务基础设施建设。主要包括实施特困人员供养服务设施（敬老院）改造提升工程，实施民办养老机构消防安全达标工程，实施老年人居家适老化改造工程，落实养老服务设施分区分级规划建设要求，完善养老服务设施供地政策等5项措施①。

一、统筹规划养老服务体系

老龄化问题是涉及面很广的重大社会问题，有经济困难问题、医疗保健问题、住宅问题、学习问题、生活服务问题、文化娱乐问题等，不仅关系到老年群体本身，也关系到千家万户的中青年人，处理不好，就会影响安徽经济发展和社会稳定，影响现代化的进程。为适应人口老龄化发展形势，为老年群体提供服务，满足其多样化的需要，提高其生活质量，实现"老有所养、老有所医、老有所为、老有所学、老有所教、老有所乐"，是安徽老龄事业和老龄产业的奋斗目标。当前安徽老龄事业发展的主要问题是：老龄工作多头管理，协调性不够，老龄事业发展规划缺乏全局和战略的高度，缺乏统筹发展的视角，往往是多部门工作的简单罗列，没有系统地提出老龄事业发展框架和发展指标体系，也没有摸清老年型社会的一系列重大变化和老年人需求，针对性不强。

1. 构建养老社会服务体系是全面建成小康社会的需要

发展养老社会服务体系，要建立一个专门机构主管养老社会服务体系工

---

① 国办印发《意见》推进养老服务发展［N］. 人民日报，2019-04-17（02）.

作，其意义在于人口老龄化对整个社会经济发展带来了全面的、深刻的影响，社会经济政策需要适应人口年龄结构的重大转变而调整，这种调整不应是局部的、单项的，而应是将各种社会经济政策置于老龄化社会的大背景下全面整合，实现可持续发展。实现六个“老有”是安徽发展养老社会服务体系的战略目标，这个战略目标的实现是渐进的，在不同时期不同阶段发展目标是不同的，包含内容也会发生变化。中长期发展规划和年度计划必须依据人口老龄化和社会经济发展的状况，围绕相关内容来设计，各项内容的目标是具体的。应按照可持续发展战略，在充分论证的基础上，将安徽养老社会服务体系纳入安徽社会经济发展的中、长期规划，统筹安排。要确保养老社会服务体系的科学发展，应建立上下统一的、具有综合协调职能的政府机构来主管老龄工作。要转变老龄问题就是老年人问题的观念，在满足老年人特殊需要的同时，更要从社会经济发展的全局统筹谋划。当前，有多家政府部门都涉及老年人工作，有的是为某一部分老年人提供服务，有的是为老年人某一方面或几方面的需要提供服务，职能存在交叉，资源配置时效性不强，专门老龄工作机构的统筹职能不强。作为综合协调职能的主管老龄工作的机构需要具备统筹谋划的能力，要站在全局和战略的高度提出发展老龄事业和老龄产业的政策目标，统筹各涉老部门，共同开展研究，将人口老龄化因素纳入各相关部门有关政策的决策依据中，综合提出应对之策。同时，要建立养老社会服务体系发展经费，专项用于构建养老社会服务体系。

2. 加强养老社会服务体系的组织领导与部门协作

安徽要完善党委统一领导、政府依法行政、部门密切配合、群团组织积极参与、上下左右协同联动的老龄工作机制。坚持党对养老社会服务体系的统一领导，发挥各级党委总揽全局、协调各方的领导核心作用，为养老规划实施提供坚强保证。强化政府落实规划的主体责任，将养老规划主要任务指标纳入经济社会发展规划，纳入政府工作议事日程和目标管理绩效考核内容。健全老龄工作体制机制，形成推进养老规划实施的合力。加强专家支持系统建设，建立由多学科、多领域专家参与的专家顾问制度，为养老规划实施提供技术咨询、评估和指导。安徽省老龄办、省卫健委、省民政厅、省发展改

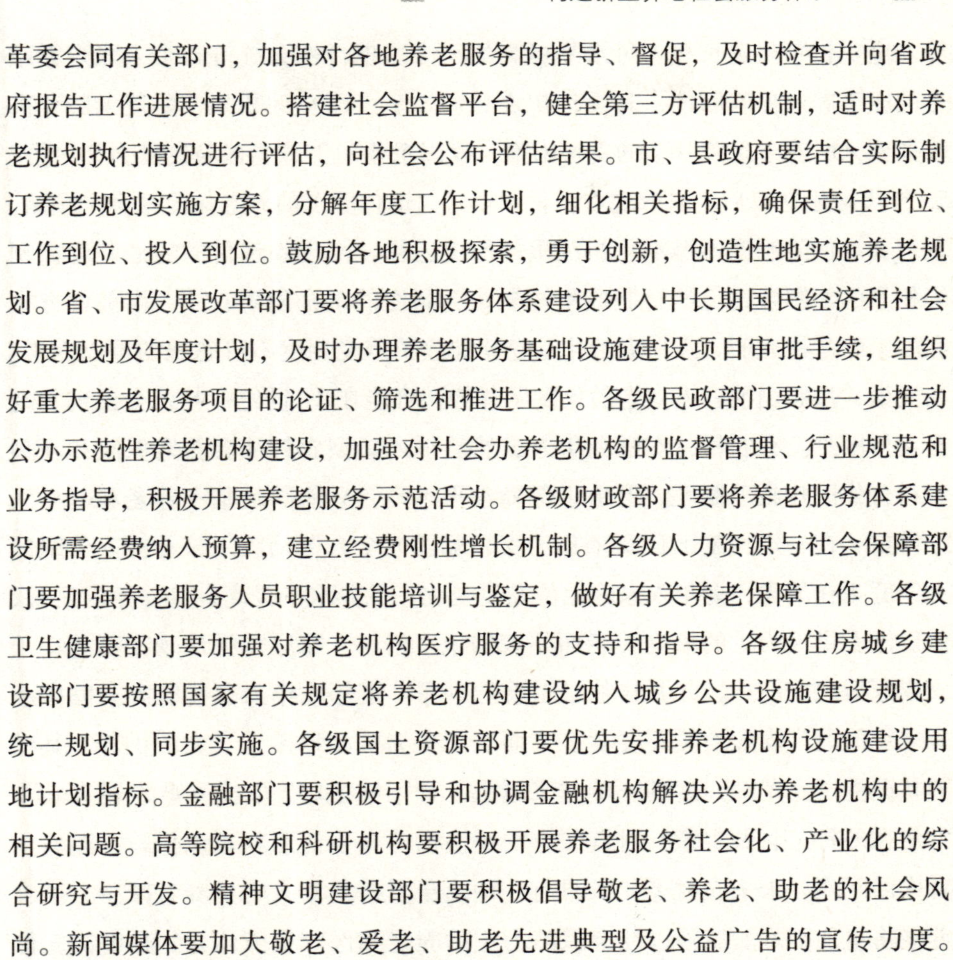

革委会同有关部门，加强对各地养老服务的指导、督促，及时检查并向省政府报告工作进展情况。搭建社会监督平台，健全第三方评估机制，适时对养老规划执行情况进行评估，向社会公布评估结果。市、县政府要结合实际制订养老规划实施方案，分解年度工作计划，细化相关指标，确保责任到位、工作到位、投入到位。鼓励各地积极探索，勇于创新，创造性地实施养老规划。省、市发展改革部门要将养老服务体系建设列入中长期国民经济和社会发展规划及年度计划，及时办理养老服务基础设施建设项目审批手续，组织好重大养老服务项目的论证、筛选和推进工作。各级民政部门要进一步推动公办示范性养老机构建设，加强对社会办养老机构的监督管理、行业规范和业务指导，积极开展养老服务示范活动。各级财政部门要将养老服务体系建设所需经费纳入预算，建立经费刚性增长机制。各级人力资源与社会保障部门要加强养老服务人员职业技能培训与鉴定，做好有关养老保障工作。各级卫生健康部门要加强对养老机构医疗服务的支持和指导。各级住房城乡建设部门要按照国家有关规定将养老机构建设纳入城乡公共设施建设规划，统一规划、同步实施。各级国土资源部门要优先安排养老机构设施建设用地计划指标。金融部门要积极引导和协调金融机构解决兴办养老机构中的相关问题。高等院校和科研机构要积极开展养老服务社会化、产业化的综合研究与开发。精神文明建设部门要积极倡导敬老、养老、助老的社会风尚。新闻媒体要加大敬老、爱老、助老先进典型及公益广告的宣传力度。各级老龄工作机构要积极履行综合协调、参谋助手、监督检查的职责，推动养老服务业健康发展。

二、完善城乡社会保障体系

养老和医疗保障是老年人最基本的生活需要，是提高老年人生活质量的基础，也是全面建成小康社会的一个基本要求。建立有效的养老和医疗保障机制，解决老年人的实际困难，消除中青年人的后顾之忧，也是社会文明和基本实现现代化的要求。随着养老金领取人数的大量增长，养老金支出快速增长。由于人口寿命的延长和生活水平的提高，职工养老保险制度还面临着养老金支付年限延长和支付水平提高的压力。现行社会统筹与个人账户相结合的职工养老保险制度，其设计初衷是通过个人账户的积累，防范老龄化高峰期到来时养老保险基金的支付困难。我国企业职工养老保险制度自20世纪50年代初建立以后，采取现收现付制模式，退休职工的养老保险基金未预留。现行养老保险制度不得不承担沉重的历史包袱，由现收现付的养老制度向预筹积累的新制度转化的转制成本短缺，新制度的基金积累较少。当前西方福利国家的危机表明，人口老龄化是建立和改革养老制度不可忽视的重大因素。在安徽，按照当前的人口老龄化发展态势，可能在21世纪中叶就会出现养老金支付困难。在农村，安徽老年人虽然已纳入新型农村社会养老保险和新型农村合作医疗救助制度，但由于保障水平不高，只能满足基本养老和基本医疗需要，在一定程度上还要依靠子女、配偶或个人劳动收入来补充。传统的大家庭正在消失，老年人家庭地位发生变化，供养水平提高，供养年限延长，使以子女供养为主的家庭养老面临着困境。老年人家庭规模出现小型化，子女成家后独立门户、分开居住已是普遍现象。老年人作为在传统大家庭中一家之主的财产支配地位不复存在，而逐渐变为被动地接受子女的供养，其供养状况受子女孝敬程度的影响越来越大，且不够稳定。安徽一些农村青壮年常年在外打工、做生意，对其父母的经济供养和生活照料难以保障。随着生育率的下降，未来农村老年人只有一两个子女，老年人的供养者减少，子女养老将更加困难。完善以社会保障为主的养老和医疗保障体系，是解决安徽城乡老年人养老和医疗问题的必由之路。这一体系要达到的基本目标是：老年人有足够的收入或物质保障，生活水平不低于当地平均水平；在医疗条件许可的范围内，患病以后能够获得及时、有效的医疗和护理，不致因医药费的缺乏而延误治疗或得不到治疗。为此，必须改革和完善现有的养老和医疗社会保障制度，建立多层次养老和医疗保障机制，逐步提高养老和医疗保障水平。

1. 提高城镇职工养老和医疗保险统筹层次

由于安徽城乡社会经济发展条件的差异，城镇老年人社会保障水平高于农村仍然是今后相当长时期内的政策走向。但目前城镇各类人员的养老

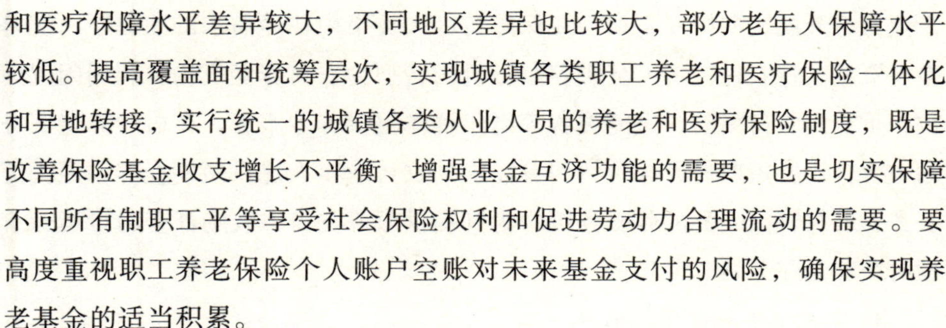

和医疗保障水平差异较大，不同地区差异也比较大，部分老年人保障水平较低。提高覆盖面和统筹层次，实现城镇各类职工养老和医疗保险一体化和异地转接，实行统一的城镇各类从业人员的养老和医疗保险制度，既是改善保险基金收支增长不平衡、增强基金互济功能的需要，也是切实保障不同所有制职工平等享受社会保险权利和促进劳动力合理流动的需要。要高度重视职工养老保险个人账户空账对未来基金支付的风险，确保实现养老基金的适当积累。

2. *提高农村养老和医疗的覆盖和待遇*

虽然受农村经济发展水平的限制，农民在一定时期内难以享受与城镇职工同等的社会保障水平，但随着子女数减少和家庭养老功能的削弱，提高农民的社会保障水平也日益迫切。满足农村居民基本养老和医疗需要而不是提供补贴性的保障，将是新型社会养老保险和合作医疗制度的根本目标。在基本实现现代化前，全部农村人口都要纳入养老和医疗保障范围，使农民年老以后养老有稳定的经济保障，医疗费用能够得到基本保障。鼓励农村生活自理老人居家养老，在全省范围内推行签订家庭赡养协议，督促子女履行赡养义务，夯实农村居家养老基础。发挥乡镇养老服务中心作用，组织农村留守妇女、低龄健康老年人等群体照护农村高龄、失能失智老年人，培育农村互助服务队伍。鼓励各地因地制宜，发展子女众筹资金开展互助养老、老年人集中居住互助养老等农村居家养老互助模式。鼓励各类为老服务组织（企业）参与发展农村居家养老服务。村级养老服务站为发展农村居家养老互助服务提供设施支持。在每个乡镇设置 1 个具备养老服务和政策指导功能的养老服务中心，人员配备通过成立基层老年协会、特困人员供养机构人员整合等渠道解决。利用现有设施资源，在行政村设置养老服务站，通过开展自助互助服务、无偿低偿交由社会力量运营等方式，为农村老年人提供助餐、日托、文化娱乐等服务。乡镇人民政府依托乡镇养老服务中心、基层老年协会等，对辖区内的农村户籍老年人开展联络人登记，建立应急处置和评估帮扶机制。组织并依托卫生健康、民政专干和村医等力量，对农村高龄、空巢、留守等老年人进行定期探视走访。鼓励通过政府购买服务的方式，引导社会组织等专业力量开展定期探视走访。在保障特困人员集中住养需求的前提下，统筹整合资源，将农村特困人员供养服务机构转型为农村养老机构，利用闲置床位，重点向农村高龄、失能失智等老年群体提供养老服务。在村级养老服务站中合理设置短期托养床位，为有需求的农村老年人提供短期托养、照护等服务，农村特困人员供养服务机构为其提供服务支持；鼓励社会力量运营管理村级养老服务站。

3. 实现老年社会保障城乡一体化

从多数发达国家来看，社会保障发展到一定阶段，全体国民不分城乡、不分行业都纳入统一的社会保障“安全网”。安徽目前及将来一定时期内还难以实行这一制度，但最迟在21世纪中叶安徽实现现代化前后要考虑推行同发达国家一样的一体化的养老和医疗社会保障制度。要完成一体化的进程，必须从现在起在制定有关政策时就要有长远的规划，否则将大大增加并轨的难度和不必要的损失。针对老龄化、高龄化程度不断加深的情况，安徽要适时建立并逐步完善全省高龄老人津贴制度，重点对80岁以上老人发放高龄津贴，鼓励有条件的地方提高标准、扩大范围。建立并完善政府为低收入老人购买服务机制，严格落实城市社区养老服务设施配建要求，新建住宅小区配建任务列入土地出让合同，与住宅同步规划、同步建设、同步验收、同步交付使用。依托配建设施，建立县级养老服务指导中心、街道养老服务指导中心、社区养老服务站，形成兼具行业监管、资源整合、直接服务功能的城市社区居家养老服务网络，打造20分钟居家养老服务圈。对照顾失能失智老年人的家庭成员提供每年不少于1次的养老护理技能培训，列入当地基本养老公共服务清单。鼓励养老机构和社区养老服务站为失能失智老年人家庭提供日托服务，为经济困难失能失智老年人提供服务的，列入当地基本养老公共服务清单。鼓励有条件的县级人民政府对经济困难的高龄、失能失智、重度残疾人等特殊困难老年人家庭进行适老化改造，配备基本生活辅助器具或给予一定改造补贴。

4. 深入推进医养结合

安徽在加强社会保障制度的同时，要明确家庭成员的养老责任，出台支持家庭养老的鼓励政策，提高人们的养老意识，同时做大做强医养服务供给主体。简化医养结合服务机构许可程序，民政、卫生健康部门按照首接负责制的原则办理审批。150 张以上床位的养老机构、入住 50 人以上的特困人员供养服务机构必须内设医务室或护理站。推进各类养老机构与各级医疗机构建立协议合作关系。支持部分闲置床位较多的一、二级医院和专科医院转型为老年人护理院。支持医疗机构内设养老机构，享受与民办养老机构同等扶持政策。对 65 周岁以上老年人和 60 周岁以上的计生特困家庭老人，每年免费提供一次健康体检服务。推行家庭医生签约服务，为辖区内自愿签约的高龄、重病、失能失智居家老年人提供家庭出诊、家庭护理等上门服务。规范居家老年人医疗、护理服务项目，符合规定的医疗费用纳入医保支付范围。将老年人健康管理服务纳入政府购买基本公共卫生服务范围。养老机构内设的医疗机构，经向统筹地区医疗保险经办机构提出申请，按规定通过评估后，可与医疗保险经办机构签订服务协议。参加基本医疗保险的老年人，在协议养老机构内设医疗机构，发生符合规定的医疗费用，纳入基本医疗保险支付范围。推进安庆市长期护理保险试点，加强与经济困难老年人养老服务补贴政策衔接，做好试点工作督导、经验总结推广。

三、健全城乡社区养老服务体系

尽管家庭规模缩小、与子女分开居住的老年人逐渐增多，但居家养老仍然是安徽城乡绝大多数老年人的主要养老方式，入住老年公寓等社会养老机构只是少数缺乏生活自理能力、无人照料的老年人的选择。即使在老龄化程度较高的发达国家，目前入住老年公寓、护理院等机构的老年人所占比例也不超过 5%，而且政府大多通过提供津贴等优惠政策鼓励子女照料老人。但是，居家养老的确面临着许多现实和潜在的困难。目前安徽城乡社区在为老年人提供实际生活帮助方面还不够，缺少体制上的支持。而完善城乡社区养老服务体系，营造让老年人感觉安全方便、子女感觉踏实放心的养老环境，提供各项社会化养老服务，是适应安徽人口老龄化和家庭小型化发展趋势的需要。

1. 将社区养老服务设施纳入城乡建设发展规划

当前，有些地方城乡建设发展规划忽视了人口老龄化和老年人的养老需求，规划中没有对社区养老服务设施进行布局，更没有对此进行科学论证，以至于业务部门或社会组织提出的一些养老服务项目无法立项，有的虽然立项，但其布局、规模、内容都缺乏论证。社区养老服务设施包括老年文化教育服务设施、托养服务设施、护理服务设施、体育服务设施。根据基层行政区划，每个城镇居委会、农村行政村应建立一个老年活动室和一个托老所，每个城镇街道、农村乡镇应建立一家养老院（护理院）和一所老年学校。此外，在社区公共生活设施方面，要照顾到老年人的特殊性，创造方便舒适的生活环境，如建造无障碍设施、方便的购物网点等。虽然这些设施目前在安徽各地已经有所发展，但由于未列入城乡建设发展规划，其数量还很有限，许多地方还处于空白，已建的设施也存在管理无序和内部设施建设不规范等问题。安徽要加快养老服务信息化综合平台建设，建立全省养老机构信息管理系统。将社区的养老机构、街道居家养老服务中心、社区日间照料服务中心、120等资源整合纳入统一的社区信息化服务平台，及时处理老人的咨询请求等服务信息。

2. 构建社区养老服务体系

养老服务最终要落实到社区层面，服务项目有政府公共服务、应急医疗服务、保健咨询、生活照料服务、临终关怀、组织老年人活动、帮助购物等多项内容。每个城镇街道都要建立一所社区居家养老服务中心，以所辖各居委会或居民小区为网点，形成网络体系，采取低酬有偿服务的方式，为老年人提供各项服务。对于贫困老年人，居家养老服务中心应为其提供无偿服务。此外，要探索低龄健康老年人为高龄老人服务的方式，创建老年群体互助服务体系。当前，安徽要建立居家养老服务网络，按照统一名称、统一标准、统一标识的要求，在城市街道、社区和农村乡镇建设综合性居家养老服务中心、居家养老服务站（点）。以社区为依托，普遍建立“养老服务热线”、居家养老呼叫服务网络等信息沟通求助渠道，为居家老人提供家政服务、生活照料、康复护理、文体娱乐和精神慰藉等服务。依托敬老院、光荣院、福利院等设施资源，积极为城乡社区居家养老提供服务。县级养老服务指导中心主要承担行业监管、服务企业（社会组织）培育、老年人需求评估等职能，人员配备可通过成立行业协会、购买公益性岗位、公办养老机构改革改制后编制调剂等途径解决；街道养老服务指导中心主要承担辖区内养老服务资源整合链接等职能，社区养老服务站直接为老年人提供就餐、康复等服务，街道、社区两级中心原则上无偿或低偿交由社会力量运营管理。大力培育专业运营主体，鼓励以县为单位，将辖区内的社区养老服务站打包交由居家养老服务企业（社会组织）运营管理，打造专业化的品牌居家养老服务企业（社会组织）。推广社区居家养老服务项目化运作，大力发展为老年人提供就近照护服务的“社区示范长者之家”项目和提供就餐送餐服务的“社区助餐工程”项目。

3. 发展专业养老机构

随着老年人口高龄化，老年人生活自理能力将会下降，丧偶率也将提高，在子女提供生活照料有困难的情况下，少数老年人必须依靠养老机构，老年人对托老所、老人公寓、老年护理院等养老服务机构的需求正在扩大。当前安徽要大力支持社会力量兴办养老机构。按照“谁投资、谁管理、谁受益”的原则，建立公开、平等、规范的养老服务业准入制度。通过税费优惠、资金补贴等扶持政策，积极引进国内外资金，鼓励支持企事业单位、集体组织、民间组织、慈善机构及个人等社会力量，以独资、合资、合作等多种形式兴办养老机构。鼓励和支持社会资本投资兴办以老年人为对象的老年生活照顾、精神慰藉、家政服务、心理咨询、康复服务、简单就医、水电维修、紧急求援等养老服务业，为居家养老的老年人提供养老服务。鼓励和支持下岗失业人员创办托老所，以创业促就业，并积极提供各种服务。大力发展养老产业，形成多种力量发展社会化养老服务事业的新格局。

提高养老机构智慧化服务水平，推广配置安全监控、健康护理、生活服务等智能设备，为老年人提供入院能力评估、无线定位救助、活动监测、行为智能分析、亲情视频沟通、门禁系统联动等智慧养老服务；在入住老年人中推广应用适老化智能产品、健康监测可穿戴设备、移动应用软件（App）

等；鼓励研发应用为老年人提供亲情陪护、康复理疗等服务的人工智能产品和设备。修订完善智慧养老机构建设规范，实施智慧养老院创建工程，力争在全国率先建成智慧养老机构。统筹整合各级养老服务信息平台，实现基础数据、服务渠道、服务终端等资源共享，对接餐饮、家政、健康等为老服务主体，提供助餐助医助急等服务。鼓励社会力量建立远程居家照护服务系统，开发多元、精准的私人定制服务。

四、构建老年人健康服务体系

随着人口老龄化的发展，患有与年龄相关的慢性非传染性疾病人数的提高日益突出。近年来开展的老年流行病学调查均显示，安徽城乡老年人常见病主要为高血压、心脏病、呼吸系统疾病、恶性肿瘤、关节炎及肠、胃、肝、胆等慢性病，心脑血管疾病尤为突出。在当今社会经济条件下，医疗技术的发展使患有慢性病的老年人通过长期医疗和护理得以治愈，或伤残期延长。这意味着老年人的生活照料期延长，需要含有一定技能并耗费大量时间和精力的不间断护理，而且医疗护理费用大大增加。老年慢性病既给老年人配偶和子女带来生活照料上的压力，也使家庭和社会的经济负担加重。对于改善老年人健康状况，当前需要完善老年健康服务体系。

1. 加强老年慢性病的预防

由于慢性病病程长、治愈率低、医疗费用高，对个人、家庭和社会造成的压力都较大，做好发病前的预防尤为重要。要大力开展老年人健康教育，改变一些人不良的生活习惯和不合理的营养摄入，定期开展健康检查，做好老年病的早期发现、早期诊断和早期治疗，控制疾病发展，降低常见老年病的发病率和致残率。

2. 加强社区老年保健工作

安徽要进一步增加面向老年人的医疗卫生事业资金投入。大力建设社区医疗保健站、康复护理中心，向老年患者提供优质低价服务。鼓励医疗机构开展老年护理、临终关怀服务。城镇要建立市（地）级、县（区）级、街道级三级医疗机构组成的老年保健网络组织形式，以地段医院为主力，居民区卫生站为基点的社区老年保健模式。适应老年病防治的需要，加强心脑血管病、呼吸系统病、恶性肿瘤、骨病等科室的建设。农村要建立由县（市）级医院、乡（镇）卫生院、村卫生室组成的三级医疗预防保健网。县市级要建立老年门诊部、老年病医院或老年康复中心，乡镇卫生院要配备老年医疗保健专业人员或建立老年保健站。城乡医疗救助制度在实施中向贫困老人倾斜，对其参加医保和大额医疗费用给予补助。支持养老机构开展社会化医疗卫生服务，养老机构取得《医疗机构执业许可证》并符合定点医疗机构资格条件的，要纳入城乡医疗保障定点治疗单位范围。在医疗保险制度的实施中，加强与医疗服务方式的协调，通过医疗保险费用补偿的激励机制，将社区医院纳入定点医院，更好地发挥医疗保险基金的作用，满足老年人的基本医疗服务需求。

3. 重视失能老人长期照护问题

随着人口老龄化的持续发展和老年人口的日益高龄化，高龄老人丧失生活自理能力以及由此而产生的医疗护理和生活照料问题正变得越来越突出。失能老人均不同程度地患有各类疾病，有的患有三四种疾病，有的长期卧床不起。在农村，由于老年重症疾病治疗费用高，住院时间长，一些失能老人一旦卧床不起大都不会被送到医院救治，而是在家等待着生命的终结。失能老人的护理照料则更加困难，目前安徽各地十分缺乏专业护理型养老机构。失能老人沉重的医药费用与长期照护的压力，往往导致一个家庭因此而陷入困境。鉴于护理照料费用已成为影响城乡高龄、失能老人及其家庭生活质量的一个重要因素，建议安徽有关部门研究建立高龄、失能老人长期照料服务补助制度，通过政府购买服务的方式，对高龄、失能程度较高且经济窘困的老年人提供必要的物质帮助，从而改善失能老人的生存状态和照料条件。补助标准可综合年龄、失能等级、经济状况、居住环境等要素，分成若干等级，以现金或服务券的形式下发，实行政府购买服务，指定专人给予生活照料。

此外，安徽要大力发展护理型养老机构，在综合医院开设康复科，发展康复医学工程，研制生产能恢复和提高老年残疾人生理功能和生活能力的基本器具。为老年人提供康复和护理服务需要一支庞大的多层次的人员队伍，其中起主导作用的是护士和初级保健全科医生。全科医生是家庭医疗保健服务的主要提供者，既是治疗者，又是协调者和管理者，也是咨询者和教育者。要提倡家庭养护，培训家庭康复人员，在家庭中开展自助与互助相结合的医疗保健，坚持预防为主、防治结合的原则，开展健康教育，培养家庭成员参与家庭医疗保健的技能。要发展家庭病床，为老年人提供长期护理服务和保健指导。

五、构建老年人社会参与体系

在一个长寿社会，除了要解决好老年人的养老、医疗和生活照料等基本需要外，还要满足他们参与社会的需要。进入老年期以后，老年人的生活方式发生了转变，生理心理也发生了变化，大多数老年人家庭也成为“空巢”家庭。如果仅仅将老年人视为脆弱的需要照顾的群体，只是满足老年人的养老、医疗和生活照料等基本需要，必然导致老年人与社会的隔离，寿命的延长将仅仅具有生物学意义，这违背人类文明发展的基本准则，也必然会产生十分消极的后果。国际社会对老年人参与社会的一个基本理念是，让老年人融入社会。“老有所为”只是老年人参与社会的一个方面，老年人的社会参与包含了老年人融入社会的一切有利于代际和谐和促进其身心健康的活动，既包括老年人继续为社会经济发展作出有价值贡献的活动，也包括社区和社会为老年人提供的各种文化、教育、体育活动，乃至包括老年人的互助活动①。

1. 发展老年教育

将老年教育纳入终身教育体系，落实老年教育发展规划。扩大老年教育资源供给，拓展老年教育发展路径，加强老年教育支持服务，创新老年教育发展机制，促进老年教育可持续发展。安徽要优先发展城乡社区老年教育，建立健全“县（市、区）—乡镇（街道）—村（居委会)”三级社区老年教

① 本刊编辑部．国务院新闻办公室发表《中国老龄事业的发展》［J］．中华护理杂志，2007（1）：70.

育网络，到2020年，95%的乡镇（街道）建立老年学校，50%的行政村（居委会）建立老年学习点，方便老年人就近学习。促进各级各类学校开展老年教育，部门、行业企业、高校等举办的老年大学要逐步从服务本单位、本系统离退休职工向服务社会老年人转变，鼓励支持各类社会力量举办或参与老年教育。整合文化体育科技资源服务老年教育，各市、县（市、区）至少建立1个示范性老年教育学习体验基地。利用养老资源推动老年教育，到2020年，建立300个养教结合学习点，32个养教结合示范学习点。发展远程老年教育。到2020年，力争远程老年教育覆盖全省各市、县（市、区），100%的乡镇（街道）建立老年学习网点，形成“省—市—县（市、区）—乡镇（街道）”四级远程老年教育网络。实施社会主义核心价值观培育、老年教育机构基础能力提升、学习资源建设整合等计划。到2020年，逐步实现县（市、区）老年大学全覆盖，基本形成覆盖广泛、灵活多样、特色鲜明、规范有序、具有安徽特色的老年教育新格局。

2. 繁荣老年文化，加强老年人精神关爱

安徽要完善覆盖城乡的公共文化设施网络。在基层公共文化设施内开辟适宜老年人的文化娱乐活动场所，增加适合老年人的特色文化服务项目。深化公共文化服务设施免费开放，做好面向老年人的公共文化服务，为老年人开展文化活动提供便利。文化信息资源共享、农村电影放映、农家书屋等重大文化惠民工程增加面向老年人的服务内容和资源。推动群众性老年文化活动蓬勃发展，继续办好全省老年人书画艺术展、全省老年文艺调演和全省老年文化艺术节等省级老年文化活动品牌，充分发挥基层老年文艺团队作用，鼓励支持各地打造特色老年群众文化活动品牌。鼓励制作适合微博、微信、手机客户端等新媒体传播的优秀老年文化作品。加强数字图书馆、数字博物馆、数字文化馆的建设和管理，拓展面向老年人的数字资源服务。加强专业人才和业余爱好者相结合的老年文化队伍建设。安徽要健全老年人精神关爱、心理疏导、危机干预服务网络。依托社会工作服务机构、专业心理工作者和社会工作者开展老年心理健康服务试点，为老年人提供心理关怀和精神关爱。支持专业社会工作者组织企事业单位、社会组织、志愿者等社会力量开展

“一助一”“多助一”等多种形式的结对关爱老年人服务活动。鼓励城乡社区为老年人精神关爱提供活动场地、工作条件等支持。

3. 加强老年人力资源开发

引导老年人树立终身发展理念，始终保持自尊自爱自信自强的精神状态，积极面对老年生活，参与社会发展，发挥正能量，作出新贡献。引导全社会正确认识、积极接纳、大力支持老年人参与社会发展。将老年人才开发利用纳入各级人才队伍建设总体规划，鼓励各地制定老年人才开发利用专项规划。鼓励专业技术领域人才延长工作年限。鼓励各有关方面建立老年人专业人才库，实现互联互通、资源共享，为老年人参与社会发展创造条件。支持老年人才自主创业，帮助有意愿且身体状况允许的贫困老年人和其他老年人接受岗位技能培训或农业实用技术培训，通过劳动脱贫或致富。推动用人单位与受聘老年人依法签订书面协议。依法保障老年人在生产劳动过程中的合法收入、安全和健康权益，不得因老年人参加其他社会活动获得报酬而扣减其养老金或者福利待遇。对老有所为贡献突出的老年人和在老有所为工作中贡献突出的单位、个人，可给予表彰或奖励。

六、加快发展老龄产业

老年人作为一个有别于其他年龄段的人群，由于生理、心理、经济状况等特征的特殊性而产生消费的特殊性。由于经济条件的改善，当代老年人已不满足于吃饱穿暖，开始追求生活质量的提高，产生了多样化的消费需求。如有营养、松软易消化、低糖、低脂肪、低胆固醇食品，适合其体形和年龄特征、穿脱方便的服装，适合几代人同住或“纯老家庭户”居住的无障碍住宅，保健类药品、滋补品，体育器械、残疾康复器械，文娱消闲类用品，老年旅游，家政服务，社会养老设施等，是近年来老年群体逐渐增长的需求。随着安徽老年人口规模的扩大和在总人口中所占比重的提高，老年人作为一个特殊消费群体，其消费需求对社会消费结构的影响日益明显。在安徽，老年人的消费需求日趋突出，但仍缺乏对老年消费市场的深入调查研究，厂商对这一市场的发展前景还没有给予足够的重视。同时，已有的一些老年用品经济效益不理想，引起厂商对开发这一市场的顾虑。一方面，老年人对提供老年用品和服务的呼声越来越高；另一方面，对老年用品和服务投资开发的厂商却很少，厂商缺乏对这一市场的信心。因此，各级政府有关部门要加强这方面的研究和指导工作，培育老年消费与服务市场，将发展养老服务业作为适应人口老龄化的一项重要举措。

1. 培育老龄产业新的增长点，完善相关规划和扶持政策

安徽要实施品牌战略，重点开发养老服务产品和培育养老服务品牌，大力发展养老服务中小企业。发展养老科技、产品研发与装备产业，创新养老健康服务内容，打造各具特色、管理规范、服务标准的养老服务龙头企业。促进养老企业连锁化、集团化发展，形成一批产业链长、覆盖领域广、经济社会效益显著的产业集群和集聚区。鼓励结合中医药、旅游、文化、养生等特色优势，打造健康养老服务产业集群。促进养老服务与旅游、文化等产业融合发展。积极探索候鸟式养老、旅游养老、文化养老等融合发展新模式，开发适老旅游和健康产品。在有条件的地区兴建一批集生活居住、文化娱乐、康复训练、医疗保健等于一体的养老综合体。鼓励金融、地产、互联网等企业进入养老服务产业。积极利用信息技术提升健康养老服务质量和效率。结合皖南国际文化旅游示范区、环巢湖国家旅游休闲区、大别山红色旅游胜地建设，兴建一批集生活居住、文化娱乐、医疗保健等于一体的养老综合体。在城镇建设、旧城改造、社区建设和美丽乡村建设中，合理配置老年人文体活动场所和设施，开展各类面向老年人的文化娱乐和体育健身活动。创新老年教育体制机制，支持社会力量、院校、养老机构等开办老年大学。鼓励创作老年题材的文艺作品，支持广播电视等媒体积极开设老年人文艺类栏目。

2. 增加老年用品供给

安徽要引导支持相关行业、企业围绕智能看护、应急救援、通信服务、电子商务、旅游休闲、服装服饰等领域，推进老年人适用产品、技术的研发和应用。充分利用安徽省资源优势，开发适合老年人的安全有效方便快捷的休闲养生食品和功能保健食品，发挥中医中药在老年预防保健方面的优势，

积极研发中医养生保健产品。支持数字化养老服务产品和适用于个人及家庭的健康促进、健康检测监测等产品的研发，打造一批医养结合数据服务中心、产品用品研发中心、标准制定中心。鼓励企业开发适合老年人特点的可穿戴移动医疗设备，为老年人提供在线健康管理服务。支持康复辅助器具产业发展，建设安徽省康复辅助器具中心，力争成为国家级康复辅助器具科研和生产基地。加强老年用品测试和质量监管，鼓励开辟老年用品展示、体验场所，发展老年用品租赁市场，办好全省老龄产业博览会。鼓励企业、高等院校和研究机构在养老领域开展技术改造和科技创新，重点发展适老化的康复辅具、智能穿戴设备、服务型机器人与无障碍科技产品，提升产品品质，打造安徽适老工业精品。

3. 提升老年用品科技含量

安徽要加强对老年用品产业共性技术的研发和创新。支持推动老年用品产业领域“大众创业、万众创新”。支持符合条件的老年用品企业牵头承担各类科技计划（专项、基金等）、科研项目。支持技术密集型企业、科研院所、高校及老龄科研机构加强适老科技研发和成果转化应用。落实相关税收优惠政策，支持老年用品产业领域科技创新与应用项目。建设老年用品产品研发中心、检测中心，争取建设国家级康复辅具科研和生产基地。依托合芜蚌国家自主创新示范区，建设“合肥—芜湖—蚌埠”基地式、园区式、集聚式养老服务机构示范带。促进养老企业连锁化、集团化发展，形成一批产业链长、覆盖领域广、经济社会效益显著的产业集群和集聚区；培育市场竞争力强、企业成长性好、科技含量高的养老企业上市融资。

4. 鼓励多元投资参与

安徽要支持各类市场主体增加养老产品和服务供给，加快发展各类养老产品和要素市场，打破条块分割、地区封锁、城乡分离的市场格局，构建统一开放竞争有序的现代养老市场体系。同时，要明确政府、社会、市场、家庭等主体的责任范围和功能边界。对养老服务市场实行常态化、规范化管理，营造安全、便利、诚信的老年消费环境，完善服务质量满意度测评管理。研究制定涵盖基础通用标准、养老服务标准、管理标准、支撑保障标准以及老

年人产品用品标准等互相衔接、覆盖全面、重点突出、结构合理的养老服务标准体系，健全标准实施效果评估机制，推动标准实施。

第三节 推进养老服务的队伍建设

养老社会服务工作是一项专业性的社会工作，主要对有需求、有困难的老年人提供有效的服务，帮助他们走出困境或误区，使他们能够保持独立与尊严，幸福安度晚年。因此，老年服务队伍要具有较高的职业道德，接受过本专业的系统培养或培训，掌握一定的专业知识和专业技能，能对有需求、有困难的老年人提供有效服务的人员。发展老年服务业必然需要养老服务队伍，养老服务的队伍建设已成为安徽人口老龄化发展的迫切需求。

一、养老服务队伍建设的必要性

人口老龄化问题说到底是一个社会可持续发展的问题。可持续发展的本质是社会中代与代之间的可持续性的接替、协调、资源与成果共享问题。年龄结构的老龄化带来了代与代之间经济关系、分配制度、法律制度、文化价值观念、家庭伦理关系的变化。这些变化对当前和未来的经济、政治和社会产生广泛而深远的影响。代际关系处理不当将严重影响社会的稳定和发展。尤其是在安徽经济欠发达的情况下老龄化程度不断加重，且随着安徽家庭结构的改变，个人和家庭应对养老问题的能力越来越弱，人口老龄化和家庭养老功能的逐渐弱化，使得社会化养老服务体系的建设和完善变得迫在眉睫。

早在20世纪40年代，美国著名心理学家马斯洛就提出了人的需要层次理论，把人的需要由低到高分为五个层次。这五个层次是逐级上升的，当低一级的需要获得满足后，追求更高一级的需要就成了继续奋进的动力。马斯洛的需要层次理论是人类需要的高度概括，具有共通性，老年人作为社会人口的一个群体，有其特殊性，但也不例外。我国学者齐芳运用马斯洛的需要层次理论来分析老年人的需求，提出以下观点：第一，生理需要。这是人最基本的需要，如衣、食、住、行等方面的要求。老年人希望得到衣、食、住、行等基本的生活保障。第二，安全需要。如生活的安定、疾病、经济、意外事故等有法律保障。老年人的安全需要集中在医、住和行三个方面。其中，对老年人来说，尤为需求“医”的保障，在生病、外出等期间希望有人护理和照料。第三，归属与爱的需要。归属于某群体的感情需要，希望爱他人，也渴望得到他人的关爱。在这个方面，老年人需要享受家庭的温暖，享受天伦之乐；尤其是丧偶老人希望与人交流和沟通，不愿形只影单地生活，希望得到情感的慰藉。第四，自尊的需要。人人都希望尊重他人和得到他人的尊重，希望保持自己相应的社会地位和自尊心，得到较高的评价。老年人因为自己年龄较长，特别希望得到尊重和爱戴。又因为老年人生理机能衰退，听、说、行等较迟缓，更需要周围人的理解和尊重。第五，自我实现的需要。这是最高层次的需要，即希望实现自己的理想，发展自己的能力，实现自我价值，得到他人与社会认可的需要。“夕阳无限好”，许多老年人身体状况较好，具有强烈的学习、工作、娱乐等方面的参与欲望，希望找份工作或进入老年教育场所继续学习，以体现自我价值，实现自我理想。有些老人热衷于组织和参与各种文体活动，以充实丰富自己的晚年生活。可见，养老社会服务需要专业人员来满足老年人的多种需求。

我国学者穆光宗提出了关于“养老资源提供者”和“养老职能承担者”相分离的观点，认为：随着社会的发展，家庭养老功能在不断弱化，家庭将难以提供全方位的养老服务，家庭和社会之间将具有功能互补的特点①。而养老方式是指老年人同谁生活在一起、由谁供养和由谁提供服务。养老方式是由一定的生产力和经济发展水平决定的，它必然随着社会生产力、经济和社会的发展而不断发生相应的变化。安徽省养老方式主要分为家庭养老和社会养老两类。在传统的养老方式中，养老资源和养老服务都是由家庭成员提供的。养老资源由家庭提供的为家庭养老，由社会提供的为社会养老，由自己

① 穆光宗．中国传统养老方式的变革与展望［J］．中国人民大学学报，2000（5）：39-44.

提供的为自己养老。在现实生活中，许多老人的养老资源不是单纯由某一方提供，而是由三种资源组合而成。不论何种养老模式，家庭的服务与照料是必不可少的，但是家庭服务已不能满足老人全方位的养老需求，社会化服务（社区或养老机构等的服务）便渗透各种养老模式中。

要积极应对老龄化和老年问题，制定相应的解决策略，建立科学的研究机制，就必须了解老年群体的生理、心理等各方面的需求。因为老年群体是社会总人口的一部分，他们的需求具有普遍性，也具有特殊性。对老年群体需求的了解和研究将有利于我们更好地明确养老机构的规划目标和老年服务人才的培养方向。目前安徽养老服务队伍流动性大，服务人员的素质偏低，他们大多是农民工和下岗职工，其中农民工居多。这些服务人员普遍学历低，一般为初中以下文化程度，缺乏专业知识。安徽大多数养老机构只能提供基本的供养服务，能提供一般康复服务的少之又少，能经常开展一些适合老人特点的文化娱乐活动的更是凤毛麟角，就更谈不上个性化定制服务了。为此，急需加强养老服务人员的培养培训工作，提高服务水平和质量，以全方位、高质量的服务满足老年人的养老需求。

二、养老服务队伍的培养

养老服务人才队伍的培养，对安徽人口老龄化社会的应对、对实现社会的可持续发展、对满足老年人的各种需要、对实现养老功能转移都具有十分重要的意义。安徽养老服务人才队伍建设主要包括以下内容：①实行养老护理员职业准入制度。积极开展养老护理员培训、考核和职称评定工作，规范服务标准，提高服务质量。充分利用教育资源，在中职和高职院校中设置养老护理专业，培养高素质的养老服务人才。积极引进专业人才，提升整体水平。②与再就业工程相结合建设专业人员队伍。通过招聘社区下岗失业人员，实行专业培训，持证上岗，努力建设一支为社区老人提供生活照料、护理和陪护专业化服务的专业人员队伍。③大力发展社区志愿者队伍。在当地共青团、妇联组织和大专院校的支持下，通过开展和谐社区、共建家园等活动，整合社区人力资源，努力造就一支由党员、干部、学生等组成的专兼职人员和志愿者相结合的社区志愿者队伍。④建立老年人自我养老服务队伍。利用老年人同老年人沟通容易的优势，结成助老服务对子，自己管理自己，自己服务自己，变消极、被动养老为积极养老，实现“老有所为”“老有所乐”。

安徽现有养老服务机构服务人员普遍老化，服务理念跟不上时代，影响了服务项目和内容的扩展以及服务质量的提高。由于全省养老机构管理相对水平低、设施设备较落后，专业服务人员缺乏以及传统观念的影响，导致入住率偏低。目前，安徽在养老服务人才的培养培训中还存在一些问题：如办学层次较低，多为中专或大专；办学模式多以职业教育为主。另外，安徽乃至全国对于这样一个社会需求量大的养老服务专业还没有统一的人才培养目标与大纲，缺乏统一的培养培训教材，缺乏完善的办学条件，缺乏高素质的专业教师。可见，安徽养老服务人才的培养培训还处在起步阶段，有待各个院校进一步探索和研究。安徽各级政府要承担起政策制定、资源提供和服务监管的角色，鼓励规划和发展社会化养老服务体系，建设充足的、高质量的、适应不同老年群体需求的养老机构。要鼓励和支持相关高等院校建立养老服务专业，培养和造就一大批适合老年服务行业长期发展需要的专业管理服务人才。为此，安徽可遴选省内院校培养养老服务专业人才，培养、引进医养结合、科技助老领域管理、运营人才，符合条件的享受人才引进政策。修订《安徽省养老服务从业人员培训实施方案》，统筹利用相关培训资金资源，在全省培训中级管理人员、护理师资人员、中级社工师、养老护理员、居家养老从业人员、初级社工师和照护老年人的家庭成员。市、县两级政府可出台本地养老服务从业人员待遇保障实施意见，落实大中专毕业生从事养老服务学费补偿、入职奖补有关规定，明确养老服务从业人员尤其是特困人员供养服务机构从业人员最低工资保障标准和社会保险参保要求，落实员工制养老服务企业的社会保险补贴。

同时，要加强专业化与志愿者相结合的养老服务队伍建设。要鼓励各类职业培训机构对养老服务人员开展职业技能培训，考试合格发给相应的职业资格证书。认真实施专业社会工作者职业水平评价制度，科学界定养老服务中职业社会工作者的岗位和职责，加强对社工专业人才的吸纳与培养。加强养老服务人员的职业道德教育，改善和提高服务队伍的整体素质。要大力发展社区养老服务志愿者组织，鼓励、支持社区居民和社区单位等为居家的老年人提供多种形式的养老服务。要逐步改善和提高养老服务人员的地位和待遇。紧密结合社会工作者职业水平评价制度的实行，为养老服务的专业人员落实相应的物质待遇；对符合条件的从事养老服务人员，要按规定享受相应的就业再就业扶持政策。

为推动安徽养老事业的发展，弥补安徽养老人才缺口，还要重视当前养老机构从业人员人才队伍的培养。一是选送培育一批具有养老护理专业知识型的人才队伍。在目前现有养老机构从业人员中挑选年纪轻、身体好、爱岗位、肯学习、敢吃苦、善奉献的同志，选送到院校学习社会学、心理学、管理学、医学等知识，提高他们的专业化知识水平和专业化技能，弥补解决文化知识肤浅、专业人才缺乏的现状。二是本着从实际出发，因地制宜组织培训。现有养老机构普遍存在经费、人员等保障不足的实际困难，在选送少数从业人员到院校深造的同时，应结合本单位、本部门的实际和经营状况，因地制宜开设必要的专业知识和服务技能的培训。从院校邀请学者、教授到本单位授课，帮助提高从业人员的服务本领和专业技能，弥补服务专业技能的不足。三是坚持面向社会，提高服务技能。在养老机构从业人员中弥补知识型人才、专业型人才，满足老人需求的同时，应坚持面向社会，利用各种宣传媒体和信息网络等工具，大力宣传养老机构肩负的使命责任和面对的种种困难，获得社会各界积极参与支持养老事业，从而提升养老机构的服务管理水平，完善服务功能，推动老年事业的健康发展。四是坚持开拓创新，大胆引进人才，促使从业人员向多项型发展。养老机构必须按照市场运作机制规范管理，规范服务，规范从业人才队伍的建设。尤其是人才队伍的建设，更应按照市场运作的规律操作。在发动、提倡、鼓励社会各界投资赞助养老事业的同时，经营状况好、经费等保障允许的养老机构，应向国内大专院校，甚至向国外引进专业人才，大胆尝试使用国内优秀技术人才和国外的专业人才，弥补多项型组合从业人才长期不足的局面。

三、大力发展志愿者养老服务

社会支持的增加会使人们的生理及心理健康显著提高。社会支持对老年人来说尤为重要。很多老人退休后，开始退出社交舞台，容易自我封闭，从而产生一系列情绪问题。尤其是入住养老服务机构的老年人，所处的生态系统包括自然环境和人文环境都已经发生改变。构建良好的志愿者支持网络，通过志愿者的义演、探访、座谈、陪同出游等服务，不仅能够满足老年人精神文化娱乐方面的需求，还能使老年人获得心理上的慰藉，促进老人与外界的交流沟通。志愿服务是养老服务对社会资源有效开发与利用的重要方式，它对扩大老人社会交往，保持老人健康心态，促进机构或社区良性发展有重要的推进作用。有经验的机构管理者都非常清楚有效利用各类志愿者的资源，有利于提高老年人的积极性和参与度，推动整个机构的发展①。

第一，要改变传统观念，把握老人的需求，发挥供需对接机制，使那些居家养老具有一定困难的老年人，通过“你点我供”的菜单式志愿服务模式，为老人和志愿者之间搭建供需有效的服务平台。这样做可以让整个社会行动起来，为养老服务贡献力量，进而营造出养老为老的良好氛围，使更多的老年服务志愿者认识到这种模式的优势，并积极地参与进来，有效提升养老服务的总体水平。养老服务机构要做好相应工作，对志愿者的能力要求、岗位说明、服务时限等进行详细登记，并开通服务热线和网站供志愿者咨询、查阅，以保证志愿服务参与渠道的畅通。

第二，营造良好的社会氛围，使志愿者获得价值感和成就感，促进养老服务志愿者的可持续性。志愿者参与养老服务的初衷是为了奉献爱心，为老年事业贡献力量。为确保志愿服务的健康、可持续性，养老机构或社区工作人员要制订相应计划，协助志愿者开展养老服务，使其获得价值感、成就感，包括专业技能的提升、志愿服务经历，与年长者交流所获得的经验、体会等，

---

① 徐晓玲．志愿者参与养老服务路径研究［J］．社会福利（理论版），2016（10）：15-16.

以此为志愿者持续参与养老服务增添能量，并吸引带动更多的志愿者参与养老服务。

第三，完善志愿培训工作，加强对志愿服务过程的监管，规范开展志愿服务。邀请养老专业人才对志愿者开展专题培训、授课辅导，使志愿者对志愿服务的意义、价值观等内容有科学、正确的认识。通过传授一定的技巧，提高志愿活动的规范性，更加有效地为老年人服务。养老机构或社区需要发挥好主体责任，明确权利和义务，对志愿服务进行适时监管，做到对整个服务过程“心中有数”；及时对志愿服务做出评估，发现服务过程中的优点和不足，并积极督促改正和完善，从而规范志愿服务，提高服务质量。

第四，完善志愿服务记录、奖励、激励机制，提升志愿服务社会认同感。志愿者的养老服务是社会风尚，理应得到宣传和表彰。养老机构或社区要做好志愿服务记录并及时对外公开宣传。对志愿者的奖励要以精神激励为主，如召开表彰大会，开设爱心银行，设置积分制等。加强志愿服务或成果展示，通过对志愿服务供需信息发布、项目动态的推介，让全社会了解志愿服务，不断提高志愿服务的社会认同感，形成人人愿意参加、能够参加、有效参加养老志愿服务①。

---

① 徐晓玲．志愿者参与养老服务路径研究［J］．社会福利（理论版），2016（10）：17.

参考文献

[1] 葛剑雄．中国人口发展史［M］．福州：福建人民出版社，1991.

[2] 陈庆云．公共政策分析［M］．北京：中国经济出版社，1996.

[3] 姚远．中国家庭养老研究［M］．北京：中国人口出版社，2001.

[4] 郑功成．中国社会保障制度变迁与评估［M］．北京：中国人民大学出版社，2002.

[5] 李军．人口老龄化经济效应分析［M］．北京：社会科学文献出版社，2005.

[6] 张良礼．应对人口老龄化——社会化养老服务体系构建及规划［M］．北京：科学文献出版社，2006.

[7] 仝利民．老年社会工作［M］．上海：华东理工大学出版社，2006.

[8] 邬沧萍，姜向群．老年学概论［M］．北京：中国人民大学出版社，2011.

[9] 陈叔红．养老服务与产业发展［M］．长沙：湖南人民出版社，2007.

[10] 张恺悌．政府养老定位研究［M］．北京：中国社会出版社，2009.

[11] 贡森，葛延风．福利体制和社会政策的国际比较［M］．北京：中国发展出版社，2012.

[12] 应斌．中国老年产业发展障碍与出路［J］．商业时代，2003（255）．

[13] 王石泉．中国老年社会保障制度与服务体系的重建［M］．上海：上海社会科学院出版社，2008.

[14] 韩芳．农村土地养老保障功能的调查与思考［J］．经济研究导刊，

2008（14）.

［15］李沛霖．美国养老产业的发展及其对中国的启示［J］．广东经济，2008（6）.

［16］周莹，梁鸿．中国农村养老保障制度的相关研究及其评论［J］．经济咨询，2006（6）.

［17］穆光宗，张团．我国人口老龄化的发展趋势及其战略应对［J］．华中师范大学学报（人文社会科学版），2011（5）.

［18］杜鹏，王武林．论人口老龄化程度城乡差异的转变［J］．人口研究，2010（2）.

［19］陈英．中国老龄产业发展路径探析［J］．人才资源开发，2011（2）.

［20］于戈，刘晓梅．论我国养老服务业发展研究［J］．甘肃社会科学，2011（5）.

［21］蔡昉．未富先老与中国经济增长的可持续性［J］．国际经济评论，2012（1）.

［22］刘晓梅．我国社会养老服务面临的形势及路径选择［J］．人口研究，2012（5）.

［23］黄佳豪．家庭养老制度的影响因素：安徽个案［J］．重庆社会科学，2012（10）.

［24］田逸娇．英、美、日三国社区养老服务的经验及启示［J］．劳动保障世界，2013（2）.

［25］郝勇，郭丽娜．社会养老服务的观念嬗变——基于国家层面的政策精神［J］．城市观察，2013（4）.

［26］王盛．白雨晨．关于发展社区养老模式的研究［J］．科学发展，2014（3）.

［27］林卡，朱浩．应对老龄化社会的挑战：中国养老服务政策目标定位的演化［J］．山东社会科学，2014（2）.

［28］景天魁．创建和发展社区综合养老服务体系［J］．苏州大学学报（哲学社会科学版），2015（1）.

[29] 王莉莉，杨晓奇．我国老龄服务业发展现状、问题及趋势分析［J］．老龄科学研究，2015（7）．

[30] 李虹．人口老龄化背景下我国农村养老保障问题研究［J］．经济视角（上旬刊），2015（9）．

[31] 付诚，韩佳均．我国养老服务产业化发展的现实困境与改进策略［J］．经济纵横，2015（12）．

[32] 李克锋．人口老龄化背景下河南省养老服务产业发展研究［J］．现代经济信息，2016（4）．

[33] 李玉玲．我国居家、社区、机构养老服务融合模式发展研究［J］．学术探索，2016（9）．

[34] 祝建军，黄柯．养老服务设施建设融资困境及对策［J］．社会福利（理论版），2016（10）．

[35] 王文俊．社区居家养老服务的发展困境与政策支持——以南宁市为例［J］．山东行政学院学报，2017（6）．

[36] 穆有帅．健康老龄化背景下"医养结合"发展现状与趋势［J］．社会福利（理论版），2018（3）．

[37] 李升，方卓．农村社会结构变动下的孝文化失范与家庭养老支持困境探析［J］．社会科学文摘，2018（4）．

[38] 张梅．医养结合养老服务业发展路径研究［J］．管理观察，2018（33）．

[39] 唐健，彭钢．新时代社会化养老概念的重新解读及其关键要素［J］．中国卫生事业管理，2018（7）．

[40] 曹海苓，张若开．日本养老服务法律建设对中国的启示［J］．赤峰学院学报（哲学社会科学版），2018（7）．

[41] 李青．安徽省养老服务业发展现状与对策研究［J］．理论建设，2019（1）．

[42] 杨盎然．安徽养老服务设施投融资现状、问题与对策［J］．淮北职业技术学院学报，2019（3）．

后　记

《安徽社会建设蓝皮书》是我国第一本中西部省份专论社会建设选题的蓝皮书，是安徽省文化事业建设基金持续支持项目，由安徽省中国特色社会主义理论研究会组织专家学者进行编撰出版，是安徽省社会科学院推出的反映安徽社会建设的智库产品。2013 年 4 月，第一本《安徽社会建设分析报告（2012—2013）》由社会科学文献出版社出版发行。2015 年 11 月，社会科学文献出版社又出版了《安徽社会建设分析报告（2014—2015）》。2017 年 6 月，安徽省中国特色社会主义理论研究会召开了换届大会，选举产生了新一届理事会，将安徽社会建设蓝皮书撰稿出版作为研究会开展研究工作的重要内容。由于经费来源不足和编撰队伍不稳定，研究会决定每年选择社会建设的某一专题，结合科研人员的研究方向和多年积累，以论著形式进行较为深入的研究。2018 年 8 月，研究会组织撰稿的《社会治理视阈下的青少年成长报告》由合肥工业大学出版社出版。2018 年 10 月，研究会甄选“人口老龄化背景下安徽养老服务研究”作为 2019 年安徽社会建设蓝皮书选题，开展撰稿工作。

当前，我国已经进入人口老龄化快速发展阶段，2012 年底我国 60 周岁以上老年人口已达 1.94 亿，2020 年将达到 2.43 亿，2025 年将突破 3 亿。而积极应对人口老龄化，加快发展养老服务业，不断满足老年人持续增长的养老服务需求，是全面建成小康社会的一项紧迫任务。养老服务业的发展，有利于保障老年人权益，共享改革发展成果；有利于拉动消费、扩大就业；有利于保障和改善民生，促进社会和谐，推进经济社会持续健康发展。近年来，安徽省深入贯彻习近平新时代中国特色社会主义思想，加快发展老龄事业和养老服务业，不断进行体制机制创新和养老服务制度探索，取得了一定的成效。作为从事社会学研究的科研人员，我们积极参与相关课题研究。2017 年，方金友主持了安徽省科技创新软科学研究课题“科技支撑安徽农村养老模式研究”，本书第五章是其主要内容。2017 年，周艳承担了安徽省社会保障研究会“安徽省长期护理保险若干问题研究”课题；2018 年，周艳又承担了安徽省社会保障研究会“安徽省机关事业单位编制外人员年金问题研究”课题；本书第三章的第二节、第三节收录了课题研究报告的相关内容。本书具体章节的撰写作者如下：

第一章、第三章的第二节、第三节：周艳（安徽省社会科学院）

第二章、第三章的第一节、第四章：殷民娥（安徽省社会科学院）

第五章、第六章、第七章：方金友（安徽省社会科学院）

由于养老服务业内容庞杂，我们不能够皆涉及；且因研究水平有限，难免观点偏颇。本书大量的数据源自统计资料、实地调研及网络信息，由于来源、口径不同，可能出现不尽一致的情况，敬请读者在引用时进行核对。本书的顺利出版，得到了合肥工业大学出版社的大力支持，我们在此表示感谢！

作者

2019 年 10 月